Geht es ohne Erziehung?

tologo verlag

Eberhard Schulz

Geht es ohne Erziehung?

Versuch einer Verständigung

tologo verlag

Für Ekkehard, der nicht mehr schreibt,
und Gesine, die mich ermutigt hat zu schreiben

Bibliographische Informationen der Deutschen Nationalbibliothek: Die Deutsche Nationalbibliothek verzeichnet diese Publikation in der Deutschen Nationalbibliographie. Detaillierte bibliographische Informationen sind im Internet über http://dnb.d-nb.de abrufbar.

1. Auflage 2014

ISBN: 978-3-937797-28-1 (Print)
ISBN: 978-3-937797-29-8 (EPUB)
ISBN: 978-3-937797-30-4 (Mobipocket)

www.tologo.de

Inhalt

Geht es ohne Erziehung?

Was dieses Buch soll

Dieses Buch ist für Menschen geschrieben, die sich für den Umgang mit Kindern interessieren. Das können Eltern, zukünftige Eltern, Großeltern, Tageseltern, pädagogische Fachkräfte und alle anderen sein, die sich privat oder professionell mit Pädagogik befassen, mit Kindes-Führung also, was Pädagogik wörtlich übersetzt heißt.

Dennoch ist dieses Buch kein Erziehungs-Ratgeber. Hier wird nicht gesagt, was Eltern tun müssen, um an ihren Kindern bestimmte Erziehungsziele zu verwirklichen. Vielmehr wird um Erziehung und Pädagogik Philosophie getrieben.

Bücher über Kinder und ihre Entwicklung, die dennoch keine Erziehungs-Ratgeber sein sollen, haben Konjunktur. Nachdem lange Zeit alles von der Erziehung abhängen sollte, wofür viel Ratgeberliteratur notwendig zu sein schien – denn natürlich sollte es die *richtige* Erziehung sein –, sind in den letzten Jahren andere Begriffe in den Vordergrund der Debatte gerückt.

Einerseits ist das die *Bildung*, insbesondere die *frühkindliche Bildung*, seit Kindergarten und Krippe verstärkt im öffentlichen Interesse stehen; in diesem Zusammenhang wird außerdem viel von *Betreuung* gesprochen, womit überwiegend nichts anderes gemeint zu sein scheint als der beaufsichtigte Aufenthalt der Kinder außer Haus, wenn ihre Eltern der Ausbildung oder dem Beruf nachgehen.

Andererseits bringen Wissenschaftler – Ärzte, insbesondere Kinder- und Jugendpsychiater, Neurobiologen/Hirnforscher, Soziologen, Psychologen und andere – neuere Erkenntnisse und Forschungsergebnisse in die Diskussion ein, mit denen Begriffe wie »Hirnstrukturen«, »Synapsen«, »Spiegelneuronen«, »Lernfenster«, »selbsttätiges Lernen« und viele andere in den Blick kommen und den Erziehungsbegriff zu verdrängen scheinen. Mitunter wird unumwunden formuliert, dass der Erziehung nicht mehr viel zuzutrauen sei.

Auch im allgemeinen Sprachgebrauch macht sich eine Scheu breit, den Begriff überhaupt zu verwenden. Sogar in manchen offiziellen Konzeptionen von Kindertageseinrichtungen und Jugendhilfe wird er geradezu vermieden. Zunehmend scheint ihm etwas Unfreundliches zumindest mit anzuhaften. Eine Erzieherin sprach in einem vertraulichen Gespräch aus, bei dem Wort »Erziehung« habe sie immer spontan das Bild von *An-den-Haaren-Ziehen* vor Augen.

Diese Entwicklung ist umso bemerkenswerter, als der Begriff »Pädagogik« von solchem Unbehagen offenbar nicht betroffen ist. Es scheint, dass den Begriffen »Erziehung« und »Pädagogik« sehr unterschiedliche Emotionen anhaften. Möglicherweise klingt *Pädagogik* mehr nach Wissenschaft, *Erziehung* dagegen mehr nach Alltagsgeschäft. – Könnte es ferner sein, dass das Wort *Pädagogik* eher an *kindgemäß* und *kinderfreundlich* denken lässt, das Wort *Erziehung* dagegen eher an Auseinandersetzungen mit Kindern, vor allem konflikthafte? Das würde erklären, warum der Begriff »Erziehung« gegenwärtig lieber vermieden als angewendet wird.

Findet damit aber auch all das nicht mehr statt, was in der Vergangenheit als Aufgabe von Erziehung galt? Gehen wir einer Zukunft ohne Erziehung entgegen? Und wäre das ein Fortschritt oder eine Katastrophe? Tatsächlich wird ja bereits mancherorts beklagt, dass zu wenig erzogen würde, dass Eltern richtiggehend Angst davor hätten, ihre Kinder zu erziehen, sie also nicht mehr erziehen würden. Der Slogan »Mut zur Erziehung« ist ein Ergebnis davon.

Aber geht denn das? Ist ein *Mehr* und ein *Weniger* an Erziehung (und somit prinzipiell auch ein *Gar Nicht*) überhaupt denkbar oder ist Erziehung sowieso immer da, auch wenn nicht darüber gesprochen wird? Geht es ohne Erziehung? Und wäre das eine erstrebenswerte Befreiung oder der Absturz in Kulturlosigkeit?

Wenn gefragt wird, ob »es« ohne Erziehung gehe, ob also ein Leben ohne Erziehung auch nur gedacht werden könne, so muss zuvor geklärt sein, was denn überhaupt Erziehung sei. In diesem Buch wird dieser Frage deshalb ein ganzes Kapitel gewidmet.

Im Weiteren geht es dann darum, verschiedene grundlegende Sichtweisen auf Kinder und den Umgang mit ihnen zu entwirren und der Leserin und dem Leser selbst praktische Schlussfolgerungen daraus zu ermöglichen.

Dieses Buch soll also dazu beitragen, dem Übel zu wehren, dass Eltern und andere für Kinder Zuständige immer wieder mit gegensätzlichen an sie gestellten Ansprüchen verwirrt und verunsichert werden.

Darüber steht nicht nur die Frage »Geht es ohne Erziehung?«, sondern auch das Vorhaben »Versuch einer Verständigung«.

Früher haben Anhänger unterschiedlicher Erziehungskonzepte erbitterte Auseinandersetzungen geführt und Verständigung zwischen ihnen erschien kaum möglich. Wenn jetzt der Erziehungsbegriff generell, wenn auch schleichend, abhanden kommt, wird die Verständigung unter Menschen, die mit Kindern zu tun haben, dadurch nicht leichter, sondern möglicherweise sogar noch schwieriger. Auf welcher Grundlage könnten sie noch debattieren? Was ist davon zu halten, wenn zwei ganz ähnlich zu denken scheinen, in der Praxis aber doch völlig verschieden handeln? Oder wenn sie umgekehrt in der pädagogischen Praxis problemlos zusammenarbeiten, in der theoretischen Auseinandersetzung über die Hintergründe aber in Streit geraten?

Wenn es für solche Fälle gelingt, zunächst die Begriffe zu klären, wird Verständigung eher möglich. Wenn es gelingt, wirkliche Gegensätze unterschiedlicher Positionen klar auseinanderzuhalten, aber auch Gemeinsamkeiten zwischen scheinbar entgegengesetzten Ansätzen ausfindig zu machen, könnten sich Pädagogen, die sonst im Streit liegen, untereinander besser verständlich machen. Sie könnten z. B. die Frage klären, worum es denn zuallererst geht: um das Erreichen von Erziehungszielen oder um eine Sicht auf Kinder als Träger von Rechten? Im Idealfall käme das letzten Endes den Kindern selbst zugute.

Auch dazu soll dieses Buch beitragen.

Zu diesem Zweck werden Überlegungen zum Umgang mit Kindern angestellt, Denkhilfen angeboten und Erfahrungen berichtet. Die Leserin/Der

Leser (im Weiteren wird immer mal der eine, mal die andere angesprochen, gemeint sind stets beide) kann selbst entscheiden, welche Gedanken sie/er mitdenken möchte, welche ihr/ihm überzeugend erscheinen, welche Schlussfolgerungen sie/er daraus ziehen möchte.

Dabei ist, was in diesem Buch steht, nicht »wissenschaftlich erwiesen«. Der Verweis auf wissenschaftliche Erwiesenheit birgt aber auch immer die Gefahr, den Fachmann vom Laien zu trennen, sodass beide nicht mehr miteinander kommunizieren können. »Das ist wissenschaftlich erwiesen« heißt dann für den Nicht-Wissenschaftler: »Ach so, da kann ich nicht mitreden, davon verstehe ich nichts, das muss ich also glauben«. Einer solchen Ergebenheit soll dieses Buch keinen Vorschub leisten. Vielmehr setzt es auf die Fähigkeit jedes Menschen, Erkenntnis *aus eigenem Erkenntnisvermögen* zu gewinnen.

Im Übrigen verstehe auch ich als Autor mich selbst nicht als Wissenschaftler, sondern nur als ein Mensch, der seine Erfahrungen denkend verarbeitet. Strenggenommen müsste ich daher in den weiteren Kapiteln jeden Satz mit »Mir scheint« beginnen.

Mir scheint, um in einer Sache Gewissheit zu haben, braucht der Mensch die Anknüpfung an eigene Erfahrung, an eigene Anschauung, auch an eigene Ethik. Denn am Ende dreht es sich ja nicht nur um das, was *geht* (also möglich ist), sondern auch um das, was vor dem Hintergrund der eigenen Auffassung von *gut* und *recht* vertretbar erscheint.

In diesem Sinne wünsche ich all meinen Leserinnen und Lesern eine anregende Lektüre. Möge das Ergebnis beitragen zur Verständigung und zu einem konstruktiven Ausgleich zwischen Menschen, die in Liebe mit Kindern umgehen, aber ihr Tun und Lassen dabei unterschiedlich begründen und beschreiben!

Wie dieses Buch zu lesen ist

Dieses Buch gliedert sich in zwei Teile. Im ersten Teil wird ein Argumentationsstrang verfolgt. Die Leserin ist eingeladen, die Spur aufzunehmen, Gedanken mitzudenken, Schlussfolgerungen mitzuvollziehen oder eigene andere Schlüsse zu ziehen. Es ist sozusagen der »theoretische« Teil des Buches. Dieser Teil des Buches ist dem sokratischen Prinzip geschuldet, man komme einem Begriff nicht dadurch näher, dass man ein Beispiel dafür angebe. Denn ein Beispiel allein kann in die Irre führen, indem falsche Schlüsse gezogen werden aus Randerscheinungen, die eigentlich nur zufällig und unwesentlich in dem Beispiel vorkommen. Würde z. B. die Frage gestellt »Was ist ein Wiederkäuer?« und darauf die Antwort gegeben »Zum Beispiel die Kuh da« und die Kuh wäre zufällig schwarz-weiß gescheckt, dann könnte der Frager zu dem Schluss kommen, alle schwarz-weiß gescheckten Tiere wären also Wiederkäuer. Für ein schwarz-weiß geschecktes Pferd oder einen Dalmatiner Vorstehhund wäre die Schlussfolgerung aber einfach falsch.

Definitionen und Begriffsklärungen müssen also zumindest versuchsweise den Dingen auf den Grund gehen, um Grundsätzliches, Allgemein-Verbindliches beschreiben zu können, das dann auch auf neue Situationen anwendbar ist, die von gegebenen Beispielen abweichen.

Dennoch scheint Sokrates nicht so ganz Recht gehabt zu haben. Häufig haben Erzieherinnen am Ende von Fortbildungen, die ich hielt, geäußert, was ihnen besonders eingeleuchtet und die Inhalte verständlich gemacht habe, seien die dafür angeführten Beispiele gewesen. Offensichtlich liebt es der lernende Mensch eben doch, eine Begriffsklärung oder Definition an einem Beispiel veranschaulicht zu bekommen (mit dem Beispiel vom Wiederkäuer habe ich ja genau das auch gerade eben versucht). Es könnte ein Prinzip sein, nach dem der Mensch – von Kindheit an – versucht, die Welt und die darin waltenden Gesetzmäßigkeiten zu verstehen: Vom beobachteten Einzelnen aus zu schließen auf das dahinter stehende Allgemeine. Insofern scheint ein Beispiel, das eine Argumentation lebensnah belegt, doch geeignet zu sein, das Verstehen, das in der theoretischen Auseinandersetzung angebahnt wird, zu unterstützen.

Daher hat das Buch einen zweiten Teil mit den »Geschichten vom Tun und Lassen«. Es sind insofern *wahre* Geschichten, als ich sie alle persönlich erlebt habe – als Praktikant, Einsatzleiter in einer Sozialstation, Kindertagesstättenleiter, Sozialpädagoge in der Jugendhilfe, Fachberater und Fortbildner für Kindertagesstätten, als freiberuflicher Theaterpädagoge, aber auch als Kind und als Vater einer Tochter – und sie hier nach bestem Wissen und Gewissen aus meiner Erinnerung wiedergebe, freilich so, wie sie sich in meiner *Wahrnehmung* ereignet haben. Die an den Geschichten beteiligten anderen Personen, deren Namen hier sämtlich geändert sind, werden sie vielleicht anders erlebt haben bzw. sich anders oder gar nicht daran erinnern. Das liegt in der Natur der Sache.

Sie können nun beim Lesen des ersten Teils jedem Querverweis folgen und im zweiten Teil die jeweilige Beispiel-Geschichte dazu lesen. Sie können auch erst den ersten Teil zu Ende lesen und sich dann den zweiten Teil als eher unterhaltsamen Nachtisch zu Gemüte führen. Oder mal so, mal so. Es ist aber auch möglich, die »Geschichten vom Tun und Lassen« zuerst zu lesen und so eingestimmt auf das, was ich erlebt habe, in die Auseinandersetzung mit meinen Gedanken einzusteigen. Entscheiden Sie selbst!

Was unter Erziehung verstanden wird

Der aufmerksame Leser kann angesichts dieser Kapitel-Überschrift sofort fragen: Von wem? – Wer versteht was unter Erziehung? Wer ist der- oder diejenige, der oder die hier eine Definition abgibt?

In der Tat könnte es naheliegen, nach vorhandenen Definitionen für Erziehung zu suchen, die hier aufzuführen und den Namen der Person, von der die jeweilige Definition stammt, jeweils dazuzuschreiben.

Für das Anliegen dieses Buches wäre das aber wahrscheinlich wenig hilfreich, denn ich will ja nicht vergleichende Studien über unterschiedliche pädagogische Denkschulen anstellen, sondern mehr dem Alltagsgebrauch des Begriffs »Erziehung« nahekommen. Was meinen Herr Schmidt und Frau Müller, die sich bei einem Schwatz auf der Straße über die Erziehung ihrer Kinder unterhalten? Was ist gemeint, wenn von einem gesagt wird: »Der hat eine gute Erziehung genossen«? Was soll es bedeuten, wenn gesagt wird: »Du hast dein Kind schon richtig erzogen«? Welche Forderung, was konkret zu tun, steckt darin, wenn »Mut zur Erziehung« gemacht werden soll?

Mich interessiert also der verschwiegene Grundkonsens, der darin mitschwingt, wenn ganz allgemein und durchaus laienhaft, aber deshalb kein bisschen weniger ernsthaft, von »Erziehung« gesprochen wird.

Erzieherinnen in Kindertageseinrichtungen müssen sich über diesen Begriff klar werden, wenn sie sich mit dem »eigenständigen Erziehungs-, Bildungs- und Betreuungsauftrag« konfrontiert sehen, der ihren Institutionen zugeschrieben wird. Oft habe ich als Fachberater mit Erzieherinnen-Teams zusammen diese drei Begriffe ausgelotet.

Mit dem Begriff der Betreuung hatten die Teams es meist am leichtesten. Unter Betreuung wurde alles verstanden, was dem körperlichen und seelischen Wohlbefinden des Kindes dient.

Der Begriff der Bildung stellt sich schon ein wenig komplizierter dar, aber auch auf diesem Feld ist in der Regel schnell Einigkeit darüber hergestellt, dass es um das Aneignen von Bildungsgut geht, aber längst nicht nur darum, sondern um die Herausbildung der eigenen Persönlichkeit als einer Ganzheit; es geht um die Selbstwerdung, die Individuation, der alle zu erwerbenden Fähigkeiten, Fertigkeiten und Kenntnisse wohl zuträglich sind, die sich aber darin nicht erschöpft. In den Bildungsplänen oder -programmen, die inzwischen in allen Bundesländern für die Arbeit in Krippen, Kindergärten und Horten existieren, ist dieses Thema ausführlich durchdiskutiert. Auch dass »Bildung immer Selbstbildung« ist, weiß inzwischen jede Erzieherin im Schlaf.

Welches Feld zwischen Bildung und Betreuung bleibt aber nun übrig, dass es sich mit dem Begriff der »Erziehung« füllen lässt? Texte, die im Wesentlichen das Bildungsverhalten von Kindern im Blick haben, bleiben an dieser Stelle für meinen Geschmack ziemlich blass. Da wurde z. B. versucht, Erziehung als das zu definieren, was die Aktivität des Erwachsenen sein müsse, damit die Selbstbildungsprozesse des Kindes in Gang kommen könnten. Die Erwachsenen (Eltern, Erzieherinnen, Lehrer) wären in diesem Sinne also nur Wegbereiter für Bildungsprozesse und hätten damit ihren Erziehungsauftrag schon erfüllt. – Schauen Sie sich bitte Ihre eigene Lebenswirklichkeit als Mutter, Vater, Erzieherin etc. an und fragen Sie sich, ob diese Definition das zutreffend abdeckt, was andere von Ihnen erwarten, wenn sie Sie als Erziehungs-Zuständige ansprechen. Den Erzieherinnen, mit denen ich als Fachberater zum Erziehungsbegriff arbeitete, reichte ein solches, nur auf die Anbahnung von Selbstbildungsprozessen gerichtetes Verständnis von Erziehung nicht aus. Aber wie ist zu beschreiben, was da von einem erwartet wird?

Gehen wir zum Verständnis des Erziehungsbegriffs zunächst vom reinen Wortsinn aus, so steckt das Verb »ziehen« darin. Insofern lässt die Vorstellung vom *Erziehen* an etwas durchaus Aktives denken, das einer am anderen vornimmt. Jemanden oder etwas zu ziehen, ist nicht dasselbe wie ihn oder es laufen bzw. rollen zu lassen. Die Vorsilbe »er-« lässt darüber hinaus an eine gewisse Gerichtetheit, an ein Ziel und eine Absicht denken. So kann ich wohl einen Gegenstand *halten* (festhalten, in der Hand halten) ohne weitere Absicht; aber wenn ich ihn *erhalten* (bewahren, der Nachwelt erhalten will), so verbinde ich ein Ziel mit meinem Tun, das in der Vorstellung schon vorweggenommen wird. Ich kann einfach *warten* (dass die Zeit vergeht, z. B.), aber wenn ich etwas *erwarte*, dann ist dieses Ereignis, das ich erwarte, in meiner Vorstellung schon vorweggenommen. Wasser kann warm oder kalt sein, aber wenn ich es – vermittels z. B. einer Herdplatte – *er-hitze*, dann tue ich gezielt etwas mit dem Wasser, das ich mir zunächst vorstelle, um es dann auszuführen. So lenkt die Vorsilbe »er-« unser Sprachverständnis meistens auf die Vorstellung eines Prozesses von einem »Vorher« zu einem »Nachher«.

»Erziehen« kommt von »Ziehen«.

Übrigens scheint dies in vielen Sprachen Europas sehr ähnlich zu sein. In etlichen geht das dort vorhandene Wort für Erziehen direkt auf das lateinische »educare« zurück. Darin steckt das Grundverb »ducere« = »führen«, wobei mein Lateinlehrer nicht müde wurde, immer wieder zu betonen, dass die Ursprungsbedeutung von ducere *ziehen* sei. Die Vorsilbe »e-« (eigentlich »ex-«) bedeutet soviel wie »aus ... heraus«. »Educare« bedeutet also ganz wörtlich übersetzt: »aus (etwas) herausführen/-ziehen«. Dies ist ein transitiver Vorgang: Jemand muss es am anderen tun, denn niemand kann sich selbst aus etwas (einem Zustand oder einem Raum) heraus*ziehen*, ebenso wenig wie wir uns am eigenen Schopf aus dem Sumpf ziehen können. Mir scheint, »educare« ist also mit »erziehen« sehr treffend übersetzt. Wer allein heraus oder hinüber kommen kann, bedarf der Führung, des Ziehens, der Erziehung nicht. Er tut es einfach selbst. Sobald von Erziehung die Rede ist, muss ein Gegenüber im Spiel sein, das aktiv wird.

Ich widme dieser sprachphilosophischen Erörterung hier solche Ausführlichkeit, weil nicht selten in Diskussionen gesagt wird, irgendwie sei doch aber alles Erziehung. Mit dieser Behauptung soll offensichtlich der Gedanke zum Ausdruck gebracht werden, dass die Einflüsse, die auf den Menschen im Prozess seines Wachsens, Werdens und Lernens einwirken, in ihrer großen Gesamtheit niemals alle auf vorsätzliches, bedachtes und geplantes Tun eines Erziehenden zurückzuführen sind. Dieser Gedanke ist zweifellos richtig, was im Leben leicht beobachtet werden kann. Kinder lernen nicht nur von anderen Personen als den Eltern, Lehrerinnen und Erziehern (etwa Freunden, Nachbarn, Spielkameraden, persönlichen Feinden), sondern werden auch durch die Lebensumstände, unter denen sie aufwachsen, ganz absichtsfrei geprägt. Das kann kein vernünftiger Mensch bestreiten. Aber wollen wir dabei wirklich allen Ernstes von *Erziehung* sprechen? Hat Nachbars

Hund mich dazu *erzogen*, die Straßenseite zu wechseln, wenn ich einem seiner Artgenossen begegne? Wurde meine Mutter von jener Katze *erzogen*, die ihr als Kind unversehens und unerwartet über den Nacken sprang und damit eine lebenslange Aversion gegen diese leise schleichenden Tiere in ihr auslöste? Ist es meiner Frau als *Erziehungserfolg* zuzurechnen, dass meine Essgewohnheiten sich im Verlauf unserer Ehe verändert haben? – Wenn all diesem so wäre, dann geschähe um uns herum immerzu nichts anderes als Erziehung, denn andauernd sind wir Menschen irgendwelchen Einflüssen ausgesetzt, die uns irgendwelche Reaktionen abnötigen und uns auf Dauer auch in unseren Gewohnheiten, vielleicht sogar in unserem Charakter, prägen. Sie würden also von Ihrer Nachbarin erzogen werden, Sie würden Ihren eigenen Chef erziehen (und er Sie), und nicht zuletzt ließe sich sogar behaupten, dass Kinder ihre Eltern erziehen, indem allein durch ihr Vorhandensein die Eltern ihr Leben umstellen. Auf all diese Zusammenhänge wenden wir aber im üblichen Sprachgebrauch den Erziehungsbegriff normalerweise nicht an. Wo von Erziehung ausdrücklich (und nicht nur »so irgendwie«) die Rede ist, kommt vielmehr doch das Verständnis von Zuständigkeit des einen Menschen gegenüber dem anderen Menschen im Rahmen eines absichtsvollen, gezielten Handelns zum Vorschein.

Solchen gedanklichen Verlauf nahmen auch die Diskussionen in Erzieherinnen-Teams zum Thema des »Erziehungsauftrags«. Lesen Sie hier drei Beispiele, wie Erzieherinnen am Ende solcher Diskussion ihr Verständnis von Erziehung formuliert haben:

- *Unter Erziehung verstehen wir sämtliche Einflüsse, die das Kind in seiner Persönlichkeit begleiten und prägen. Zu unterscheiden sind dabei:*
  - *direkte Einflüsse (absichtsvolle Einwirkung von Erziehungspersonen)*
  - *indirekte Einflüsse (Erfahrungen, Begegnungen mit Spielkameraden, Orientierung an Vorbildern etc.).*

  Beide wirken in wechselnder Gewichtung zusammen.
  Daraus leitet sich für uns der Auftrag ab, den Kindern Horizonte zu eröffnen, Regeln zu setzen und auf deren Einhaltung zu achten, sowie in all diesem die Individualität jedes Kindes zu respektieren.

- *Unter Erziehung verstehen wir die planmäßige und situationsbezogene Heranführung an die sozialen Werte, Normen und Regeln, die dem Zusammenleben in der Kindertagesstätte förderlich sind und darüber hinaus durchs Leben tragen. Daraus leitet sich für uns der Auftrag ab, für den friedvollen, toleranten Umgang in der Kindertagesstätte einzustehen. Das bedeutet im einen Fall Hilfestellung und Ermutigung, im anderen gezielte Einflussnahme, im dritten konsequente Grenzsetzung, in wieder einem anderen geduldiges, aufmerksames Abwarten.*
- *Unter Erziehung verstehen wir gezielte einfühlsame Einflussnahme auf die Entwicklung des Kindes zu einer eigenständigen und gemeinschaftsfähigen Persönlichkeit. Dazu bieten wir vor allem Freiräume, damit die Kinder selbst Erfahrungen sammeln können. Die Freiräume werden insofern begrenzt, als die eigenen Persönlichkeitsrechte wie die der anderen gewahrt bleiben müssen.*

Werden in der ersten Formulierung noch »sämtliche Einflüsse« genannt, »die das Kind in seiner Persönlichkeit begleiten und prägen«, und diese in »direkte« und »indirekte« Einflüsse unterteilt, so beschreiben die zweite und die dritte Formulierung Erziehung ausschließlich als das Handeln der damit beauftragten Personen. In allen drei Formulierungen ist aber von Einflussnahme deutlich die Rede. Die Erziehungspersonen handeln bewusst und gezielt und mit dem Vorsatz, die Entwicklung der Kinder dabei in eine bestimmte Richtung zu lenken. »Horizonte eröffnen«, »Regeln setzen«, »auf deren Einhaltung achten«, »Heranführung«, »Hilfestellung«, »Ermutigung«, »Grenzsetzung«, »geduldiges, aufmerksames Abwarten«, »Freiräume bieten«, »Freiräume begrenzen« – all dies ist nichts, was »so irgendwie geschieht«, sondern aktives, bewusstes Handeln. Es ist sozusagen (nach dem Verständnis der an diesen Formulierungen beteiligt gewesenen Erzieherinnen) »fleischgewordene Erziehung«, es ist das »Handwerk« der Erzieherin. Und bei all diesem Tun ist die Erzieherin selbst diejenige, die den Entschluss dazu fasst. Sie selbst waltet über ihr Handeln.

Mit dem Begriff des *Waltens* bin ich bei einem Aspekt des Verhältnisses zwischen Erwachsenen und Kindern angelangt, der vergleichsweise wenig reflektiert wird, der aber nicht nur das professionelle, das formulierte und reflektierte Erziehen des Profis betrifft. Denn auch Eltern *walten*, und zwar nicht nur über ihr eigenes Handeln gegenüber ihren Kindern, sondern sie walten auch unmittelbar über ihre Kinder. Und sie tun dies in jedem Fall, ganz einfach aufgrund des gegebenen Machtgefälles zwischen sich und ihnen.

Meine Erfahrung ist, dass man sich nicht gerade beliebt macht, wenn man im Zusammenhang von Erziehung mit dem Thema Macht anfängt. Erziehung habe doch nichts mit Machtausübung zu tun, ist mir an solcher Stelle schon allen Ernstes entgegengehalten worden. Da scheint mir aber ein Denkfehler vorzuliegen.

Bei *Macht* denken wir schnell an *Gewalt* und bei Gewalt an Schlagen und Misshandeln. Insofern ist der moderne Mensch froh, dass der Begriff der »elterlichen Gewalt«, wie er sich früher noch im Bürgerlichen Gesetzbuch fand, dort verschwunden ist und die alte Bestimmung des § 1631 Abs. 2 BGB »Entwürdigende Erziehungsmaßnahmen sind unzulässig« ergänzt wurde; sie lautet nun: »Kinder haben ein Recht auf gewaltfreie Erziehung. Körperliche Bestrafungen, seelische Verletzungen und andere entwürdigende Maßnahmen sind unzulässig.«

Mit diesem Verständnis engen wir die Bedeutung des Begriffs »Gewalt« aber ein. Ein weiter gefasstes Verständnis ist nicht nur möglich, sondern auch notwendig, wenn wir z. B. die ersten Sätze unseres Grundgesetzes lesen: »Die Würde des Menschen ist unantastbar. Sie zu achten und zu schützen ist Verpflichtung aller staatlichen Gewalt.« (Art. 1 Abs. 1 Grundgesetz) Ebenso heißt es in Art. 20 Abs. 2 GG: »Alle Staatsgewalt geht vom Volke aus. Sie wird vom Volke in Wahlen und Abstimmungen und durch besondere Organe der Gesetzgebung, der vollziehenden Gewalt und der Rechtsprechung ausgeübt.«

»Gewalt« kommt von »Walten«.

Diese Sätze lassen die Sichtweise ahnen, dass eine Gewalt in jedem Fall vorhanden ist. Es wird immer gewaltet: Das Parlament waltet über die Gesetzgebung, das Gericht waltet über die Rechtsprechung, die Regierung und alle ihr nachgeordnete Verwaltung (»vollziehende Gewalt«) waltet über die Durchführung der Gesetze. Die Frage, über die der Staat zum Rechtsstaat und zur Demokratie wird, ist die nach dem Woher und Wozu der Gewalt: Sie soll vom Volk ausgehen und dem Schutz des Rechts dienen. In diesem Rahmen kann es (polizeideutsch) auch zur »Anwendung von unmittelbarem Zwang« kommen, aber wo solche Maßnahmen nicht vom Recht gedeckt sind und nicht dem Schutz des Rechts dienen, können sie bestraft werden, selbst wenn sie von Staatsorganen ausgeübt wurden.

Mit diesem Ausflug in Politik und Staatsrecht sollte deutlich werden, dass ein Walten immer vorhanden ist und insofern auch Eltern tatsächlich *Gewalt* über ihre Kinder *haben*, selbst wenn sie sich freundlicherweise *gewaltsamer Maßnahmen* gegen sie enthalten. Ein Leben von Menschen ohne ein Walten des einen über den anderen dürfte nur dort denkbar sein, wo sie entweder ohne jeden Bezug zueinander und jede Abhängigkeit voneinander nebeneinanderher lebten oder wo die Machtverhältnisse zwischen ihnen absolut ausgeglichen wären. Beides ist im Zusammenleben mit Kindern aber keineswegs gegeben.

Ein Beispiel soll dies noch einmal verdeutlichen: Wenn der oder die Hauptverdiener(in) einer Familie eine verheißungsvolle Arbeitsstelle in einem anderen Ort angeboten bekommt, dann zieht nicht selten die ganze Familie um. Wenn andererseits nach einem Urlaubsaufenthalt bei den Großeltern ein Kind die Eltern unter Tränen bittet, die ganze Familie möchte doch dauerhaft zu den Großelten ziehen, so wird dies wohl kaum geschehen. Und selbst wenn die Eltern von dem Berufswechsel nach Befragung der Kinder und unter Berücksichtigung ihrer Vorbehalte absehen, so sind sie doch diejenigen, die die Entscheidung darüber fällen. Ein Kind wird dagegen schwerlich die Entscheidung zum Umzug der ganzen Familie zu den Großeltern im Alleingang fällen können. Die Machtverhältnisse sind also ganz klar verteilt.

Aufgrund dieser gegebenen Machtverhältnisse, dieser faktisch vorhandenen »elterlichen Gewalt« treffen Eltern auch ihre Entscheidungen, wie sie mit ihrem Kind umgehen wollen. Solche Entscheidungen nicht treffen zu wollen und sich stattdessen darauf zu verlassen, alles werde sich von allein regeln und brauche keinerlei Zutun von ihnen, die (im oben beschriebenen

Sinn) *Gewalt* über das Kind haben, könnte sich als hochproblematisch erweisen. Denn die Biologie unseres menschlichen Seins macht uns da einfach ziemlich klare Vorgaben.

Wir kommen als Traglinge in großer Bedürftigkeit zur Welt. Wir benötigen Körperkontakt, Ansprache, Nahrungszufuhr, Pflege, Anregung etc. Wohl bringt gerade die Neurobiologie immer wieder Erkenntnisse hervor, wie gut wir schon als Säugling ausgestattet sind, unser Teil dazu beizutragen, dass unsere Pflegepersonen zu den uns nötigen Maßnahmen angeregt werden, aber dafür, dass diese dann auch wirklich stattfinden, ist unweigerlich ihre Aktivität gefragt. Wir können unsere umfassende Bedürftigkeit als Säugling nicht selbst befriedigen. Dieser Zustand, der sich mit einer schwersten Mehrfachbehinderung vergleichen ließe, baut sich mit zunehmender Entwicklung ab, sodass das Gefordertsein der Pflegepersonen auch abnimmt. Die Selbständigkeit des Kindes wächst, bis wir eines Tages, erwachsen geworden, aus dem Elternhaus ausziehen. Erst dann (und in manchen Fällen nicht einmal dann) endet die *elterliche Gewalt.*

Für die meisten Eltern wird es keine Frage sein, dass sie ihre Kinder zu erziehen haben. Sie wissen, dass sie als *Erziehungsberechtigte* angesprochen werden. Sie können dies auch ganz praktisch erfahren, wenn irgendein Dritter (z. B. ein Nachbar) etwas von ihrem Kind verlangen möchte und sich damit an sie, die Eltern, wendet. Und wenn irgendjemand findet, das Kind habe sich falsch verhalten, kann es leicht geschehen, dass dieses »Fehlverhalten« ihnen, den Eltern, zur Last gelegt wird, weil ihre Erziehung nicht angeschlagen habe bzw. weil sie ihr Kind falsch erzogen hätten.

Als Nicht-Professionelle sind Eltern dabei weit weniger als die oben erwähnten Erzieherinnen dazu genötigt, in ihrem Umgang mit dem Kind Betreuung, Erziehung und Bildung voneinander abzugrenzen. Das darf ineinander fließen und wird irgendwie alles der Erziehung zugerechnet. Stillen oder Flasche geben, Windeln waschen oder Einwegwindeln verwenden, impfen lassen oder nicht impfen lassen, Breichen selbst anrühren oder Gläschenkost kaufen, vegetarische oder Vollwert- oder Fertignahrung zubereiten, Regeluntersuchungen wahrnehmen oder ablehnen, den örtlich nächsten Kindergarten oder den mit dem besonderen pädagogischen Profil auswählen, zur Regelschule oder zur Privatschule gehen lassen, ins Bett schicken oder eigenen Schlaf-Wach-Rhythmus finden lassen, Sex mit der Freundin im Elternhaus erlauben oder verbieten, den Führerschein mit 17 finanzieren oder vom Jugendlichen selbst erarbeiten lassen – alles wird irgendwie zur Erziehungsfrage, denn die Eltern haben darüber zu entscheiden, weil sie die *Erziehungsberechtigten* sind. Insofern wird – um auf die in der Überschrift dieses Kapitels enthaltene Frage zurückzukommen – alles unter Erziehung verstanden, was Eltern tun, wenn sie über ihre Kinder *walten*, wenn sie also – altmodisch gesprochen – ihre *elterliche Gewalt* ausüben.

Wer über Erziehung diskutieren will, tut gut daran, sich die Realität dieser breitgefächerten Auffassung von Erziehung vor Augen zu halten.

Was macht den Umgang mit einem Kind zur »Erziehung«?

Aber der Begriff lässt sich durchaus enger fassen. Ist es z. B. im engeren Sinn Erziehung, sein Kind impfen zu lassen? Ist es Erziehung, ihm den so oder so zubereiteten Babybrei zu füttern? Ist es Erziehung, das Kind mit solchen oder anderen Windeln zu wickeln? Ist es Erziehung, das müde Kind schlafen zu legen? Ihm eine Zahnspange anpassen zu lassen? Es zur Schule zu fahren?

Oder geschieht *dabei*, *daneben*, *darin* und *darunter* das, was wir Erziehung nennen? Kommt es also, um von Erziehung sprechen zu können, vielmehr auf das *Wie* und vor allem das *Wozu* an? Und wie bewusst, überdeutlich ließe sich fragen: *Wie programmatisch* geschieht das alles?

In manchen Zeiten und von manchen Leuten ist sehr intensiv darüber diskutiert worden, nach welchem Stil man seine Kinder erziehen müsse. Mir scheint, dass dabei häufig in Abgrenzung entschieden wird: Wir wollen es nicht so machen wie die anderen, sondern stellen ein alternatives Erziehungsprogramm auf. – Wo dieses von Professionellen entworfen wird, erhält es einen Namen (in der Kindergartenpädagogik spricht man von *Ansätzen*, etwa dem »situationsorientierten Ansatz«). Den Namen für das Eigene kann man dabei selbst bestimmen, der Name für das, wovon man sich absetzen möchte, ist oft nicht bestimmt. So vermute ich, dass die meisten der

Eltern und Lehrer, von denen sich in den sechziger und siebziger Jahren des vorigen Jahrhunderts die antiautoritären Pädagogen abheben wollten, ihren eigenen Erziehungsstil nicht als autoritär beschrieben oder gar entworfen hatten. Sie erzogen einfach, wie sie es kannten. Gehorsam spielte dabei eine wichtige Rolle, aber musste man sich selbst deshalb autoritär nennen?

Pädagogische Konzepte entstehen durch Abgrenzung.

Noch deutlicher wurde mir dies in der Ausbildung zum Theaterpädagogen. Wir wurden darin mit einer pädagogischen Haltung und Methode vertraut gemacht, die sich *Ermöglichungspädagogik* nennt. Ein beschreibbarer Ansatz. Er grenzt sich ab von dem, was er *Erzeugungspädagogik* nennt. Man wird aber wohl niemanden finden, der sich selbst einen »Erzeugungspädagogen« nennt, dieser Begriff existiert nur in der Abgrenzung durch den sich selbst definierenden anderen Ansatz.

Ich vermute, dass Eltern sich heutzutage nur in den wenigsten Fällen einen definierten pädagogischen Ansatz auf die Fahnen geschrieben haben. Zwar werden viele Erziehungsratgeber-Bücher geschrieben, gedruckt, verlegt, verkauft und dann wohl auch gelesen, aber die Eltern, die sich festgelegt haben, dass sie nach Korczak, nach Prekop, Winterhoff, Bergmann oder Juul erziehen, treffe ich jedenfalls kaum. Man hört wohl diesen und jenen an, liest Bücher (in der Regel, um sich bestätigen zu lassen in dem, was man sowieso schon denkt), versucht auch, im Leben sich daran zu erinnern und sich danach zu richten, was einen überzeugt hat, ist aber am Ende doch Herr im Haus und macht es, wie man es sich denkt oder wie man es kennt. Und nicht zuletzt: Wie es funktioniert und wie man dabei mit den Kindern zurechtkommt. Die Moden in der Erziehung ändern sich, ebenso der Tenor dessen, was Kinderärzte, Pädagogen, Lehrer, erfahrene Großeltern und jetzt Hirnforscher Eltern empfehlen. Damit ändern sich auch Bekenntnisse der Erziehungsberechtigten, die sich als Erziehungsverpflichtete fühlen, aber mir scheint, das, was tatsächlich getan wird im Umgang mit Kindern, verändert sich in wesentlich geringeren Ausschlägen des pädagogischen Pendels.

Hierzu können Sie »Die Geschichte von Angelika und dem Füttern nach der Uhr« auf Seite 170 lesen.

Ich glaube, Axel Hacke drückt in seinem köstlichen Buch »Der kleine Erziehungsberater« auf Seite 80 das pädagogische Lebensgefühl vieler heutiger Eltern ziemlich treffend aus:

»Wir haben kein richtiges pädagogisches Rezept. Wer hat das schon in diesen Zeiten? Es gab Elterngenerationen, die wussten genau, worin Erziehung zu bestehen habe. Die hatten Konzepte – ich weiß bloß nicht, ob es die richtigen waren. Wir hingegen sind nicht autoritär. Wir sind auch nicht anti-autoritär. Wir wurschteln uns so durch. Manchmal denken wir, wir machen alles falsch. Aber wir wollen nicht larmoyant sein. Wir lieben die Stürme, die brausenden Wogen, und kleine Kinder lieben wir auch, mit kurzen Unterbrechungen jedenfalls. (Und jetzt alle: … und dehennohoch sank unsere Fahahahne nicht!)«

Die Fahne sank noch nicht – das übersetze ich: Eltern haben noch nicht aufgegeben. Sie setzen immer noch Kinder in die Welt und stellen sich der Aufgabe, die ihnen damit gestellt ist. Sie kommen auch damit zurecht, besser wahrscheinlich, als es manch ein Kulturpessimist oder Misanthrop glauben machen will. Sie gehen mit ihren Kindern um, wie sie es für richtig halten und wie es sich mit ihnen aushandeln lässt. Sie wurschteln sich durch und nennen es Erziehung, wenn es sein muss.

Doch zurück zur eigentlichen Begriffsklärung! Was von all dem, was Eltern mit ihren Kindern tun, ist im engeren Sinn *Erziehung*? Ließe sich vielleicht keck formulieren: Erziehung ist das, was schief gegangen ist? Denn so wie das Gewissen nur eine Funktion als *schlechtes Gewissen* hat (das gute Gewissen ist ganz einfach stumm), so stellt sich die Frage nach der Erziehung nur, wenn eine Entscheidung ansteht: Soll ich jetzt so oder so reagieren? Ich behaupte (»Mir scheint«), dass solche Erziehungsfragen sich immer auf die Zukunft richten: Was wird aus dir werden, wenn ich jetzt … oder wenn ich jetzt nicht …? Er-Ziehen also als ein bewusstes, entschiedenes Einflussnehmen auf die Entwicklung des anderen (jüngeren, kleineren)

Menschen in vorgestellter Vorwegnahme dessen, was in Zukunft sein könnte, sein sollte, wahrscheinlich sein wird. Was dann im Einzelnen *konkret getan* wird, dafür lässt sich wieder das (und mehr) einsetzen, was sich oben in den Formulierungen der Erzieherinnen zu dem Begriff fand: »Horizonte eröffnen«, »Regeln setzen«, »auf deren Einhaltung achten«, »Heranführung«, »Hilfestellung«, »Ermutigung«, »Grenzsetzung«, »geduldiges, aufmerksames Abwarten«, »Freiräume bieten«, »Freiräume begrenzen«. Vieles andere geschieht auch, etwa: trösten, singen, zuhören, fragen, vor- und nachsprechen, verrückte Wörter erfinden, Quatsch machen, in die Luft werfen und wieder auffangen, Fahrrad fahren ... Und vieles davon prägt auch und lässt Kinder lernen und bringt sie in ihrem Leben weiter. Aber ich möchte es dennoch nicht im engeren Sinn dem Begriff der Erziehung zuweisen. Denn das meiste davon tun wir auch mit anderen Menschen als unseren Kindern und würden es dort nicht mit dem Begriff »Erziehung« belegen. Ich kann auch meine traurige Cousine trösten, im Chor mit anderen Menschen singen, in der Kneipe meinem Freund zuhören, in einer fremden Stadt einen Fremden nach dem Weg fragen, meinem spanischen Freund das für ihn schier unaussprechliche Wort »Eichhörnchen« vorsprechen und seine Aussprache desselben Wortes zu unser beider Erheiterung nachsprechen, ich kann mit meinem Nachbarn eine Fahrradtour machen – all dieses kann ich tun, ohne dass ein vernünftiger Mensch vermuten würde, hier geschähe Erziehung. Würde offenbar werden, dass ich in all dem tatsächlich jeweils eine erzieherische Absicht hegte, dürfte das all diesen zwischenmenschlichen Beziehungen wohl kaum zuträglich sein.

Ich bin deshalb dafür, solche Tätigkeiten, die sich ohne weiteres auch ohne erzieherische Absicht denken lassen, aus dem engeren und eigentlichen Verständnis des Erziehungsbegriffs auszuklammern und ihn selbst folgendermaßen einzugrenzen:

Erziehung ist das, was absichtsvoll und bewusst getan wird, um einen anderen Menschen, über den man Macht hat, im Hinblick auf seine Entwicklung für die Zukunft zu beeinflussen.

Wenn Sie vor dem Begriff »Macht« an dieser Stelle aus alter Gewohnheit erschrecken, möchte ich an das erinnern, was ich oben über Gewalt und Macht ausgeführt habe. Ohne die Möglichkeit eines »Waltens« über diejenigen Menschen, die einem zur Erziehung anvertraut (unterstellt) sind, erhält man den Status eines *Erziehungsberechtigten* überhaupt nicht.

Ich selbst verwende den Begriff der Erziehung wegen seiner problematischen Abgrenzbarkeit (was ist Erziehung und was nicht?) in meinen eigenen Belangen des Umgangs mit Kindern und Jugendlichen nur sehr sparsam. Ich finde es einfach viel zielführender, konkret zu beschreiben, was zu tun ist bzw. getan wird, und Absichten ggf. klar zu benennen. So konnte es geschehen, dass meine eigene Tochter das Wort »Erziehung« erst spät kennenlernte. Sie mag vier oder fünf Jahre alt gewesen sein, als sie mich eines Tages fragte: »Was ist eigentlich Erziehung?« Spontan und mit einem kleinen Schalk im Nacken, aber durchaus in Übereinstimmung mit meiner Überzeugung, antwortete ich:

Erziehung ist, wenn man aus einem Menschen etwas anderes machen will, als er ist.

Wenn auch knapper ausgedrückt, so ist doch diese – dem Kind gegebene – Antwort von der Definition oben eigentlich nicht verschieden. Denn natürlich setzt Erziehung auf Veränderung, auch wenn wir sie Entwicklung nennen. Und da Erziehung ohne Ziel keinen Sinn ergibt, braucht es Erziehungsziele, die vom Erziehenden festgelegt werden. Es ist ganz einfach das Wesen aller Erziehung, dass der eine (der Mächtigere) etwas für den anderen will.

Erziehung zielt im Rahmen eines Machtgefälles auf Zukunft – eine Zukunft nach Entwurf?

Von Bertolt Brecht gibt es in den »Geschichten vom Herrn Keuner« folgende, die ich oft schon mit Erzieherinnen und Erziehern diskutiert habe:

> *»Was tun Sie«, wurde Herr K. gefragt, »wenn Sie einen Menschen lieben?« »Ich mache einen Entwurf von ihm«, sagte Herr K., »und sorge, daß er ihm ähnlich wird.« »Wer? Der Entwurf?« »Nein«, sagte Herr K., »der Mensch.« (Brecht, Seite 33)*

Oft löst dieser kurze Text spontan Entsetzen aus. Den Menschen nach einem Entwurf einrichten, als wäre er ein Werkstück – nein, das geht ja gar nicht! Dann erzähle ich regelmäßig von einem älteren Mitschüler, der über einen von uns beiden sehr geschätzten Musiklehrer (denn wir hatten ihm viel zu verdanken) sagte, der könne einen unheimlich gut fördern. Wenn dieser Lehrer einmal entdeckt habe, was an musikalischem Talent in einem Schüler stecke, dann hole er das auch heraus – vorausgesetzt, der Schüler spiele mit.

Was also tat dieser Lehrer anderes, als *einen Entwurf von ihm zu machen und zu sorgen, dass er ihm ähnlich würde*? Und mancher Schüler war ihm dafür dankbar.

Brecht beschreibt im Grunde also nichts anderes als das, was in aller Erziehung geschieht. Und er begründet es mit Liebe. Auch das ist in der Erziehung durchaus nicht ungewöhnlich. »Wir meinen es nur gut«, ist wohl einer der häufigsten und ältesten Sätze von Eltern gerade dort, wo ihre Einflussnahme von den Kindern alles andere als begrüßt wird.

Doch will ich nicht behaupten, alle Erziehung sei immer nur gut gemeint, noch viel weniger will ich dies als ein Erkennungsmerkmal von Erziehung setzen. Es ist sehr wohl möglich, aus reinem Eigennutz Kinder z. B. zu Tötungsmaschinen abzurichten oder frühzeitig zum Spitzeln anzuleiten. Ob gut gemeint oder in verbrecherischer Absicht, ob voller Ideale oder aus niedrigen Beweggründen – aller Erziehung muss immer eine Einflussmöglichkeit (eben ein Machtgefälle) vorangehen und ein Ziel innewohnen, auf das die einzelnen »Maßnahmen« bezogen sind. Ohne dies beides hat ein Reden von Erziehung keinerlei Sinn, weshalb ich meine oben vorgeschlagene Definition für konsensfähig und dem allgemeinen Bewusstsein vom Erziehungsbegriff entsprechend halte.

Ein Vorschlag an dieser Stelle für den Fall, dass Ihnen solche Begriffsabgrenzung zu kompliziert oder zu pedantisch vorkommt: Verzichten Sie auf den Gebrauch des Wortes »Erziehung« und sagen Sie stattdessen jeweils klar, was Sie tun oder tun wollen oder zu tun für richtig halten. Das können solche Dinge sein wie *Schlafen* und *Singen*, aber auch solche Dinge wie *Strafen* und *Zwingen*. Aber bitte drücken Sie sich nicht, indem Sie sich etwa darauf zurückziehen wollen, alles sei nur Angebot. Ein Angebot kann man ablehnen. Erziehung nicht, jedenfalls nicht, wenn man der Zögling ist. Sonst vielleicht schon.

Erkennen wir also an, dass, wenn von (bewusster) Erziehung gesprochen wird, es dabei um absichtsvolle Einflussnahme auf Zukunft hin im Rahmen eines Machtgefälles geht. Immer.

Kann Erziehung gelingen?

Eine Bemerkung vorweg: Sehr bewusst steht da oben nicht »Wie kann Erziehung gelingen?« Das wäre eine Verfahrensfrage: Wie muss man es machen, damit ein gesetztes Ziel erreicht wird? – Solche Frage wäre von Wissenschaftlern zu klären, die zu untersuchen, zu vergleichen, auszuwerten und Schlüsse zu ziehen hätten, um am Ende eine gewisse Erkenntnis präsentieren zu können. Das hat auch schon stattgefunden und damit beschäftige ich mich im nächsten Kapitel.

In diesem Kapitel geht es aber um die Frage: Lässt sich überhaupt vermuten, daran glauben, aus der jedem zugänglichen Praxis erkennen, dass Erziehung zum gewünschten Erfolg führt? Noch anders gefragt: Gibt es Erziehung eigentlich wirklich oder ist, wenn wir etwas für den Erfolg von Erziehung halten, das nur eine ganz und gar ungesicherte *Zuschreibung*?

Diese Überlegung ist nicht so weltfremd, wie sie Ihnen vielleicht auf den ersten Blick erscheinen mag. Von Dieter E. Zimmer erschien am 15. Juli 1999 in der »Zeit« ein Artikel mit dem Titel »Die Erziehungsillusion«, aus dem ich hier am liebsten seitenweise zitieren würde. Zimmer führte darin aus, dass gesicherte Erkenntnisse darüber, ob das gezielte Erziehungsverhalten von Eltern den Charakter ihrer Kinder wirklich prägt, praktisch nicht zur Verfügung stehen. Viel zu breit seien die Einflussmöglichkeiten nicht nur anderer Personen, Instanzen und Umstände, sondern auch des biologischen Erbguts, als dass die Persönlichkeit eines Menschen eindeutig dem Erziehungserfolg der Eltern zugewiesen werden könne. Insofern hätten sich alle in der Geschichte angestellten Überlegungen, es müsste nur so oder so mit den jungen Menschen verfahren werden, damit dies oder jenes Erziehungsergebnis sich zwingend einstellen werde, als nicht tragfähig erwiesen.

Der dänische Familientherapeut Jesper Juul vertritt offen die These, dass beim Jugendlichen alle Erziehungsversuche vergebliche Liebesmüh seien. Was die gelungene (oder eben auch misslungene) Eltern-Kind-Beziehung bis dahin nicht hergegeben habe, sei dann auch nicht mehr zu bewirken; allenfalls könne man von seiner Macht (da ist sie wieder, die *elterliche Gewalt*) Gebrauch machen, um die Tochter oder den Sohn zu einem Verhalten oder Unterlassen zu zwingen, aber sie oder ihn zu einer Einsicht zu erziehen oder gar in ihrem/seinem Charakter zu beeinflussen, das sei ein hoffnungsloses Unterfangen.

Der Psychiater und Psychotherapeut Wilhelm Rotthaus betrachtet den Menschen bzw. sein Gehirn als ein *System* von aufeinander bezogenen Zellen und erläutert dazu:

> *»Als Beobachter eines lebenden Systems können wir allein die Umweltkontakte, die Umwelteinflüsse wahrnehmen und eben nicht die ungleich vielfältigeren internen Prozesse. Dies verleitet uns zu der Annahme, nur dieser Umweltreiz sei für eine etwaig nachfolgende Reaktion des Individuums verantwortlich. Dabei sind die Selbstkontakte, die inneren Einflüsse, in ungleich stärkerem Maße als die Umweltkontakte, die äußeren Einflüsse, für die Reaktion des Individuums bestimmend. Dies ist in etwa an dem Verhältnis von inneren und äußeren Nervenreizpunkten ablesbar, die in einem Verhältnis von 2×10^{13} inneren zu 2×10^{8} äußeren Nervenreizpunkten stehen. Das bedeutet, daß die Zahl der inneren Nervenreizpunkte etwa hunderttausendfach höher ist als die der äußeren, daß also das Gehirn von außen kommende und im Inneren produzierte ›Informationen‹ in einem Verhältnis von 1 : 100 000 verarbeitet.« (»Wozu erziehen?«, Seite 68)*

Zwei Seiten davor schreibt Rotthaus insofern ganz folgerichtig:

> *»Eine Steuerung dieser autonomen Prozesse von außen ist nicht möglich.«*

In wörtlicher Übereinstimmung mit seinem Buchtitel kann die Leserin also fragen: »Wozu erziehen?«, im Sinne von: Wozu dann noch erziehen, wenn die Erfolgsaussichten, das System Gehirn zu beeinflussen, so verschwindend gering sind? Interessanterweise kommt Rotthaus in seinem Buch dann aber doch nicht zu diesem Schluss. Der Titel seines Buches ist denn auch doppeldeutig: »Wozu erziehen?« kann nicht nur als eine rhetorische Frage mit dem Unterton »Ist ja doch alles umsonst« aufgefasst werden, sondern auch als die Frage nach dem Ziel von Erziehung: »Zu was sollen oder wollen wir eigentlich erziehen? Welchen Zweck oder Nutzen soll das eigentlich haben?« Diese Frage ist durchaus nicht rhetorisch. So biegt Rotthaus meines Erachtens kurz vor der Schlussfolgerung, dass nach neurobiologischen Erkenntnissen Erziehung gar nicht gelingen *kann*, doch ab zu der Behauptung, dass es Nicht-Erziehen nicht geben könne und dass dabei letztlich Erfahrung und Menschenkenntnis darüber entscheide, ob ein Erziehender am Ende seine Arbeit von Erfolg gekrönt sehe oder nicht.

Dies freilich – die wissenschaftliche Erkenntnis der Unmöglichkeit bei der gleichzeitig relativ banalen Beobachtung, dass es im tatsächlichen Leben ja doch irgendwie hinzukriegen ist, – ist aus meiner Sicht dem ziemlich nahe, was Axel Hacke beschreibt mit »Wir wurschteln uns so durch«.

Auf das meiner Meinung nach ganz und gar unerfreuliche Buch »Warum unsere Kinder Tyrannen werden« des Kinderpsychiaters Michael Winterhoff hat der Kinder- und Familientherapeut Wolfgang Bergmann mit dem meines Erachtens weitaus erfreulicheren Buch »Warum unsere Kinder ein Glück sind« geantwortet. Während Winterhoff sein Buch nicht als Erziehungsratgeber verstanden wissen will und offen bekennt, dass er der Erziehung im von ihm wahrgenommenen Notstand unter Kindern und Jugendlichen nichts mehr zutraut, zeigt Bergmann Möglichkeiten auf, wie Eltern mit Kindern gelassener umgehen und dabei zu einem für alle Seiten beglückenderen Miteinander kommen können. Viel erzieherische Verkrampfung wird dabei losgelassen. Kritisch sehe ich allerdings, dass er manche Tipps gibt und dabei garantieren zu wollen scheint, dass die vorhergesagte Wirkung sich dann auch gewiss einstellen werde. Mir tun die armen Eltern ein wenig Leid, die die Tipps ausprobieren und angesichts unvorhergesehener Reaktionen dann doch eher Herrn Rotthaus Recht geben werden, dass das menschliche Gehirn ein viel zu komplexes System sein muss, als dass man es planbar beeinflussen könnte.

Was mich bei diesen drei Fachbuchautoren – Juul, Rotthaus und Bergmann – gleichermaßen überrascht hat, ist, dass sie den aus ihren Ausführungen m. E. klar hervorgehenden Schluss dann doch nicht ziehen: dass nämlich das Vorhaben, einen Menschen zu erziehen, ein ganz und gar hoffnungsloses, ja unrealistisches Unterfangen ist, weshalb man besser gleich die Finger davon lassen sollte. Sie alle scheinen an dem Gedanken, dass Erziehung doch sein müsse, festzuhalten oder wollen ein Tabu nicht berühren. Bergmann nennt sein (übrigens unterhaltsam und ermutigend zu lesendes) Buch im Untertitel ja sogar »So gelingt Erziehung heute«.

Aber dieser Ausflug in die Literatur soll hier nur dazu dienen, Ihnen, dem interessierten Leser, zu verdeutlichen, dass die Frage nach der prinzipiellen Möglichkeit des Gelingens von Erziehung nicht so weltfremd ist, wie sie Ihnen vielleicht auf den ersten Blick erschien.

Bei Erziehung geht es, wie wir gesehen haben, immer um eine Beeinflussung auf Zukunft hin. Hilfreich könnte sein, auch hier einmal die Bereiche von Betreuung, Bildung und Erziehung zu unterscheiden. Die Frage etwa, ob dem Kind selbst hergestellter Babybrei oder Gläschenkost gereicht werden soll, die Frage nach Stoff- oder Plastikwindeln, die Frage nach früherer oder späterer oder gar keiner Impfung – all diese Fragen werden wir als Fragen der Gesundheitsvorsorge, der Versorgung, also der *Betreuung* ansprechen können. Die Frage, ob als zweite Fremdsprache Latein, Französisch, Russisch oder Italienisch gewählt werden soll, wird als eine Frage der *Bildung* zu behandeln sein. Aber die Frage, ob unser Sohn ein anständiger, ehrlicher Kerl werden wird und auf welchem Weg er das werden kann, die scheint mir eine zentral *erzieherische* Frage zu sein. Wenn es nur darum ginge, wie er lernen kann, möglichst erfolgreich den Anschein zu erwecken, er sei anständig und ehrlich, könnte es sich dabei noch um eine Bildungsfrage handeln, aber wir werden ja wohl wollen, dass er wirklich im Kern anständig und ehrlich *ist*. Wir haben damit einen Wunsch bezüglich der *Substanz seines Charakters*. Der Publizist Ekkehard von Braunmühl sprach deshalb für diesen Kernbereich der Erziehung von »substantieller Erziehung«.

Erziehung von Bildung und Betreuung getrennt betrachten.

Nun werden Sie in Ihrem Leben wahrscheinlich beobachten können, dass anständige Eltern in vielen Fällen auch anständige Kinder haben. Ebenso gehen aus religiösen Familien häufig religiöse Kinder hervor, aus Pfarrer-Familien kommen nicht selten wiederum Pfarrer. Nach meiner Erfahrung teilen Kinder oft auch die politischen Ansichten ihrer Eltern, verhalten sich ähnlich wie sie, ernähren sich vergleichbar usw.

Das lässt an den Lehrsatz denken, der mal Pestalozzi und mal Fröbel zugeschrieben wird, Erziehung sei »Beispiel und Liebe, sonst nichts«. Wir könnten insofern ganz entspannt sein und darauf vertrauen, dass die Kinder sich von uns alles Wesentliche abschauen werden, Erziehung rein durch Vorleben also, wenn – ja, wenn unser Verhalten denn durchgängig vorbildlich wäre, d.h. wenn wir es nur wenigstens selbst für vorbildlich halten könnten. Aber Hand aufs Herz: Finden Sie sich immer vorbildlich? Ist es Ihnen vorstellbar, sich stets so unter Kontrolle zu haben, dass alles, was Sie im Beisein Ihrer (oder auch fremder) Kinder tun, geeignet ist, ihnen zum Vorbild zu dienen (das ganze Leben würde damit zu einer pädagogischen Maßnahme)?

Ich jedenfalls bekam einst im Kindergarten von einem fünfjährigen Jungen vorgeführt, dass er von mir etwas gelernt hatte, was ich ihm so nicht hatte beibringen wollen: Um meine Aufmerksamkeit zu erlangen, rief er quer durch den Schlafraum mir zu: »Hallo, Herr Schulz! Hier spielt die Musik«. Das war bis dahin mein Spruch gewesen. Unter ehrlicher Selbstkritik musste ich mir eingestehen, dass ich damit stets gemeint hatte: »Ich mache hier die wesentlichen Ansagen, hör mir also gefälligst zu!« Nun hatte dieser Knabe sich diesen Satz angeeignet (vielleicht ja mit einem freundlicheren Subtext) und rief ihn mir zu. – Erziehung durch Vorbildverhalten …?

Ich stelle somit fest: Auch wenn wir an Erziehung durch Vorbildwirkung glauben, bleibt es doch unserem Einfluss entzogen, *was* aus unserem Verhalten sich ein Kind zum Vorbild wählt.

Pikant wird es allerdings, wenn Eltern gar nicht wollen, dass sich ihre Kinder sie zum Vorbild nehmen, sondern ganz bewusst das Anliegen haben, ihre Kinder zu ganz anderen Menschen zu erziehen. »Meine Kinder sollen es mal besser haben« oder »Die Schwierigkeiten, die ich mit meinem Leben habe, wünsche ich meinem Kind nicht« können ehrenwerte Motive für solch ein Vorhaben sein. In der (vermeintlich?) antiautoritären Erziehung der sechziger und siebziger Jahre dürfte das der Fall gewesen sein. Wohlgemerkt: Jene Eltern haben nicht alle aus Unentschlossenheit ihren Kindern alles erlaubt, sondern sie hielten es (gewissermaßen programmatisch) für falsch, ihre Kinder durch Verbote einzuengen, und damit verband sich eine Hoffnung und ein Ziel: Die Kinder sollten freie, unangepasste, vor allem nicht autoritätshörige Menschen werden. Als Kinder haben wir mitunter neidvoll auf solche »Allesdürfer« geschaut. Eine Freundin erzählte mir vor einigen Jahren, sie habe solche Schulkameraden, die als Kinder immer so viel mehr durften als sie und ihre Geschwister, später wieder getroffen – und sie seien »die größten Spießer« geworden. Dies ist natürlich eine Einzeleinschätzung, aber auch Sozialisationsforscher, die sich intensiv mit Erziehungsfolgen beschäftigt haben, kamen zu dem Schluss, dass das Vorhaben, durch antiautoritäre Erziehung Revolutionäre heranzuziehen, jedenfalls nicht durchgängig von Erfolg gekrönt war. Zumindest manche antiautoritär erziehenden Eltern teilen also anscheinend das Schicksal mancher autoritär erziehender Eltern (ich denke z. B. an solche, denen es mit streng religiöser Erziehung nur gelungen ist, ihren Kindern alle Religion nachhaltig zu vergraulen).

Dass Erziehung misslingen kann, ist offensichtlich.

Allein damit ist schon erwiesen, dass Erziehung allemal *misslingen* kann, d. h. dass etwas anderes dabei herauskommen kann als das angestrebte Ziel. Dies allein genügt aber nicht, um zu behaupten, dass sie gar nie gelingen könne.

Um zu einer sicheren Erkenntnis darüber zu gelangen, ob (substantielle) Erziehung tatsächlich wirkmächtig oder doch überflüssig, jedenfalls aber in ihrer Wirkung unberechenbar ist, müsste man sie in derselben Situation einmal anwenden und einmal weglassen. Das ist allerdings aus zwei Gründen ganz unmöglich. Denn zum einen können Sie niemals *dasselbe Kind* zweimal aufwachsen lassen und das auch noch zur selben Zeit und unter genau denselben Bedingungen, nur mit dem Unterschied, dass Sie es einmal Ihrer erzieherischen Einflussnahme aussetzen und beim zweiten Mal nicht. Zum anderen sind Sie aber auch im Zusammenleben mit Ihrem Kind ständig in der Situation, irgendwie reagieren zu müssen.

Ein Nicht-Entscheiden gibt es nicht.

Sie haben z. B. einen lange angesetzten Termin beim Kinderkardiologen. Jetzt. Sie müssen das Kind jetzt anziehen und losgehen. Ihr Kind will aber jetzt sein Lego-Haus fertig bauen. Was tun Sie also? Sie können nicht nicht entscheiden. Selbst wenn Sie dem Kind die Entscheidung überlassen, ist auch das Ihre Entscheidung. Vielleicht werden Sie verhandeln, darüber ungeduldig und ärgerlich werden, schließlich resigniert aufgeben und einen neuen Termin mit dem Arzt aushandeln. Da Sie aber gerade zum Herzspezialisten wollten, werden Sie sich Sorgen machen, ob dieser Termin in einem Vierteljahr die Diagnose oder Behandlung nicht viel zu weit auf die lange Bank schiebt. Dann werden Sie ein schlechtes Gewissen bekommen. – Vielleicht sagen Sie auch ohne viel Federlesen: »Dein Protest ist mir jetzt egal«, ziehen das Kind an und gehen los zum Arzt. Je nachdem, wie anhaltend Ihr Kind dagegen protestiert, werden Sie dabei möglicherweise auch ein schlechtes Gewissen haben. Wenn Sie davon ausgehen, dass all Ihr Einfluss auf das Kind, also vor allem das Handeln in seinem Interesse (hier: der größtmöglichen Gesundheitsvorsorge) gegen seinen momentanen Willen oder nach seinem momentanen Willen gegen sein weiterreichendes Interesse irgendwie Erziehung ist, befinden Sie sich hier in einem pädagogischen Dilemma. Was sollten Sie hier tun, wenn Sie die Erziehung unterlassen wollten? Etwa sich das Kind egal sein lassen?

Das »Gegenteil von Pädagogik« gibt es nicht.

Ekkehard von Braunmühl gab einst in seinem Buch »Zeit für Kinder« für solche Situationen den Rat, man solle sich überlegen, was ein pädagogisch denkender Mensch jetzt tun würde, und dann das Gegenteil davon tun. Das klingt fast revolutionär. Es ist aber in Wirklichkeit eine paradoxe Forderung, im Fachjargon: ein *double bind.* Da es nämlich Pädagogen unterschiedlichster Couleur gibt, könnten verschiedene pädagogisch denkende

Menschen Ihnen zur Situation auch ganz gegensätzliche Ratschläge geben. Das jeweilige Gegenteil wäre also wiederum genau das, was der andere pädagogisch gerade für richtig halten würde. Auch dieser Tipp ist also letztlich unausführbar. Und da ich Ekkehard von Braunmühl für einen ausgesprochen klugen Kopf halte, kann ich mir kaum vorstellen, dass er das nicht genau wusste, als er diesen Rat gab.

Für den Fall, dass Sie mit dem Begriff des *double bind* nicht vertraut sind, möchte ich ihn hier erläutern: Es handelt sich dabei um ein Fachwort aus der Kommunikationsforschung; es beschreibt eine Forderung, die so gestellt wird, dass Ihre Erfüllung unmöglich ist, weil jeder Versuch dazu zugleich der Forderung widersprechen würde. In zwischenmenschlichen Beziehungen trägt dies zur Vergiftung der Atmosphäre bei und macht ganze Familien krank. Dan Greenburg gibt in seinem Buch »How to be a Jewish Mother« (Los Angeles, 1964) auf Seite 16 dafür folgendes Beispiel:

> *»Schenken Sie Ihrem Sohn Marvin zwei Sporthemden. Wenn er zum erstenmal eines der beiden anzieht, blicken Sie ihn traurig an und sagen Sie: ›Das andere gefällt dir nicht?‹« (zit. n. Watzlawick, »Anleitung zum Unglücklichsein«, Seite 80)*

Dieser arme Sohn kann es nie recht machen. Selbst wenn er nun keines von beiden jemals anzieht, erreicht er damit nur, dass die Mutter umso mehr gekränkt ist. Er ist praktisch doppelt gebunden, er kann es in keinem Fall richtig machen.

In therapeutischen oder sozialpädagogischen Zusammenhängen kann der *double bind* aber auch methodisch beabsichtigt eingesetzt werden. Man spricht dann von einer *paradoxen Intervention.*

Hierzu können Sie »Die Geschichte von Beatrix und dem Bedienen und Blockieren von Spielangeboten« auf Seite 173 lesen.

Wenn Sie sich in der oben von mir phantasierten Situation mit dem Kind und dem Kardiologenbesuch befänden und sich dabei nach dem Tipp von Ekkehard von Braunmühl richten wollten, dann würden Sie schließlich vielleicht sagen: »Was der mir da rät, ist ja gar nicht praktikabel, denn jeder Pädagoge würde mir etwas anderes raten. Ich mache jetzt einfach, was ich für richtig halte«. In diesem Moment würden Sie aus der Situation heraus Ihre eigene Entscheidung treffen und dabei wahrscheinlich nicht mehr so sehr nach der Ihnen aufgetragenen Erziehung fragen. Der erzieherische Vorsatz wäre fallengelassen. Sie hätten sich für diesen Moment von dem an Sie gerichteten Anspruch, Ihrem Kind gegenüber immer in erzieherischer Verantwortung zu handeln, freigemacht. Und dies hätten Sie an dem Punkt sogar Ekkehard von Braunmühl in gewisser Weise zu verdanken, denn sein so unpraktikabler Vorschlag, über den Sie jetzt vielleicht sogar erzürnt wären, hätte gewirkt wie eine *paradoxe Intervention*.

Die Ausübung von Erziehung ist an das Vorhandensein eines Vorsatzes gebunden.

Nach diesem Gedankenexperiment schlage ich Ihnen vor, dass wir das Verständnis vom erzieherischen Geschehen vor allem an den erzieherischen Vorsatz knüpfen: Indem eine erwachsene Person den Vorsatz hegt, das Kind/den Jugendlichen in eine gewisse Richtung zu beeinflussen, zu formen, zu prägen, wird ihr Tun diesem jungen Menschen gegenüber zur Erziehung. Hegt sie diesen Vorsatz nicht, müsste ein anderer Begriff dafür gefunden werden, z. B. könnte konkret beschrieben werden, wer was gerade tut. Eine in dieser Weise befreite Situation kann dann sogar einige Kreativität freisetzen, die einen auf Lösungen kommen lässt, die sich jenseits eines verbissenen Entweder-Oder bewegen.

Hierzu können Sie »Die Geschichte von Christoph und seiner kleinen Hand« auf Seite 176 lesen.

Geht der oder die Erwachsene mit dem Kind nicht nur in solchen Situationen, sondern durchgängig ohne erzieherischen Vorsatz um, wird aus dem Kind unweigerlich auch etwas werden, denn es kann ja nicht nichts werden. Ob ein Strolch oder ein nützliches Mitglied der Gesellschaft, kann ich Ihnen natürlich nicht sagen. Aber unter Beibehaltung des erzieherischen Vorsatzes könnte ich es Ihnen auch nicht sagen. Keiner kann das (siehe oben).

Die Frage, ob Erziehung gelingen könne, ist nämlich prinzipiell unbeantwortbar, weil die Antwort in jedem Fall nicht überprüfbar ist.

Ich lege noch nach, wieder mit Ekkehard von Braunmühl: In seinem Buch »Zeit für Kinder« erläuterte er den »pädagogischen Gegenteileffekt«. Danach bewirken gezielte erzieherische Maßnahmen genau das Gegenteil von dem, was sie bewirken sollen, weil nämlich die darin enthaltene Ermahnung an das Kind, es müsse sich ändern, im Kind zugleich die unbewusste Überzeugung nähre, dass es so und so sei (nämlich so, wie es nicht sein solle). Da eine solche unbewusste Überzeugung das Verhalten aber stärker steuere als der gutwillige bewusste Vorsatz, es der Erziehungsperson recht zu machen, werde das Kind durch solche Maßnahmen letztlich dazu gezwungen, gerade das Verhalten zu verfestigen, das es sich abgewöhnen solle (vgl. von Braunmühl, »Zeit für Kinder«, Seiten 105–114).

Auch diese Sichtweise, die meines Erachtens einiges für sich hat, lässt sich nicht beweisen – die entgegengesetzte nur ebenfalls nicht. Zum Schluss seiner Ausführungen zum pädagogischen Gegenteileffekt schreibt von Braunmühl: »Tatsächlich haben die meisten Erziehungsakte keinen Gegenteileffekt, weil sie überhaupt keinen Effekt haben.«

Der Erfolg von Erziehung ist prinzipiell unbeweisbar.

Fakt ist jedenfalls, dass sich am Ende der Erziehung niemals zweifelsfrei behaupten lässt, das Ergebnis habe sich *aufgrund* oder *trotz* der Erziehung oder *völlig unabhängig davon* eingestellt. Keiner kann in die Zukunft sehen und daher kann auch keiner auf Zukunft hin genau das Richtige zu tun für sich in Anspruch nehmen. Vor Überraschungen – positiven wie negativen – ist Erziehung niemals sicher.

Sichere frühkindliche Bindung schafft Resilienz.

In der pädagogischen Fachsprache nennt man die Fähigkeit, widrige Lebensumstände (in diesem Sinne also auch: als feindselig wahrgenommene Erziehungsakte) zu verwinden und trotzdem eine positive Entwicklung zu nehmen, *Resilienz.* Es existiert bereits eine ganze Resilienzforschung, die sich der Frage widmet, warum der eine seinen widrigen Lebensumständen unterliegt, der andere mit seinem Leben trotzdem gut zurecht kommt, warum die Resilienz also so unterschiedlich verteilt ist. Soweit nicht genetische Dispositionen dafür verantwortlich zu machen sind, sieht alles danach aus, dass vor allem wenigstens eine Person konstant da sein muss, die dem kleinen Kind eine sichere Bindung gewährt, bei der das Kind sich also sicher aufgehoben fühlen kann und eine Bestätigung seiner selbst erfährt. Wenn diese Beziehung gelingt, dann ist das schon mal ein guter Start ins Leben.

*Be*ziehung kann gelingen, soviel scheint mir sicher zu sein. Ob *Er*ziehung gelingen kann, weiß ich nicht. Keiner kann das wissen. Einfach, weil es sich nicht überprüfen lässt. Sollten Sie von mir aber eine Antwort – Ja oder Nein – verlangen, würde ich ohne zu zögern antworten: Nein.

Denn »Ja, Erziehung kann gelingen« wäre eine reine Mutmaßung, wie etwa: »Ja, ich glaube, dass das Eis dich tragen wird.« Was würden Sie mir sagen, wenn Sie dann doch einbrächen? Eben. Ich will Sie schließlich nicht aufs Glatteis führen.

Vier Erziehungsstile nach Diana Baumrind

Im vorigen Kapitel habe ich Ihnen meine Einschätzung dargelegt, dass ein Gelingen von Erziehung – zur Erinnerung: damit sind immer bewusste, auf Zukunft gerichtete Einflussnahmen in erzieherischer Absicht gemeint – ehrlicherweise nicht behauptet werden kann, selbst dann nicht, wenn am Ende ein erwachsen gewordener Mensch vor uns steht, an dem wir unsere Freude haben können, auf den wir vielleicht sogar stolz sein mögen. Wir wissen einfach nicht, ob wir mit unserer Erziehung die Haupt-Ursache dafür sind oder ob unsere Erziehung es nur nicht verhindern konnte.

Wer allerdings von der Annahme ausgeht, *dass* Erziehung wirkt, kann naheliegenderweise die Frage stellen: *Wie* wirkt Erziehung denn? Was ist den Menschen, mit denen wir zufrieden sein können, weil wir sie als tüchtige, anständige, nützliche Glieder der Gesellschaft wahrnehmen, von ihren Eltern begegnet, als sie noch zu Erziehende waren, damit sie zu dem werden konnten, was sie heute sind? Was also lässt Erziehung gelingen?

Eine, die diese Frage gestellt hat, ist die amerikanische Psychologin und Sozialisationsforscherin Diana Baumrind (geb. 1927). Ich wurde vor einigen Jahren von einem guten Freund aus Studienzeiten auf Frau Baumrind aufmerksam gemacht. Er arbeitet in einer großen Jugendhilfe-Einrichtung, hat also viel mit solchen Kindern und Jugendlichen zu tun, bei denen die elterliche Erziehung suboptimal verlaufen ist. Da ist die Frage »Was müsste denn anders laufen in der elterlichen Erziehung?« oder eben »Was lässt Erziehung gelingen?« sehr naheliegend.

Leider gibt es von Diana Baumrind nach meiner Recherche fast keine Literatur in deutscher Übersetzung. Vor Jahren erschien nur ein Artikel über ihre Studien in der Zeitschrift »Geo«, durch den mein Freund von ihr erfahren hatte und nach dem er mir ihre Forschungsergebnisse im Groben wiedergab. Baumrind wird aber viel aus zweiter Hand zitiert und die Ergebnisse ihrer Forschungen werden in deutschen Vorträgen bzw. Fachartikeln diskutiert. Interessant dazu ist z. B. das schon erwähnte Dossier von Dieter E. Zimmer »Die Erziehungsillusion« zu lesen, das ich Ihnen an dieser Stelle wämstens zur Lektüre empfehlen möchte (http://www.d-e-zimmer.de/HTML/1999erziehungsillusion.htm).

Ganz anders als die Vertreter der antiautoritären Erziehung in Deutschland, letztlich aber auf derselben Thematik fußend, beschäftigten sich nach der Nazizeit auch Forscher in den USA mit der Frage: Woher kommt der autoritäre Charakter der Menschen, die ein solches Gräuelsystem wie den Nationalsozialismus mit all seinen Verbrechen ermöglichten? In der Tradition dieser Untersuchungen stellte Diana Baumrind Langzeitforschungen an. Sie klassifizierte Kinder und/oder Jugendliche nach verschiedenen Persönlichkeitsmerkmalen und glich diese mit dem Erziehungsverhalten ihrer Eltern ab. Dabei identifizierte sie verschiedene Erziehungsstile, die sie in vier Kategorien einteilte: den *autoritären*, den *permissiven* (gewähren lassenden, engl. *indulgent*), den *indifferenten* oder *gleichgültigen* und den *autoritativen* Erziehungsstil. Ferner fand sie im Wesentlichen drei Aspekte des elterlichen Verhaltens, die den Erziehungsstilen in unterschiedlicher Qualität innewohnten, sie quasi mit Leben erfüllten. Diese drei Aspekte werden mit *firmness* (= Festigkeit, Entschlossenheit, Standhaftigkeit), *warmth* (= emotionaler Wärme) und *restrictiveness* (am ehesten wohl zu übersetzen mit »Strenge«, »Kontroll-Bereitschaft«, »Beschränkung«) bezeichnet.

Unter Berufung auf Diana Baumrind werden die vier Erziehungsstile wie folgt beschrieben:

Der **autoritäre Erziehungsstil** manifestiert sich stark steuernd, fordernd und kontrollierend; Strafe und Tadel als Erziehungsmaßnahmen, Gehorsam und Anpassung als Erziehungsziele spielen eine wichtige Rolle. Von den Aspekten elterlichen Verhaltens findet sich ein hohes Maß an Festigkeit und Strenge, aber nur ein geringes an emotionaler Wärme. Als Ergebnis werden bei den Jungen ein Hang zur Feindseligkeit und bei den Mädchen eine geringe Selbständigkeit ausgemacht; insgesamt werden diese Kinder als eher ungesellig und unsicher sowie tendenziell aggressiv wahrgenommen. – Kurzfassung für den Laien (bzw. die Nachbarskinder): Die Eltern verbieten viel und befehlen viel. Ergebnis: Anstrengende Kinder, wenn auch angepasst.

Der **permissive Erziehungsstil** (nach dem englischen Wort *indulgent* mindestens ebenso gut als *nachgiebiger, verwöhnender, gewähren-lassender Erziehungsstil* zu übersetzen) stellt gewissermaßen den Gegenpol zum autoritären Erziehungsstil dar: Hier werden die Kinder mit viel emotionaler Wärme, aber mit wenig Strenge umgeben und begegnen wenig Standhaftigkeit/Festigkeit der Eltern, sind also auch mit wenig Forderungen von Elternseite konfrontiert. (So gibt es Prof. Rudolf Tippelt, München, in einer Vorlesung vom 1.12.2004 wieder, wenn er »Baumrind [1989]« referiert; Dieter E. Zimmer beschreibt in dem Zeit-Artikel dagegen den permissiven Erziehungsstil als elterliches Verhalten ohne Strenge und ohne Wärme; möglicherweise bezieht er sich auf frühere Forschungen von Baumrind; auf Seite 8 seines Dossiers schreibt er jedenfalls: »permissive und dabei liebevolle Eltern fand Baumrind nicht«). Den Kindern, die solche Erziehung erfahren haben, soll es an Leistungsfähigkeit mangeln und, sofern sie von wenig elterlicher Liebe umgeben gewesen sind, auch an Selbstbewusstsein und Selbstbeherrschung. – Kurzfassung für den Laien (bzw. die Nachbarskinder): Die Eltern erlauben alles (oder doch annähernd alles) und verlangen nichts. Ergebnis: Manchmal nette, manchmal anstrengende Kinder, aber besonders weit bringen sie es nicht.

Als Königsweg in der Erziehung machte Baumrind einen Umgang mit Kindern aus, den sie den **autoritativen Erziehungsstil** nannte. Hier leben die Kinder mit gefestigten Elternpersönlichkeiten zusammen, die sie mit Liebe und Wärme umgeben, aber auch Forderungen an sie stellen, sie zur Leistung anspornen und ihre Entwicklung so begleiten, dass dabei auch immer eine Kontrolle über das Tun der Kinder gegeben ist. Sie leiten ihre Kinder an zu sinnvollem Tun, erteilen ihnen aber wenig Verbote und sind nur wenig beschränkend. Sie sind den kindlichen Bedürfnissen und Interessen zugewandt, räumen der Autonomie der Kinder als Erziehungsziel einen hohen Stellenwert ein, scheuen aber auch nicht davor zurück, sie gezielt zu beeinflussen und ihnen Grenzen zu setzen, dies allerdings eher in dialogischer Form. Die Kinder entwickeln sich dabei zu kompetenten, zufriedenen Menschen, nicht nur die Mädchen, sondern auch die Jungen sind freundlich und kooperativ, nicht nur die Jungen, sondern auch die Mädchen zielstrebig, leistungsorientiert und durchsetzungsfähig. – Kurzfassung für den Laien (bzw. die Nachbarskinder): Die Eltern stehen mitten im Leben, wissen, was sie wollen, sagen das auch klar, gehen ihren Kindern damit aber nicht (oder nur mäßig) auf die Nerven. Schließlich haben sie ihre Kinder lieb und zeigen ihnen das auch. Ergebnis: Die Kinder haben ihre Eltern auch lieb und hören darauf, was die ihnen zu sagen haben. Tolle Eltern, tolle Kinder. Fleißig, freundlich und erfolgreich obendrein.

Den Gegenpol zum autoritativen Erziehungsstil stellt der (erst später in die Kategorisierung eingefügte) **indifferente**, *vollkommen gleichgültige und uneinheitliche* **Erziehungsstil** dar. Bei ihm erleben die Kinder weder liebevolle Wärme noch Konsequenz, Interesse oder Klarheit. Das Elternverhalten geht von übertriebener Erwartung an die Selbständigkeit der Kinder über zu Vernachlässigung und Feindseligkeit, die Kinder können an diesen Eltern, die oft selbst in großen sozialen Problemen stecken, keinen Halt finden, ihr Verhalten ist für sie nicht berechenbar; sie entwickeln die meisten Verhaltensprobleme und werden zu lebensuntüchtigen Menschen. (Ich weiß nicht, ob sich das auch unter den Forschungsergebnissen Baumrinds findet, aber aus eigener Kenntnis möchte ich ergänzen: Bei der breiten Gleichgültigkeit und Permissivität kommt es zwischendurch auch immer mal zu explosiven Ausbrüchen übertriebener Strenge, was für die Kinder die Unsicherheit noch erhöht.) – Kurzfassung für den Laien (bzw. die Nachbarskinder): Bei diesen Eltern wissen Kinder nie, woran sie eigentlich sind. Ergebnis: Verunsicherte, wenig leistungsfähige Kinder mit vielen Problemen. Sie sind einfach ständig mit der Frage beschäftigt, ob sie sich überhaupt in Sicherheit befinden.

Nun handelt es sich bei diesen vier Erziehungsstilen nicht um Umgangsweisen mit dem Kind, zu denen Eltern sich sozusagen programmatisch entschieden hätten, sondern um Kategorisierungen vorfindlicher Verhaltensweisen aus der Perspektive des wissenschaftlichen Beobachters.

Von außen identifizierte Erziehungsstile müssen sich nicht mit den Erziehungsvorhaben der betreffenden Eltern decken.

Ein gewisses Problem dieses Katalogs liegt aus meiner Sicht darin, dass es dabei nicht um Erziehungsentscheidungen von Eltern geht, sondern vielmehr um eine *Zuschreibung von außen*: Dieses und jenes Elternverhalten wird von der beobachtenden Wissenschaft mit diesem und jenem Etikett versehen. Die Selbstaussage der jeweiligen Eltern kommt überhaupt nicht in den Blick.

Genaugenommen geht es daher noch nicht einmal im eigentlichen Sinn um Erziehungsstile, denn eine gezielte Entscheidung, die wir als Voraussetzung dafür ausgemacht hatten, dass überhaupt sinnvollerweise von *Erziehung* (also von geplanter, zielgerichteter Beeinflussung) die Rede sein kann, dürfte für viele der von Baumrind beobachteten und beschriebenen Verhaltensweisen kaum zu unterstellen sein.

Dies wird auch deutlich an dem Text, mit dem Diana Baumrind selbst den autoritativen Erziehungsstil zu beschreiben versucht (übrigens der einzige Text von ihr, der mir in deutscher Fassung vorliegt):

> *»Autoritativer Erziehungsstil:*
> *Autoritative Eltern sind gemäß der Definition weder strafend noch autoritär … Autoritative im Vergleich zu gewähren-lassenden Eltern fordern mehr von ihren Kindern und sind im Vergleich zu autoritär-einschränkenden Eltern ansprechbarer und entgegenkommender. Autoritative Eltern sind in dem Sinne fordernd, dass sie die Aktivitäten ihrer Kinder gleichmäßig und sicher führen und anleiten und von ihnen Hilfe bei der Hausarbeit fordern als Beitrag zum Funktionieren der Familie. Sie haben keine Angst, ihre Kinder zu konfrontieren, um deren Kooperation zu erlangen, nennen klar und deutlich ihre Werte und erwarten von ihren Kindern, dass sie ihre Normen respektieren. Autoritative Eltern sind gefühlsmäßig zugewandt in dem Sinne, dass sie liebevolle Zuneigung zeigen, Unterstützung geben und sich engagieren. Sie sind auch kognitiv zugewandt, indem sie ihren Kindern eine anregende und herausfordernde Umgebung bieten. Es ist charakteristisch für autoritative Eltern, dass sie ein vernünftiges Gleichgewicht zwischen Autonomie und Kontrolle auf allen Altersstufen beachten, in der Kindheit mehr zugunsten der Kontrolle, im Jugendalter mehr zugunsten der Autonomie. Autoritative Eltern betonen gegenüber ihren heranwachsenden Jugendlichen in stärkerem Maße Sachthemen als Personen und Rollen, sie ermutigen ihre Jugendlichen, ihre – auch abweichenden Meinungen – zu äußern, und sie streben danach, Verantwortung und Einfluss mit zunehmender Reifung ihrer Kinder zu*

teilen«. (Baumrind, Diana: A Developmental Perspective on Adolescent Risk Taking in Contemporary America. In: Hänsel, Renate: Gewalt in der Schule: Was können Eltern und Erzieher tun? In: Katholische Elternschaft Deutschlands, Elternforum 1/2003)

Merken Sie was? – In der Überschrift heißt es »Der autoritative Erziehungsstil«, im Text selbst ist dann aber nur noch von »autoritativen Eltern« die Rede. Der Begriff »autoritativ« mutiert dabei von der Beschreibung eines entschiedenen Erziehungshandelns zu einer Beschreibung persönlicher Eigenschaften. Wie kommt das zustande? Warum sollte die Wissenschaftlerin Diana Baumrind ankündigen, etwas über Erziehung sagen zu wollen, dann aber über persönliche Eigenschaften sprechen?

Was beschreibt der englische Begriff »parenting«?

Ich bin mir fast sicher, dass es sich dabei um eine Verlegenheit der Übersetzung handelt. Denn auf der Internetseite http://www.encyclopedia.com/topic/Parenting.aspx fand ich, dass im Englischen bei Diana Baumrind überhaupt nicht von *education* (Erziehung) die Rede ist, sondern von *parenting.* Mit diesem Begriff haben wir im Deutschen aber ein Übersetzungsproblem. *Parents* sind *die Eltern*, *a parent* ist *ein Elternteil*; aber ein von diesem Substantiv unmittelbar abgeleitetes Verb kennen wir im Deutschen nicht. Es müsste »eltern« heißen: »Ich eltere, du elterst, er/sie/es eltert, wir eltern, ihr eltert, sie eltern« – nein, das geht ja gar nicht. Was fangen wir also mit diesem Wort *»parenting«* an, von dem Diana Baumrind in Wirklichkeit spricht, damit wir verstehen können, was sie meint?

Auf »encyclopedia.com« wird wenigstens in englischer Sprache eine Definition für »parenting« gegeben; dort heißt es:

»Parenting, of course, encompasses many different phenomena. Nancy Darling and Laurence Steinberg (1993) have suggested that researchers distinguish between parenting style and parenting practices. They define

> ***parenting style*** *as a constellation of attitudes toward the child communicated to the child by the parent, that taken together create an emotional climate in which the parent's behaviors are expressed. These behaviors include both the specific, goal-directed behaviors through which parents perform their parental duties (what Darling and Steinberg refer to as* ***parenting practices****) as well as non-goal-directed parental behaviors, such as gestures, changes in tone of voice, or the spontaneous expression of emotion.«*

Hier mein Versuch einer Übersetzung:

> *Parenting schließt natürlich viele verschiedene Phänomene ein. Nancy Darling und Laurence Steinberg (1993) haben angeregt, dass Forscher zwischen* ***parenting style*** *[elterlichem Stil] und* ***parenting practices*** *[elterlichen Handlungen] unterscheiden. Sie definieren* ***parenting style*** *als die Gesamtheit der Einstellungen gegenüber dem Kind, die dem Kind von dem Elternteil mitgeteilt werden, welche zusammengenommen ein emotionales Klima schaffen, in dem das elterliche Verhalten sich ausdrückt. Dieses Verhalten beinhaltet sowohl spezifisches, zielgerichtetes Verhalten, durch welches Eltern ihren elterlichen Pflichten nachkommen (was Darling und Steinberg dem Bereich der* ***parenting practices*** *zuweisen), als auch nicht-zielgerichtetes elterliches Verhalten wie Gesten, Tonfall oder den spontanen Ausdruck von Gefühlen.*

Angesichts dieser Definition scheint mir sinnvoll, zur Übersetzung von *parenting* wieder zum Begriff des *elterlichen Waltens* zu greifen, den ich im Kapitel »Was unter Erziehung verstanden wird« reflektiert habe.

Es geht bei Baumrind also um viel mehr als nur um bestimmtes, gezieltes Erziehungshandeln, es geht um das gesamte Walten der Eltern oder, anders gesagt, um die gesamte elterliche Gewalt. Und da diese sich nicht nur im (entschiedenen) Tun äußert, sondern im gesamten Sein und (auch nicht bewussten) Wirken, geht es um nicht weniger als um die *Elternpersönlichkeit.*

Gerade dies aber führt die Eltern in das Erziehungsdilemma. »Wer seine Probleme kennt, hat mehr davon«, las ich auf einer Spruchkarte. Wer anhand der Untersuchungen von Diana Baumrind erkennt, dass er seinen Kindern nicht gerecht wird, dass er einen unvorteilhaften *parenting style* lebt, dass er deswegen nicht so tolle Kinder hat, weil er nicht so ein tolles Elternteil ist, wie von Baumrind empfohlen, der kann ja deshalb noch lange nicht aus seiner Haut. Mit Paulus (Römer 7, 18–19) könnte er sagen: »Wollen habe ich wohl, aber das Gute vollbringen kann ich nicht. Denn das Gute, das ich will, das tue ich nicht; sondern das Böse, das ich nicht will, das tue ich.« (Halten Sie dies bitte nicht für unterhaltsame Ironie; ich weiß bestimmt, dass es viele Eltern gibt, die gerade unter dieser Selbstwahrnehmung leiden!) – Was fängt denn z. B. der selbstunsichere Vater mit der Erkenntnis an, dass Kinder für ihr Gedeihen vor allem standfeste Eltern brauchen? Was macht die Mutter, die sich ständig davor fürchtet, sie könnte mit Verboten oder Erlaubnissen die Entwicklung ihres Kindes unvorteilhaft beeinflussen, mit dem Rat, sie müsse die Einhaltung der von ihr gesetzten Normen von den Kindern konsequent erwarten? Und (vielleicht am fatalsten) was wird für Eltern, die gegenüber ihrem Kind keine Zuneigung empfinden können, aus der Empfehlung, Eltern müssten ihren Kindern gegenüber ihre Zuneigung zeigen?

Rückwärts verstehen, aber vorwärts leben.

Zu solchen Fragen ist mir einmal geantwortet worden, es sei gar nicht Diana Baumrinds Anliegen gewesen, an Eltern irgendwelche Ratschläge, Empfehlungen oder Forderungen zu richten; ihr als Forscherin sei es rein darum gegangen, rückwirkend zu verstehen, wie sich Elternverhalten auf Kindesentwicklung auswirke. Das mag so sein. Aber man müsste schon ein gefühlloser Apparat statt ein Mensch sein, wenn man die Forschungsergebnisse nur interessiert zur Kenntnis nehmen wollte, ohne sich zu fragen, welche Empfehlungen nun daraus abzuleiten seien. Der Philosoph Søren Kierkegaard schrieb einst in sein Tagebuch: »Es ist ganz wahr, was die Philosophie sagt, daß das Leben rückwärts verstanden werden muß. Aber darüber vergißt man den andern Satz, daß vorwärts gelebt werden muß.« (Tagebücher 1834–1855, Seite 157)

Das ist auch die Situation von Eltern, die in ihrem elterlichen Walten nicht allein zurecht kommen. Sie wollen weniger eine Analyse, warum es so ist, wie es ist, als mehr eine Antwort auf die Frage »Was kann ich tun?« Diese Frage ist auf zweierlei Weise zu betonen, erstens: »Was kann ich *tun*?«, also »Wie soll mein autoritatives elterliches Walten konkret werden?«; zweitens: »Was kann *ich* tun?«, also »Wie werde ich in meinem So-Sein mit meinen Schwächen und Unsicherheiten zu einer autoritativen Elternpersönlichkeit?« Dazu gibt die oben zitierte Beschreibung autoritativer Eltern wenig Hilfestellung, denn eine realitätsgerechte Selbsteinschätzung ist damit kaum möglich. Wo etwa sind die Übergänge zwischen »autoritär« und »autoritativ«? Kann auch die autoritative Persönlichkeit autoritär handeln? Oder darf sie das gar nicht nötig haben? Woran erkenne ich, ob ich autoritativ bin, wenn ich es denn sein möchte?

Mir scheint, wenn die Einlassungen von Diana Baumrind wirklich ernst genommen werden sollen, muss die Folgerung sein: Bei den Eltern (wenn sie nicht schon autoritativ sind) muss sich etwas ändern. Da es beim elterlichen Walten nicht nur um einzelnes Tun geht, sondern, wie Darling und Steinberg beschreiben, um die Gesamtheit allen Umgangs, der auf dem persönlichen So-Sein der Eltern fußt, geht es letzten Endes um nicht weniger als die *(substantielle) Erziehung der Eltern*. Müssen die Eltern erzogen werden?

Müssen die Eltern erzogen werden?

Wenn Jesper Juul nun aber bekundet, dass schon bei Jugendlichen mit Erziehung nichts mehr auszurichten sei, wie viel weniger Erfolg versprechen dann Erziehungsversuche an Erwachsenen? Mal ganz abgesehen davon, dass auch die vielleicht gar nicht erzogen werden wollen.

Manche Eltern (und andere Erziehungspersonen) mit Beratungsbedarf sind mir in meiner beruflichen Arbeit schon begegnet, aber kaum jemand hat je gefragt: »Wie kann ich ganz anders werden?« Die Frage ist in der Regel vielmehr: »Was kann ich tun?«, häufiger auch: »Was soll ich tun?« Sich von anderen in ihrem So-Sein, ihrer Substanz verändern zu lassen, ist für die meisten Menschen einfach nicht besonders attraktiv.

Hierzu können Sie »Die Geschichte von Dennis und seiner Bettelei um Geld« auf Seite 179 lesen.

Mein Freund, der Diana Baumrinds Forschungsergebnisse sehr schätzt und selbst Vorträge vor Eltern hält, würde mir hier vielleicht antworten, dass genau solche praxisnahe Problembearbeitung im Einzelfall auch ihm viel mehr vorschwebe als Elternerziehung. Darüber wäre ich dann froh, gerade in dem Zusammenhang der mit diesem Buch eröffneten Thematik, denn es soll ja um Verständigung gehen, nicht um Konfrontation um ihrer selbst willen (schon gar nicht mit einem guten Freund). Ich komme aber trotzdem nicht umhin festzustellen, dass mit den Schlussfolgerungen, die aus Diana Baumrinds Langzeitstudien zu ziehen sind, wieder einmal etwas »einzig Richtiges« behauptet wird und sich dadurch bei manchem der Kleinmut in der Erziehung noch verstärken kann.

Denn ging es bis zum vorigen Kapitel noch darum, was als Erziehung *getan* wird und wie schwierig, ja, unmöglich es ist, das alles richtig zu machen, da sich das Ergebnis nicht vorausberechnen lässt, so hat uns die Begegnung mit Diana Baumrind zu der Erkenntnis gebracht, dass die Geschichte noch weitaus schwieriger ist: Es kommt nicht nur darauf an, was wir als Eltern *tun*, sondern wir prägen unsere Kinder dadurch, wie wir *sind.* Unser So-Sein hinter unserer elterlichen Gewalt können wir aber noch viel weniger steuern und verändern, als unser konkretes elterliches Walten, ganz abgesehen davon, dass schon die Selbsteinschätzung, wie wir denn nun eigentlich sind, uns überfordern könnte.

Ist Erziehung verzichtbar?

Wenn wir ferner sowohl über Diana Baumrinds Forschungsergebnisse als auch über die Methodenkritik daran zu der Vermutung kommen, dass Erziehung nicht nur nicht berechenbar, sondern eigentlich ganz unmöglich ist, weil die meisten Kinder sowieso einfach nur ihren Eltern ähnlich werden, ohne dass man etwas dafür oder dagegen tun kann, denn niemand kann aus seiner Haut, dann legt sich doch die Frage nahe, ob man nun den Erziehungs-Vorsatz nicht gleich aufgeben könnte, soll heißen: ob, wenn man das Erziehen-Wollen bleiben ließe, nicht am Ende ganz ähnliche Ergebnisse dabei herauskämen.

Der eine könnte sagen: »Ich bin okay, meine Frau ist okay, da werden meine Kinder auch okay, ich lasse das mit der Erziehung.« – Die andere: »Ich bin eine ungefestigte Persönlichkeit, der Vater des Kindes ist über alle Berge, da kann aus dem Kind sowieso nichts Rechtes werden, es lohnt sich gar nicht, dass ich auch nur anfange mit der Erziehung.«

Vor dem Hintergrund solcher Überlegungen starte ich im nächsten Kapitel ein Gedankenexperiment zum *Verzicht auf Erziehung*, und versuche dabei, Analogien zu den von Diana Baumrind erforschten und beschriebenen Erziehungsstilen (genauer: Stilen des elterlichen Waltens) zu entdecken.

Vier Motivationen, auf Erziehung zu verzichten

Ehe ich in das angekündigte Gedankenexperiment einsteige, möchte ich noch einmal daran erinnern, dass der Begriff »Erziehung« unterschiedlich verstanden wird: Für den einen heißt jeder Umgang von Erwachsenen (vor allem von zuständigen, »erziehungsberechtigten« Erwachsenen) mit den dazugehörigen Kindern »Erziehung«. Dagegen unterscheidet der andere zwischen der gezielten, auf die persönliche Entwicklung in die Zukunft gerichteten Beeinflussung, die allein »Erziehung« genannt wird, und anderem Umgang, der nicht spezifisch erzieherischen Charakter hat. Wegen dieser Verschiedenheit der Auffassungen von Erziehung ist es also durchaus möglich, dass ein Umgang, dem von der einen Seite zugeschrieben wird, er lasse Erziehung vermissen bzw. sei vom Verzicht auf Erziehung geprägt, von der anderen Seite als eine besonders empfehlenswerte oder ganz und gar falsche Erziehung wahrgenommen wird. Wenn sich nun im vorigen Kapitel der Erziehungsbegriff auf allen Umgang von Eltern mit ihren Kindern, eben auf das so schwer übersetzbare *parenting* erstreckte, so wird hier im Gegenzug und unter Anwendung des engeren Begriffs von (substantieller) Erziehung gefragt: Wie ist denn eigentlich *parenting* (»elterliches Walten« oder auch »elterliche Gewalt«) ohne Erziehung denkbar? Es muss ja zumindest theoretisch denkbar sein, weil sonst die Klage über das Unterlassen von Erziehung gar keinen Sinn ergäbe. Was ist da jeweils los, wenn es an Erziehung mangelt (das wäre der Vorwurf, Eltern blieben ihren Kindern die Erziehung schuldig) bzw. wenn auf Erziehung verzichtet wird (das wäre der Vorsatz von Eltern, sich keiner Erziehung schuldig machen zu wollen)?

Hatte Diana Baumrind vier verschiedene Erziehungsstile (oder genauer *parenting styles*) identifiziert, so stelle ich mir vier verschiedene Begründungen vor, weshalb die Erziehung bei allem elterlichen Walten unterbleiben könnte.

1. Die antepädagogische Motivation – Die Entwicklung des Kindes ist gleichgültig

Vorab: Das da oben ist kein Druckfehler; ich wollte wirklich »antepädagogisch« schreiben. Wenn Sie jetzt einwenden, dieses Wort gebe es doch aber gar nicht, dann haben Sie wahrscheinlich sogar recht; ich selbst habe es auch erst zweimal gedruckt gesehen, nämlich auf Seite 111 des Buches »Was ist antipädagogische Aufklärung?« von Ekkehard von Braunmühl. Wie er zu diesem Wort kommt, werde ich im nächsten Kapitel näher erläutern; hier sei nur der sprachlogische Gedanke dahinter kurz erklärt.

Pädagogik kommt aus dem Griechischen, ist abgeleitet von den Wörtern *pais (= Kind)* und *agogein (= führen). Anti* kommt gleichfalls aus dem Griechischen und heißt »gegen«. *Antipädagogisches* Denken ist also gegen pädagogisches Denken gerichtet.

Ante ist dagegen Lateinisch und heißt *vor*. Mit dem lateinisch-griechisch zusammengesetzten Kunstwort »antepädagogisch« geht es also nicht um ein *gegen* erzieherisches Denken gerichtetes Denken wie bei der Antipädagogik, sondern um die hypothetische Idee, dass es eine Zeit *vor* der Erziehung gegeben haben könnte, dass also eine *antepädagogische* Zeit oder Gedankenwelt denkbar wäre.

Stellen wir uns also vor, es wäre irgendwann erstmals losgegangen mit der Erziehung. Ich weiß nicht, ob sich geschichtlich belegen lässt, dass es eine Zeit ohne den Gedanken, Kinder müssten erzogen werden, gab, aber wir können es immerhin einmal annehmen. Da sich der Mensch nach allgemein übereinstimmender Überzeugung aus der Tierwelt entwickelte und auf diesem Weg irgendwann seine Fähigkeit zur Reflexion seiner selbst, seiner Lebenssituation und der Lebenssituation seiner nächsten Angehörigen ausbildete, ist somit sehr wohl denkbar, dass der Einfall, auf die Entwicklung der Nachkommenschaft zu ihrem Vorteil gezielt und bewusst einzuwirken, irgendwann zum ersten Mal auftauchte. Manche Einwirkung dürfte es allerdings auch zuvor schon gegeben haben – nur eben nicht bewusst auf die Entwicklung anderer gerichtet. Allerlei Statusgerangel im Sinne von »Bleib mir bloß vom Leibe« oder »Ich bin im Rudel der Anführer, nicht du« findet sich ja schon im Tierreich. Ebenso ist in einer menschlichen Gesellschaft, die ständisch organisiert und vor allem an Traditionen ausgerichtet ist, die also nach Individualität nicht fragt, sehr wohl denkbar, dass zwar Macht ausgeübt und disziplinierend eingewirkt wird, damit eine bestehende Ordnung erhalten bleibt, aber indem dabei nicht die *persönliche individuelle Entwicklung* des Betroffenen im Blick ist, kann hier noch nicht von

Erziehung im eigentlichen, engeren Sinne die Rede sein. Kein brechtscher Herr K. ist da, der »einen Entwurf von ihm macht« und »sorgt, dass er ihm ähnlich wird«. Vielmehr geht es um die Aufrechterhaltung der vorhandenen Ordnung, in die jeder eingepasst werden muss, oder sogar nur um den Machterhalt des einzelnen Mächtigen, etwa des Patriarchen in der Familie, der zugleich Meister und Eigner des die Hausgemeinschaft ernährenden Betriebes ist. Die Entwicklung des Zöglings ist buchstäblich kein Thema, sie ist völlig gleichgültig, indem er eigentlich noch nicht einmal Zögling ist, sondern einfach nur Untertan.

Die Erfindung von Erziehung als Errungenschaft.

Erziehung, die in solche Lebenssituation hereinbricht, kommt als Erweiterung der Lebens-Chancen daher, weil und sofern sie die persönliche Entwicklung des Untertans, der nun zum Zögling wird, thematisiert: Dir, der du nach der Tradition deiner Vorväter ihrem Stand und Beruf verhaftet bleiben solltest, müssen auch andere Möglichkeiten erschlossen werden, damit du wählen kannst. Das Leben soll dir weiter werden als die Enge deiner Herkunft und deines Standes.

Eine Gleichgültigkeit gegenüber den Entwicklungspotentialen des einzelnen jungen Menschen wäre von daher als **antepädagogischer** Erziehungsverzicht anzusehen. Von einer *Motivation* im eigentlichen Sinn kann dabei an sich kaum die Rede sein, denn wer an Erziehung gar nicht denkt, kann auch nicht wirklich darauf verzichten. Er unterlässt einfach nur, was er nicht kennt.

Mir ist dabei durchaus denkbar, dass solcher Erziehungsverzicht in sehr unterschiedlichem Gewand daherkommen kann. Es könnte z. B. (auch heute noch) den strengen bis despotischen Vater geben, dem es vor allem um den Erhalt von bestehenden Hierarchien ginge, weswegen sich alle ihm untergeordneten Familienangehörigen seiner Befehlsgewalt zu beugen hätten. Bei völliger Gleichgültigkeit gegenüber der Ausschöpfung persönlicher Ressourcen seiner Söhne und Töchter würde er streng regieren und müsste von Menschen mit der Sichtweise, aller Umgang mit Kindern sei Erziehung, als ein Anhänger des (nach Baumrind) autoritären Erziehungsstils wahrgenommen werden. Vorstellbar sind aber auch Eltern, die so sehr mit sich selbst und ihren Problemen beschäftigt wären, dass sie aus diesem Grund nach der Entwicklung ihrer Kinder nicht fragten; sie wären dann als Anhänger des permissiven oder sogar des indifferenten Erziehungsstils wahrzunehmen. Und schließlich denke ich an die Erfahrungen, die die amerikanische Psychotherapeutin Jean Liedloff machte, welche ich deshalb hier mit einem Zitat aus ihrem Buch »Auf der Suche nach dem verlorenen Glück« zu Wort kommen lassen will. Frau Liedloff lebte einige Zeit in Venezuela bei dem Indianerstamm der Yequana, denen die westliche Zivilisation völlig fremd war. Auf den Seiten 120/121 des erwähnten Buches schildert sie folgende Beobachtung:

> *»Die Yequana haben keinen Begriff dafür, daß man andere Menschen besitzen könne. Die Vorstellung, daß dies ›mein Kind‹ oder ›dein Kind‹ ist, gibt es nicht. Zu entscheiden, was ein anderer Mensch tun sollte, ganz gleich wie alt er ist, liegt außerhalb der Skala von Verhaltensweisen der Yequana. Es besteht ein großes Interesse an dem, was ein jeder tut, aber keinerlei Neigung, irgendjemanden zu beeinflussen, geschweige denn zu zwingen. Die Triebkraft eines Kindes ist sein eigener Wille. Es gibt keine Sklaverei – denn wie anders kann man es nennen, wenn jemand einem anderen seinen Willen aufdrängt und ihn mittels Drohung und Strafe zwingt? Die Yequana meinen nicht, daß die geringere Körperkraft und die Abhängigkeit eines Kindes von ihnen ein Grund ist, es deswegen mit weniger Achtung zu behandeln als einen Erwachsenen. Einem Kind werden keine Befehle erteilt, die seinen eigenen Neigungen, wie es spielen, wieviel es essen, wann es schlafen möchte usw. zuwiderlaufen. Wo jedoch seine Hilfe benötigt wird, erwartet man von ihm, daß es auf der Stelle Folge leistet. Befehle wie ›Bring mir etwas Wasser!‹, ›Hack etwas Holz!‹, ›Reich mir das mal!‹ oder ›Gib dem Baby eine Banane!‹ werden aufgrund eben dieser Annahme eines angeborenen Gemeinschaftsgeistes erteilt, in der Gewißheit, daß ein Kind nützlich sein und an der Arbeit der Seinen teilnehmen möchte. Niemand überwacht, ob das Kind ge-*

horcht – es besteht kein Zweifel an seinem Willen zur Zusammenarbeit. Als das ›soziale Tier‹, das es ist, tut es das von ihm Erwartete ohne Zögern und so gut es kann.

Das funktioniert unglaublich gut.«

Welche Art von *parenting* ist das? Wie müsste es von Menschen beurteilt werden, die finden, dass »alles irgendwie Erziehung ist«? Müsste Diana Baumrind, die selbst nur unter Familien des westlich zivilisierten Kulturkreises forschte, nicht hier, in einer Kultur, die (noch) gar keine Erziehung kennt, mit ihrer Sichtweise einen autoritativen Stil des Umgangs mit Kindern konstatieren? Dann könnte also ein antepädagogischer Umgang mit Kindern aus anderer Sicht gerade als der beste und am meisten Erfolg versprechende Erziehungsstil wahrgenommen werden.

2. Die Motivation der Prioritäten – Anderes ist wichtiger

Im vorigen Unterkapitel ging es um den Erziehungsverzicht aus Unkenntnis, dass es überhaupt so etwas wie Erziehung geben könnte. Der Gedanke daran, dass das Handeln gegenüber einem Kind im Blick auf seine zukünftige Entwicklung hin zu verantworten wäre, käme bei solchem Erziehungsverzicht schlicht nicht vor.

Für die jetzt zu beschreibende zweite Motivation, auf Erziehung zu verzichten, liegen die Dinge anders. Es geht nun darum, dass Erziehung als bekannt vorausgesetzt werden kann, aber trotzdem nicht ausgeübt wird.

Erziehung wird hier wiederum aufgefasst im engeren Wortsinn, also als ein Handeln des einen am andern, das bewusst, mit Entschluss und zielgerichtet geschieht. Es geht um Führen, Beeinflussen und auch Bestimmen. Nur so kommt dieses Gedankenexperiment in Kontakt mit dem, was damit gemeint sein kann, wenn beklagt wird, dass Eltern ihre Kinder nicht mehr erzögen. Diese Klage ergibt nämlich nur einen Sinn, wenn Erziehung als etwas, das getan oder eben auch gelassen werden kann, aufgefasst wird; zu einer Auffassung von jeglichem Umgang mit Kindern als Erziehung passt der Vorwurf, es würde nicht erzogen werden, aus Gründen der Logik nicht. Er könnte dann allenfalls bedeuten, dass Eltern (aber dann wären sie ja keine) gar keine Kinder mehr haben.

Außerdem: Dies ist ein Gedankenexperiment. Reine Theorie also. Bewusst wird hier auf Beispiele aus dem Leben verzichtet. Sie könnten leicht anprangernden Charakter bekommen. Um ein Anprangern soll es hier aber nicht gehen. Vielmehr möchte ich Ihnen, liebe Leserin, eine denkbare Möglichkeit vor Augen stellen, wie gewissermaßen wider Willen die Erziehung unterbleiben kann.

Stellen wir uns also Eltern vor, die eine Zuständigkeit für die Entwicklung ihres Kindes durchaus für sich angenommen haben. Sie wollen keine Erziehungsverweigerer sein. Sie wollen das Beste für ihr Kind und sind im Grunde auch bereit, einiges dafür zu tun. Aber das Kind ist ganz einfach nicht die einzige Aufgabe in ihrem Leben. Andere Aufgaben oder auch andere Vorlieben existieren daneben und konkurrieren mit der Erziehungsaufgabe.

Nun kommt es darauf an, wie die Prioritäten gesetzt werden. Aus den Prioritäten ergibt sich eine Rangfolge der Dringlichkeit.

Oberste Priorität hat in der Regel, was als am wichtigsten wahrgenommen wird. Die Wichtigkeit definiert der Mensch aber in vielen Situationen nicht allein. So kann ich persönlich eine Aufgabe, die mein Chef mir stellt, unwichtig, ja, geradezu unsinnig finden. Indem er aber die Macht hat, den entsprechenden Druck aufzubauen, muss ich sie mir wichtig werden lassen.

Ähnlichen Druck können Gewohnheiten entwickeln, etwa: »Am Sonntag muss ich ›Lindenstraße‹ gucken« oder: »Jetzt muss ich erst mal eine rauchen«. Auch Gewohnheiten können so stark werden, dass sie als ein unausweichliches Muss erlebt werden.

Prioritäten werden oft nicht freiwillig gesetzt.

Schließlich kann die eigene Lust bzw. Unlust, etwas tun zu sollen, einem Menschen diktieren, was er mit welcher Dringlichkeit auf seine Prioritätenliste setzt.

Komplexer noch wird die Geschichte dadurch, dass sich die eine Notwendigkeit aus der anderen ergeben kann, sodass am Ende Sachzwänge entstehen, die als Unausweichlichkeiten wahrgenommen werden und denen gegenüber man sich selbst nur noch als Opfer der Verhältnisse sieht. Die Kette zurückzuverfolgen, um die eigene Entscheidung ausfindig zu machen und sich selbst als Entscheider zu erleben, macht unter Umständen viel Mühe oder erscheint sogar abwegig. Darum kann es nahe liegen, diesen Weg gerade nicht zu gehen und die entstandene Situation auf Dauer sich verfestigen zu lassen.

Das Aufstellen einer Rangfolge der Dringlichkeit geschieht also durchaus nicht nur in Eigenregie und sogenannter freier Entscheidung. Vielmehr wird es wesentlich dadurch bestimmt, wer wie viel Druck aufbauen kann.

In dieser Hinsicht sind Kinder aber nun in einer denkbar schwachen Position. Wenn wir den Gedanken an ein Recht des Kindes auf Erziehung akzeptieren (so wie es in § 1 Abs. 1 SGB VIII heißt: »Jeder junge Mensch hat ein Recht auf Förderung seiner Entwicklung und auf Erziehung zu einer eigenverantwortlichen und gemeinschaftsfähigen Persönlichkeit«), so ist es für das Kind doch kaum möglich, eigenständig dieses Recht einzufordern. Im Vergleich zum Chef des eigenen Vaters etwa kann es nicht mit Abmahnung, Gehaltskürzung oder Kündigung drohen. Dem betreffenden Vater ist von daher kaum übelzunehmen, wenn er die Priorität bei seiner Arbeit setzt. Ebenso wenig hat das Kind einen Einfluss darauf, wenn das Kreuzworträtsel seinem Vater mehr Lust bereitet als die Auseinandersetzung mit seinem Kind und daher weniger Aufschub duldet als diese. (Ich rede hier einmal vom Vater, um die Gewohnheit ein wenig zu untergraben, bei solcher Thematik immer vor allem an die Mütter zu denken.)

Das Kind hat keine echten Machtmittel.

Wohl sind dem Kind von Natur aus Möglichkeiten mitgegeben, auf sich aufmerksam zu machen, und indem sein Schreien oder sein Charme, sein Lächeln oder sein Weinen, sein Juchzen oder sein (pardon) Stinken als Schlüsselreize auf die Erziehungsperson wirken und dort das entsprechende Verhalten der Pflege und der Zuwendung auslösen, kann dies durchaus ein erfolgreiches und erfreuliches Zusammenspiel zwischen Eltern und Kind bewirken. Aber wenn die Reaktionen der Erziehungspersonen auf solche

Schlüsselreize durch allzu großen Druck von anderer Seite (Zwang von Seiten anderer Personen oder innere Zwänge wie Süchte) überlagert und ausgehebelt werden, hat das Kind – je kleiner es ist, desto weniger – keine Chance, diesem Zustand eigene echte Machtmittel entgegenzusetzen. So zieht es dann den Kürzeren. Ehe Mutter oder Vater sich mit dem Kind abgeben können, muss erst alles mögliche Andere erledigt sein.

(Übrigens muss dies nicht nur in der Familie so sein. Auch in der Kindertageseinrichtung ist denkbar, dass die professionell Erziehenden aus eigener Überzeugung oder aufgrund von Anforderungen aus Politik und/oder Wissenschaft sich mit Aufgaben befrachtet sehen, die die Kontaktzeit zum Kind immer weniger werden lassen.)

Je weniger Zeit,
desto unerfreulicher die Erziehung.

Insoweit Erziehung als etwas aufzufassen ist, das der eine am anderen tut, liegt auf der Hand, dass sie nur geschehen kann in Zeiträumen, in denen beide beieinander sind. Wird dieses Beieinandersein aber aufgrund der Reihenfolge der Prioritäten minimiert, kann immer weniger Erziehung stattfinden bzw. müsste sie in immer kürzeren Zeiträumen immer effizienter stattfinden. Da zugleich mit wachsendem Alter die Möglichkeiten der Kinder zunehmen (wenn wir bei diesem Denkansatz bleiben), ihre Erziehung einzufordern, scheint die Erziehung immer wichtiger zu werden: Verhalten des Kindes, das als unverschämt, unbotmäßig oder ungezogen wahrgenommen wird, ruft immer stärkere Erziehung auf den Plan, macht die dazugehörigen Anstrengungen aber auch immer unerfreulicher. Zudem ist denkbar, dass die zu Beginn schon vorhandenen Sachzwänge sich mit der Zeit noch verstärkt haben.

So kann ein Teufelskreis in Gang kommen, in dem die Erziehung des Kindes zwar immer wichtiger, zugleich aber immer weniger leistbar erscheint. Am Ende kann der Vorwurf von außen stehen, die Erziehungspersonen hätten die Erziehung des jungen Menschen versäumt. Sich selbst entschuldigend könnten die Eltern dann mit einem alten Liedvers sagen:

»Ich wollte partout, doch ich kam nicht dazu.« Mit so viel Humor wird die Sache aber wahrscheinlich oft nicht genommen werden können und es wird dann eher heißen: »Ich weiß, ich bin meinem Kind viel schuldig geblieben, aber was sollte ich machen? Ich konnte damals ja nicht anders.«

Es ist unbarmherzig, dann aufdringlich vor Augen zu führen, dass auch bei den entstandenen Sachzwängen immer eigene Entscheidungen mit im Spiel waren, nämlich die, welchem Druck man sich beugte. Das Leben kann – nach Kierkegaard – wohl rückwärts verstanden werden, aber es muss vorwärts gelebt werden.

Ein Gedanke jedoch noch zum Schluss dieses Unterkapitels: Wenn wir von dem Gedanken an Erziehung als an ein gewolltes, bewusstes und gezielt beeinflussendes Handeln wieder hinüberschwenken zum *parenting* der Diana Baumrind, lässt sich fragen, als welcher *Erziehungsstil* in ihrer Systematik denn dieser *Erziehungsverzicht* wahrgenommen werden müsste.

Sofern aus Mangel an gefundener Gelegenheit des Zusammenseins der Kontakt zwischen Erziehungsperson und Kind wirklich gestört wäre, erschiene mir hier die Analogie zum indifferenten Erziehungsstil am ehesten gegeben zu sein: Mal bestünde kaum Zeit, überhaupt miteinander umzugehen, dann wieder käme es – z. B. aufgrund von Beschwerden seitens der Nachbarn, Lehrer oder Erzieherinnen – zu besonders scharfen erzieherischen Durchbrüchen. Das Kind nähme in seinem subjektivem Erleben einen unberechenbaren Wechsel von Gleichgültigkeit und Strenge wahr. An Wärme und Festigkeit fehlte es. – In solcher an Diana Baumrind orientierter Wahrnehmung wäre die Erziehung also als gescheitert zu betrachten aufgrund eines ungeeigneten Erziehungs-Stils. In der anderen Wahrnehmung, die uns weitgehend in diesem Kapitel begleitet hat, hätte gar keine Erziehung stattgefunden oder jedenfalls zu wenig. Die Motivation der Prioritäten stand dagegen. Anderes war einfach wichtiger.

Um keine Missverständnisse aufkommen zu lassen: Hier soll nicht einer Propaganda das Wort geredet werden, nach der Väter und/oder Mütter sich unter allen Umständen eng an ihr Kind binden und alles andere vernachlässigen müssten. Ich weiß wohl, dass viele Mütter und Väter ihre Freundschaften, ihre Berufstätigkeit oder Ausbildung und ihre Freizeitaktivitäten mit der Erziehungs-Verantwortung für ihre Kinder gut zu vereinbaren vermögen. Nicht auf die Menge der mit den Kindern verbrachten Zeit kommt es hauptsächlich an, sondern auf die Qualität der in der vorhandenen Zeit gepflegten Beziehung. Überzeugend dürfte aber wohl sein, dass die Pflege dieser Beziehung nur *in der Zeit* möglich ist, das heißt ganz ohne Zeit kann es nicht gehen. Mein Gedankenexperiment verfolgte an dieser Stelle die Möglichkeit, dass das Maß der gemeinsamen Zeit gewissermaßen unter eine »kritische Masse« fallen könnte, sodass dann keine Erziehung im als erforderlich angenommenen Ausmaß mehr möglich wäre.

3. Die Motivation der Ängstlichkeit – Erziehung ist zu schwer

Auch bei der Vorstellung der dritten Motivation zum Erziehungsverzicht lassen Sie uns davon ausgehen, dass von den dazu hypothetisch angenommenen Eltern oder anderen Erziehungsberechtigten der Erziehungsauftrag grundsätzlich angenommen wird. Sie wissen um Erziehung, sie verbinden damit auch das Verständnis, etwas aktiv tun und entscheiden und damit das Kind auf Zukunft hin beeinflussen, lenken und regieren zu sollen. Alle der Erziehung zuzurechnenden Handlungskategorien sind bekannt und werden als geboten aufgefasst, als da z. B. wären: an Regeln heranführen, konsequent auf deren Einhaltung achten, Hilfestellung geben, Grenzen setzen, gutes Benehmen beibringen usw.

Die betreffenden Eltern nehmen diese Aufgabe sehr ernst und haben sich Rat geholt z. B. in Büchern oder Seminaren. Sie sind im Grunde bestens informiert. Ihnen ist bewusst, wie eine Zurückweisung ein Kind kränken kann und wie anderseits alles zu erlauben ein Kind verweichlichen kann. Sie wissen, dass Kinder viel Anregung brauchen, dass aber andererseits Reizüberflutung von Übel ist. Sie wollen feinfühlig mit ihrem Kind umgehen (tatsächlich gibt es inzwischen eine »Erziehung der Feinfühligkeit«), es aber nicht verzärteln. Kurzum: Sie haben gelernt, dass man in der Erziehung furchtbar viel falsch machen kann. Sie bekommen es mit der Angst zu tun und fühlen sich ungeeignet, überhaupt irgendetwas in der Erziehung richtig machen zu können. So sind sie entscheidungsunfähig geworden in Sachen Erziehung: Sie machen lieber gar nichts als falsch zu erziehen. Die Aufgabe der Erziehung, der sie sich doch eigentlich wacker stellen wollten, bleibt unerfüllt.

Bitte halten Sie dies nicht für eine übertriebene Satire von mir. Ich habe mir das nicht ausgedacht. Es ist auch nicht meine eigene Interpretation von persönlichen Beobachtungen. Vielmehr wird das Bild der hier geschilderten Erziehungsangst in Büchern und Vorträgen über das Aufwachsen von Kindern in Deutschland heute von Fachleuten gemalt. Ich übernehme es für mein Gedankenexperiment als eine Hypothese, dass es solche Eltern, die vor Angst auf Erziehung verzichten, geben könnte.

Ebenso wie im vorigen Unterkapitel möchte ich auch hier betonen, dass solchen Eltern Verständnis für ihre Situation entgegenzubringen wäre. Konnte es früher nicht streng genug zugehen, wurde dann mit der antiautoritären Welle alle Strenge verworfen, später haben sie vielleicht aus antipädagogischer Richtung gehört, dass Erziehung im Ganzen nicht sein sollte, noch später von Jirina Prekop erfahren, dass Kinder durch gewaltsames Festhalten zur Liebe gezwungen werden müssten, und zuletzt bei Michael Winterhoff gelesen, dass Kinder, damit sie keine kleinen Tyrannen werden, vor allem wieder als Kinder gesehen werden müssten, was immer das heißen soll (jedenfalls schwingt darin mit, dass wieder mehr über sie – auch gegen ihren Willen – bestimmt werden müsse). Wen soll das nicht verunsichern?

Prof. Dr. Mechthild Papoušek von der Forschungs- und Beratungsstelle *Frühentwicklung und Kommunikation* der Ludwig-Maximilians-Universität München brachte es in einem Vortrag am 30. Mai 2006 folgendermaßen auf den Punkt:

> *»In den Köpfen vieler Eltern herrscht immense Unsicherheit und Orientierungslosigkeit. (…) Viele haben regelrecht Angst vor Erziehung. Sie suchen nach verbindlichen Erziehungsmaßstäben und Expertenwissen und finden einen Markt, der überschwemmt ist von widersprüchlichen Ratgebern, Erziehungsbüchern, Elterntrainings, Superbabyprogrammen und Supernannys (…) nicht selten mit gegenteiligem Effekt: indem der inzwischen emotional deprivierte Säugling die Initiative ergreift und die Bücher kurzerhand lustvoll zerreißt.«*

Eine solche Beschreibung – in der Powerpoint-Präsentation mit entsprechenden Karikaturen untersetzt – lässt vorstellbar und verständlich werden, dass Eltern in dieser Situation sich nicht entscheidungsfähig fühlen; sie zögern so lange, bis die Situation, in der sie sich als Erziehende hätten bewähren sollen (und wollen!), vorüber ist. Wenn es drängt, handeln sie schließlich irgendwie, aber nun nicht in erzieherischem Verantwortungsbewusstsein, sondern eher im Zustand der Hektik und Verzweiflung. Die Erziehung fällt aus.

In der Wahrnehmung derjenigen Beobachter, die der Ansicht sind, jedes elterliche Verhalten (auch noch das unentschlossenste) sei als ein Erziehungsstil zu klassifizieren, wird sich diese Art von *parenting* vielleicht am ehesten als ein *permissiver Erziehungsstil* darstellen. Denn wo nicht eingewirkt wird, dürfte sich das Kind nach dem Prinzip »Was nicht verboten wird, ist erlaubt« verhalten. Dies Prinzip lässt sich dabei auch auf das Erleben ausweiten: »Ein Verbot besteht zwar, aber mir ist nicht erkennbar, ob es wirklich ernst gemeint ist; das muss ich ausprobierend herausfinden.« – Bricht aber daraufhin bei den Eltern eine plötzliche Strenge durch, könnte auch hier wieder ebenso der indifferente Erziehungsstil konstatiert werden.

Alles richtig machen zu wollen, lähmt.

Die armen Eltern! Sie wollten gut erziehen. Sie konnten sich allerdings nicht entschließen, was das wäre. So haben sie irgendwie gar nicht erzogen, was ihnen ja von Fachleuten auch vorgehalten wird (»Angst zu erziehen«). Und dann können noch andere kommen und sagen, sie hätten falsch – zu permissiv oder zu indifferent – erzogen. Irgendwie ist man als Mutter oder Vater am Ende immer schuld. Wie man es macht, macht man es verkehrt. Und macht man deshalb gar nichts, ist es auch nicht richtig.

4. Die antipädagogische Motivation – Erziehung ist übergriffig und daher unrecht

Kommen wir nun zu einer nicht auf Entmutigung beruhenden Begründung des Erziehungsverzichts. Hier geht es nicht darum, dass man noch nie von Erziehung gehört hätte, auch nicht darum, dass man keine Zeit und Gelegenheit dazu fände, und ebenso wenig um Unsicherheit, wie man es

»richtig« machen könnte. Vielmehr spielt hier das Bewusstsein eine Rolle, dass die entsprechenden Personen (Eltern, aber auch andere Menschen, die in einer machtvollen Position mit Kindern zu tun haben) selbst nicht gern erzogen werden wollen.

Ich hatte Ihnen im Kapitel »Was unter Erziehung verstanden wird« erzählt, wie ich einst meinem kleinen Kind auf die Frage, was Erziehung sei, geantwortet habe: »Erziehung ist, wenn man aus einem Menschen etwas anderes machen will, als er ist.« Was ich an jener Stelle noch nicht erwähnt hatte, war, dass ich das Kind daraufhin fragte: »Darf man das?« und das Kind entsetzt und mit Nachdruck antwortete: »Nein!«

Einige Zeilen darunter war ich auf Bertolt Brechts Herrn Keuner gekommen, dessen Idee vom Entwurf-Machen und Sorgen, dass er ihm ähnlich werde, ebenfalls oft Entrüstung auslöst, auch und gerade bei professionellen Erzieherinnen.

Weiter lässt sich nun ebenfalls mit Bertolt Brecht sagen:

»Und weil der Mensch ein Mensch ist, drum hat er Stiefel im Gesicht nicht gern.
Er will unter sich keinen Sklaven seh'n und über sich keinen Herrn.«

Niemand lässt sich gern beherrschen.

Von Stiefeln im Gesicht soll hier nicht weiter die Rede sein; solche Gewalt-Exzesse sind nicht Thema dieses Buches, sondern ein Fall für den Staatsanwalt. Was an dieser Stelle aber eingehendere Betrachtung verdient, ist die zweite Zeile des Verses.

Dass der Mensch über sich nicht gern einen Herrn sehen will, dürfte unmittelbar zugänglich sein. Denken wir nur wieder an den Chef, der von einem etwas verlangt, das man eigentlich nicht tun möchte. Sie werden sich vielleicht auch an Situationen aus Ihrer Schulzeit erinnern, in denen Ihnen das Bestimmen-Können des Lehrers mehr als lästig war. Und wenn wir an sogenanntes Trotzverhalten von kleinen Kindern denken, haben wir deutlich vor Augen, wie auch schon sie es gar nicht mögen, dass jemand über sie bestimmt.

Wohlgemerkt: All dies ist nur da von Interesse, wo zwei gegensätzliche Willen aufeinandertreffen. Wenn Ihr Chef Ihnen eine Arbeit aufträgt, von der Sie sagen können: »Bin schon dabei; ich fand das auch wichtig«, wenn der Lehrer mit einem Unterrichtsinhalt und seiner Lehrmethode genau das Interesse der Schüler trifft, wenn die Oma dem Enkel in Eintracht sein Lieblingsbuch vorliest und es keinen Anlass für Streit und Trotz gibt, dann stellt sich die Frage nach Über- und Unterordnung nicht, dann sieht der Mensch »über sich keinen Herrn«. Im Konfliktfall scheint es mir aber geradezu in der Natur des Menschen zu liegen, dass er nicht beherrscht werden möchte. Dies gilt um so mehr, wenn der Mensch in das Herrschaftsverhältnis nicht eingewilligt hat, sondern es ohne sein Zutun über ihn gekommen ist. Da will er über sich keinen Herrn sehen.

Wer hier – aus religiöser Haltung heraus – einwendet, das sei gerade das Problem des heutigen Menschen, dass er über sich keinen Herrn mehr anerkennen wolle, dem möchte ich erwidern, dass der Glaube an einen Herrn im Himmel, also ein Bekenntnis zum Gehorsam gegenüber Gott, keineswegs notwendig macht, menschliche Herrschaften anzuerkennen. Eher das Gegenteil ist der Fall, denn im Neuen Testament ist als Jesus-Wort zu lesen (Matthäus 23, 8–11): »Ihr sollt euch nicht Rabbi nennen lassen; denn einer ist euer Meister; ihr aber seid alle Brüder. Und ihr sollt niemanden unter euch Vater nennen auf Erden; denn einer ist euer Vater, der im Himmel ist. Und ihr sollt euch nicht Lehrer nennen lassen; denn einer ist euer Lehrer: Christus. Der größte unter euch soll euer Diener sein.« Die Anerkennung eines Herrn der Welt, kann also gerade davon frei machen, *innerhalb* der Welt noch irgendeinen Menschen als Herrn über sich anerkennen oder selbst für irgend jemanden Herr sein zu müssen. Und wer sagt: »Ich habe mehr Einsicht als alle meine Lehrer; denn über Deine [Gottes] Mahnungen sinne ich nach. Ich bin klüger als die Alten; denn ich halte mich an Deine Befehle«, der ist nicht trotzig, ungezogen und gottlos, sondern betet nur gerade die Verse 99 und 100 des 119. Psalms.

Handelt es sich also bei der Haltung »Ich will über mir keinen Herrn sehen, ich will selbst entscheiden«, wie mir scheint, einfach um die Natur des Menschen, so ist eine Haltung »Ich will unter mir keinen Sklaven sehen« dagegen eine eher kulturelle Errungenschaft. Denn das Sich-nicht-Beherrschen-Lassen-Wollen schließt ein Andere-Beherrschen-Wollen ja durchaus nicht aus. Wo das Faustrecht regiert, wird nur der nicht beherrscht werden, der selbst herrscht. Bei allen Rangeleien um den höheren Status, geht es immer darum, wer die Ansagen machen darf, denen die anderen dann folgen müssen. Der Stärkere ist der Bestimmer, dem Schwächeren bleibt zum Trost allenfalls noch übrig, sich selbst für den *Klügeren* zu halten, der dem Sprichwort gemäß *nachgibt*. Dem Stärkeren gefällt es in der Regel gut, Bestimmer zu sein.

Wie Herrschaftsverhältnisse geregelt werden, ist eine Frage der Kultur.

Unter sich keinen Sklaven sehen zu wollen, also andere nicht beherrschen zu wollen, ist insofern keine Frage der Natur, sondern der Kultur, der gewählten Kultur, zu der man sich bewusst und entschlossen bekennt. Es ist die Kultur der freiheitlichen Demokratie, in der wir in Deutschland den Vorzug haben zu leben. Zugrunde liegt der Gedanke, dass alle Menschen gleich sind in ihrer Würde, ihren Rechten und ihrer Freiheit.

Darüber, wer zu den Menschen zählt, hat es aber nun in der Geschichte unterschiedliche Vorstellungen gegeben. So hat z. B. kein ethisches Problem mit Sklaverei, wer Sklaven einfach nicht als Menschen ansieht. Auch die Vorstellung, dass Frauen Menschen in der vollen Bedeutung des Wortes sind, die heute ein allgemeiner gesellschaftlicher Konsens ist, ist noch nicht so überaus alt. Ich meine damit nicht nur das Selbstbestimmungsrecht der Frauen im politischen Sinn, sondern auch das Verhältnis der Geschlechter untereinander. Noch in der Mitte des 20. Jahrhunderts konnte rein rechtlich eine verheiratete Frau eine Arbeitsstelle nur dann antreten, wenn ihr Ehemann ihr die Erlaubnis dazu gab. Und im Jahr 1800 schrieb der Dichter Heinrich von Kleist über seine Vorstellungen von einem Verlobungsverhältnis folgendes sogar an seine Braut selbst:

> *»Ich durchreisete Gebirge, besonders die dunkeln Thäler, spräche ein von Haus zu Haus, und wo ich ein blaues Auge unter dunkeln Augenwimpern,*

oder bräunliche Locken auf dem weißen Nacken fände, da wohnte ich ein Weilchen u sähe zu ob das Mädchen auch im Innern so schön sei, wie von außen. Wäre das u wäre auch nur ein Fünkchen von Seele in ihr ich nähme sie mit mir, sie auszubilden nach meinem Sinn. Denn das ist nun einmal mein Bedürfniß; u wäre ein Mädchen auch noch so vollkommen, ist sie fertig, so ist es nichts für mich. Ich selbst muß es mir formen u ausbilden, sonst fürchte ich, geht es mir, wie mit dem Mundstück an meiner Clarinette. Die kann man zu Dutzenden auf der Messe kaufen, aber wenn man sie braucht, so ist kein Ton rein. Da gab mir einst der Musicus Baer in Potsdam ein Stück, mit der Versicherung, das sei gut, er könne gut darauf spielen. Ja, er, das glaub' ich. Aber mir gab es lauter falsche quickende Töne an. Da schnitt ich mir von einem gesunden Rohre ein Stück ab, formte es nach meinen Lippen, schabte u kratzte mit dem Messer bis es in jeden Einschnitt meines Mundes paßte – – u das gieng herrlich. Ich spielte nach Herzenslust.« (zit. n. Jens Bisky: »Kleist – Eine Biographie«, Seiten 74/75)

Das Kennenlernen einer Frau, die man zu ehelichen gedenkt, als ein Erziehungsakt, verglichen mit dem handwerklichen Herstellen eines Werkstückes, auf dem man dann nach ganz individueller Art spielen kann. Ich denke, solche Herangehensweise an eine Paarbeziehung nehmen die meisten von uns heute als übergriffig wahr. Es ist das Ansinnen, »aus einem Menschen etwas anderes zu machen, als er ist«; es ist der Anspruch der Machtausübung über ihn. Auch wenn es nach Brechts Herrn Keuner gerade das Wesen der Liebe sein soll, »einen Entwurf« vom anderen zu machen und »zu sorgen, dass er ihm ähnlich werde«, würde uns das doch in der eigenen Liebesbeziehung heute eher unangemessen vorkommen. Der Mensch ist, wie er ist, und die Liebe erweist sich gerade darin, dass wir ihn so lieben, wie er ist. Selbst wenn uns daran nicht alles gefällt.

Menschen (auch und gerade Eltern, aber nicht nur sie), die aus antipädagogischer Motivation auf Erziehung verzichten, haben sich nun die Frage gestellt und beantwortet, ob nicht auch Kinder als Menschen im vollen Sinn des Wortes anzusehen seien.

In diesem Zusammenhang ist manchmal davon die Rede, die Kinder würden als »kleine Erwachsene« gesehen werden. Mir erscheint diese Formulierung nicht besonders glücklich. Im Wort »erwachsen« findet sich wie im Wort »erziehen« die Vorsilbe »er-«, über die ich zu Beginn schon Überlegungen angestellt hatte. Auch »erwachsen« lässt also an ein Vorher und ein Nachher denken. Wer vom Kleinsein zum Großsein er-wachsen, gewachsen, aufgewachsen ist, der ist erwachsen. Der Begriff des Erwachsenen ergibt nur einen Sinn in Unterscheidung zum Kind; der Erwachsene ist gewissermaßen per definitionem ein »Nicht-mehr-Kind«. Von Kindern als von kleinen »Nicht-mehr-Kindern« zu sprechen oder sie als solche anzusehen, wäre daher eine Unsinnigkeit. Um die antipädagogische Sichtweise verständlich zu machen, bevorzuge ich insofern eher das Sprachspiel, das Ekkehard von Braunmühl in seinem Buch »Der heimliche Generationenvertrag« (Reinbek, 1986) auf Seite 158 aufgreift: dass nämlich Kinder als ganze Menschen, in ihrem Noch-nicht-Erwachsensein aber eben als *Kindermenschen* statt als *Mindermenschen* angesehen werden.

»Kindermenschen« sind keine »Mindermenschen«.

Das ist eigentlich schon alles. Indem auch Kindermenschen als ganze Menschen mit allen Menschenrechten wahrgenommen werden, indem die Einfühlung in ihr Ausgeliefert-Sein an das Walten der Erwachsenen zu der ethisch begründeten Auffassung geführt hat, dass es unrecht und übergriffig sei, sie zu vernachlässigen, zu zwingen, zu beschämen oder umzuformen, kurz: ihnen etwas von dem zuzufügen, wovon man selbst verschont bleiben möchte, was zur Erziehung in unserem engeren Wortsinn aber notwendig ist, ist der Erziehung Lebewohl gesagt worden. Man verzichtet darauf. Mit Absicht, mit voller Überzeugung und – wegen der guten Erfahrungen, die man damit macht – auch ganz selbstbewusst.

Wer zum ersten Mal von dieser Möglichkeit hört, ist in der Regel sehr irritiert. Stellen Sie sich nur vor, eine Mutter oder ein Vater würde auf die Frage »Wie erziehst du eigentlich dein Kind?« antworten: »Gar nicht.« Müsste sie oder er nicht auf die nächste Frage gefasst sein: »Wie? Hast du's weggeben?«? – Diesem Gedankengang läge dann wieder die Ansicht zugrunde, dass aller

Umgang mit dem Kind Erziehung sei. Nicht zu erziehen, wäre dann nur denkbar, wenn gar kein Umgang zwischen Eltern und Kind mehr stattfände. Mit solchem Denken wäre allerdings der Vorwurf »Du erziehst dein Kind ja gar nicht – fürchtest du dich davor wie so manche Eltern heute?« wiederum nicht möglich.

Keine Angst vor »kleinen Tyrannen« notwendig!

Im Kapitel »Kann Erziehung gelingen?« habe ich versucht, schlüssig zu begründen, dass diese Frage genaugenommen unbeantwortbar ist. Insofern muss deutlich sein, dass die antipädagogische Motivation des Erziehungsverzichts nicht missverstanden werden darf als eine Hoffnung, damit müssten die Kinder am allerbesten geraten. Dies zu betonen, scheint mir wichtig, weil aufgrund guter Erfahrungen manchmal berichtet wird, dass man sich bei solchem Verzicht auf Erziehung nicht davor zu fürchten brauche, nun lebensuntüchtigen Menschen beim Aufwachsen zusehen zu müssen oder gar es nach wenigen Jahren mit sogenannten »kleinen Tyrannen« zu tun zu haben. Die Erfahrung lehrt vielmehr, dass ein solches Zusammenleben für beide Seiten erfreulich ist und die Kinder dabei durchaus eine Fähigkeit zu Hilfsbereitschaft, Selbstkritik und Selbstkorrektur in überraschendem Ausmaß entwickeln. Früher konnte ich das nur in Büchern von anderen lesen. Inzwischen kann ich es aus eigener Anschauung bestätigen. Zudem findet die Neurobiologie als flankierende Wissenschaft immer mehr darüber heraus, dass Kindermenschen (wie große Menschen auch) nach ihrem eigenen inneren Programm am besten lernen und dass ihnen von vornherein eine *grundsätzliche Passung* zur Welt mitgegeben ist, die einen Zwang zur Anpassung überhaupt nicht erforderlich macht. Die Zeichen für den antipädagogisch motivierten Erziehungsverzicht standen also noch nie so gut wie jetzt.

Aber – und das ist das große Aber – die antipädagogische Motivation des Erziehungsverzichts ist trotzdem keine Leitlinie, die garantiert, dass auf diesem Weg bestimmte Wunschziele beim Kind sicher erreicht würden, selbst wenn diese in Reihenuntersuchungen bei einer großen Mehrzahl festgestellt werden könnten. Damit wäre auch nur wieder eine neue Erziehungs-Ideologie gegeben. Tatsächlich wird genau das der Antipädagogik immer mal wieder vorgehalten: Dass sie ja eigentlich auch nur eine Art von Erziehung sei. Wilhelm Rotthaus tut das z. B. in seinem schon erwähnten Buch »Wozu erziehen?« Auf Seite 25 ist zu lesen:

> *»Letztlich wird man sagen müssen: Wer Umgang mit Kindern pflegt, kann nicht nicht erziehen – allein schon deshalb, weil er sich nicht nicht verhalten kann. Sein Verhalten in Gegenwart von Kindern oder gerichtet auf Kinder dürfte nämlich immer – insbesondere, wenn der Erwachsene dies in der Rolle eines Elternteils, einer LehrerIn oder einer ErzieherIn vollführt – mehr oder weniger bewusst geprägt sein durch eine Idee darüber, wie Kinder sich entwickeln und werden sollen. Dieses Verhalten aber wirkt auf das Kind und löst mit hoher Wahrscheinlichkeit bei diesem Reaktionen und Veränderungen im Sinne von Entwicklung aus – wozu auch immer.«*

Die letzte Wendung – »wozu auch immer« – ist mir besonders interessant. Zum Beispiel also auch zum Gegenteil von dem, was erreicht werden sollte? Dann wäre Erziehung ja wieder ein Handeln aufs Geratewohl und Ekkehard von Braunmühl könnte mit seiner Theorie vom pädagogischen Gegenteileffekt genauso recht haben wie überzeugt Erziehende mit ihrem Glauben an ihren Verdienst im Ergebnis des »gelungenen« Zöglings.

Wilhelm Rotthaus wirft hier meines Erachtens die zwei Auffassungen von Erziehung, die ich bis hierher in meinem Text schon fast pedantisch zu trennen bemüht war, unzulässig durcheinander. Und das Ganze untersetzt er mit einer Vermutung. Er schreibt, das Verhalten des Erwachsenen in Gegenwart von Kindern *dürfte* von seiner Idee, wie Kinder sich entwickeln sollen, geprägt sein. *»Es dürfte«* – das heißt, er unterstellt, dass es wohl so sei. Die Möglichkeit, dass jemand sich seiner Wünsche für die Entwicklung des Kindes, dem er verbunden ist, durchaus bewusst ist und diese Entwicklung möglichst auch nicht behindern will, sich dabei aber trotzdem *übergriffiger, bestimmender, zwingender* Handlungen enthält, die ihm aufgrund des gegebenen Machtgefälles möglich wären, kommt gar nicht in den Blick.

Und so liegt der (Trug-)Schluss nahe, dass der Mensch, da er sich immer irgendwie verhält, also auch immer erziehen müsse, wenn das Gegenüber ein Kind ist. Dies ist aber ein sogenannter Zirkelschluss, bei dem die zugrunde liegende Annahme als Beweis ihrer selbst herangezogen wird: Weil der Umgang mit Kindern immer Erziehung sei, könne niemand nicht erziehen. Einige Seiten zuvor beschreibt er dasselbe mit anderen Worten, aber auch wiederum vage als Vermutung:

> *»Weniges erscheint« [!] »so selbstverständlich wie die Tatsache, daß Erziehung von Kindern ein elementarer Grundbaustein gesellschaftlichen Lebens ist, daß Kinder angeleitet, geführt, gelenkt, gefordert, eingegrenzt und geformt, eben zu einem sozialen Menschen erzogen werden müssen.« (Seite 14)*

Was die Yequana-Indianer wohl dazu sagen würden? Würden sie ein schlechtes Gewissen bekommen? Würden sie Herrn Dr. Rotthaus auslachen? Oder würde er ihnen erklären, dass ihr ganzer Umgang, über den sie noch nie unter Erziehungsgesichtspunkten nachgedacht hätten, natürlich auch eine Form der Erziehung sei?

Ich vermute letzteres. Aber wie wäre es dabei mit der Lenkung, der Eingrenzung, der Formung, von der Jean Liedloff doch gerade berichtet, dass sie bei den Yequana nicht vorkomme?

Wilhelm Rotthaus leitet aus der Tatsache, dass Menschen miteinander umgehen, dabei voneinander lernen und aneinander wachsen, den Schluss ab, dass immer Erziehung stattfinde – vorausgesetzt, die einen sind Erwachsene, die anderen Kinder (oder Jugendliche).

Etliche Seiten später beschreibt er dann jedoch schlüssig, dass ein planbares, gezieltes Einflussnehmen auf den anderen Menschen aufgrund der Strukturen des menschlichen Gehirns so gut wie gar nicht möglich ist (siehe Zitat im Kapitel »Kann Erziehung gelingen?«), dass es also Erziehung im Sinne einer vorausberechenbaren Formung des Menschen eigentlich gar nicht geben kann.

Das meinte ich, als ich schrieb, dass hier zwei Erziehungsauffassungen durcheinandergeworfen werden: Einmal sind sehr wohl konkrete Handlungen oder Maßnahmen gemeint, die etwas bewirken sollen, dann wieder reicht es, dass immer Verhalten stattfindet, um zu behaupten, dass auch immer Erziehung stattfinde, wenn Kinder dabei seien. Die Schlussfolgerung, dass eine Nicht-Erziehung nicht möglich sei, weil es auch kein Nicht-Verhalten geben könne, reicht allein nämlich nicht aus. Denn das ließe uns zu ihm sagen: »Herr Dr. Rotthaus, Sie erziehen Ihre Frau. Sie erziehen auch Ihre Arzthelferin. Und den Mann im Nachbarauto vor der Ampel auf dem Weg zur Arbeit, den erziehen Sie auch. Einfach deshalb, weil Sie sich ihnen allen gegenüber nicht nicht verhalten können. Also erziehen Sie sie auch. – Wie, das ist absurd? Nein, es ist Ihre eigene Argumentationsweise.«

»Unsinn!«, dürfte Dr. Rotthaus darauf antworten. Und wenn wir fragen würden, warum, würde er uns wahrscheinlich antworten müssen: »Weil sie keine Kinder sind«. Und damit wäre das offenbar, was die antipädagogische Motivation des Erziehungsverzichts in Gang setzt: dass nämlich Kinder grundsätzlich anders angesehen werden, eben als *Mindermenschen*, die Erziehung brauchen, weshalb sie ihnen auch zugemutet werden dürfe.

Antipädagogik ist kein alternatives Erziehungskonzept, sondern eine Rechtsauffassung.

Antipädagogik ist nicht eine andere Erziehung, die es besser weiß und darum rät, manches anders und manches gar nicht zu tun, damit die unbeschadet bestehenden Erziehungsziele um so sicherer erreicht werden könnten, vielmehr ist Antipädagogik eine *Rechtsauffassung*, die davon ausgeht, dass Kindermenschen keine Mindermenschen sind und dass sich deshalb alles, was sich gegenüber großen Menschen nicht gehört, auch ihnen gegenüber nicht gehört.

Somit konnte ich auch auf die mir einmal gestellte Frage »Welche Elemente braucht eine bedürfnisorientierte Erziehung aus antipädagogischer Sicht?« keine Antwort geben, denn das ist nicht das Thema antipädagogischen Denkens.

Aber natürlich lässt sich beschreiben, wie ein nicht-erzieherischer Umgang mit Kindern aussieht: Wer auf Erziehung verzichten will, der gestaltet seine Beziehung zu Kindern und allen möglichen anderen Menschen, die ihm in der einen oder anderen Weise unterlegen sind, ohne Führungsansprüche, ohne kurze oder lange Leine. Der setzt das Angebot von Information an die Stelle von Belehren, Erinnern an die Stelle von Einmischung, Reflektieren, auch mal Konfrontieren an die Stelle von Beschimpfung, freundliches Fragen oder Bitten an die Stelle von Befehlen, den Anspruch des Kindes, mit seinen Interessen von ihm vertreten zu werden, an die Stelle der Ausübung einer Sorgeberechtigung – letztlich in einem Wort: Bedienen an die Stelle von Beherrschen.

Herrschaftsansprüche aufzugeben,
heißt nicht zwangsläufig,
sich nun selbst zu unterwerfen.

Und dabei macht er oder sie die Erfahrung, dass dort, wo nicht der eine über den anderen herrscht, nun nicht zwangsläufig der andere über den einen die Herrschaft übernimmt, sondern dass sich ein friedvolles, erfreuliches Zusammenleben ergibt. Nicht dass es dabei nie Konflikte gäbe! Wo Menschen zusammenleben, kollidieren auch ihre Interessen. (Christlich gesprochen: Sie werden aneinander schuldig und leben von der Vergebung.) Aber deshalb müssen noch lange keine »Machtworte« gesprochen werden. Oder regeln Sie Konflikte mit Ihren Freunden, Kollegen, Ihrem Intimpartner über »Machtworte«? – Na also.

Bei den anderen Erziehungsverzichts-Modellen hatte ich am Ende stets versucht, ihr Erscheinungsbild mit den Erziehungsstilen nach Baumrind abzugleichen (die eigentlich genauer mit dem englischen Wort *parenting style* zu bezeichnen sind).

Mit einem so entschlossenen und selbstbewussten Erziehungsverzicht wie dem antipädagogisch motivierten löst man erfahrungsgemäß Irritation aus. Wie redet der Erziehungskundler mit jemandem, der nicht über Erziehung zu wenig weiß oder sie mit schlechtem Gewissen versäumt hat, sondern ohne Schuldbewusstsein mitteilt, dass er zur Erziehung keine Veranlassung sieht und sie auch für unanständig hält? Soweit er (der Erziehungskundler) die Meinung hegt, dass jeder Umgang mit Kindern immer Erziehung heißen müsse, wird ihn die Irritation jedenfalls nicht davon abhalten, auch dieses Verhalten unter die ihm bekannten Erziehungsstile klassifizieren zu wollen.

Ich mutmaße nun, dass es ihm immerhin schwerfallen dürfte, hier einen autoritären oder einen indifferenten Erziehungsstil zu konstatieren. Ob er den antipädagogisch motivierten Erziehungsverzicht als eine eher permissive oder doch sogar als eine autoritative Erziehung wahrnähme, dürfte eine Geschmacksfrage sein und außerdem davon abhängen, auf welchem Weg und aus welchem Grund jener Erziehungskundler und dieser Erziehungsverweigerer gerade im Gespräch miteinander wären.

Damit bin ich am Ende dieses Gedankenexperimentes angekommen. Vier Erziehungsstile (autoritär, permissiv, indifferent, autoritativ) dort – vier Motivationen zum Erziehungsverzicht (antepädagogisch, prioritätsabhängig, ängstlichkeitsbedingt, antipädagogisch) hier. Mit Analogien dazwischen scheint es doch schwieriger zu sein. Aber dass ein Umgang mit Kindern, der sich selbst als antipädagogisch begründeter Erziehungsverzicht versteht, aus der Außensicht als autoritativer Erziehungsstil wahrgenommen werden könnte, scheint mir immerhin ein interessanter Befund zu sein. Berühren sich hier Extreme? Und was sind dabei doch wesentliche Unterschiede? – Dazu mehr in den nächsten Kapiteln.

Wenn die Extreme sich berühren

Entspricht antipädagogisch motivierter Erziehungsverzicht – aus anderer Perspektive – autoritativem Erziehungsstil?

Als mir die Idee zu dem vorigen Kapitel kam, hegte ich ursprünglich die Vorstellung, dass sich ganz schlichte, offensichtliche, eindimensionale Entsprechungen zwischen den unterschiedlichen Motivationen zum Erziehungsverzicht einerseits und den von Diana Baumrind benannten Erziehungsstilen andererseits ergeben würden:

Der antepädagogische Erziehungsverzicht wäre vom Baumrind-Standpunkt aus als autoritärer Erziehungsstil anzusehen gewesen, der Erziehungsverzicht aufgrund anderer Prioritäten als gleichgültiger, indifferenter Erziehungsstil, der Erziehungsverzicht aus Unsicherheit und Ängstlichkeit als permissiver Erziehungsstil und der antipädagogische Erziehungsverzicht als autoritativer Erziehungsstil. Wenn es so leicht möglich wäre, sich zu verständigen, dann könnte das Buch hier schon zu Ende sein. Der »Mut-zur-Erziehung«-Denker und der »Erziehung-gehört-sich-nicht«-Denker könnten zueinander sagen: Wir wollen doch eigentlich beide denselben Umgang mit Kindern, wir nennen es nur unterschiedlich, nämlich autoritativen Erziehungsstil auf der einen Seite und antipädagogischen Erziehungsverzicht auf der anderen Seite. Die beiden könnten sich dann leicht einigen, indem sie das Wort »Erziehungsstil« ins englische »parenting style« zurück-übersetzten und von da wiederum als »Art und Weise des elterlichen Umgangs mit Kindern« ins Deutsche übertrügen. Als Ergebnis käme heraus, dass es doch vor allem auf die *Haltung* (die innere zumal) ankomme, weniger dagegen auf bestimmte *Bezeichnungen*, denn die seien ja austauschbar und eine Sache rein sprachlicher Übereinkunft.

Aber solch eine Aussöhnung wäre zu billig und eine Mogelpackung. Von *Haltung* ist inzwischen viel die Rede. Die Bildungspläne und -programme der Bundesländer zur Elementarpädagogik haben landauf, landab immer wieder zu der Behauptung geführt, es komme vor allem auf die *Haltung zum Kind* an. Der Paradigmenwechsel zur Sicht auf das Kind als eines Selbstlerners verlange in erster Linie eine neue Haltung der Erziehungspersonen gegenüber den Kindern. Dieses Postulat ist – aus meiner Sicht – zweifellos richtig, aber ebenso richtig ist bei näherem Hinsehen der Satz, den ich vor einiger Zeit irgendwo las, dass die Haltung wohl wichtig, aber noch nicht selbst das *Verhalten* sei, das daraus folgen müsse. Anders gesprochen: Die Haltung des Erwachsenen bleibt unwirksam, wenn sie für das Kind nicht erlebbar wird.

So ist auch meine ursprüngliche Vermutung der einfachen Entsprechungen bei näherer Auseinandersetzung nicht aufgegangen. Vielmehr habe ich im vorigen Kapitel immer wieder verschiedene Möglichkeiten der Einschätzung eines bestimmten Erziehungsverzichts von Seiten der Baumrind-Position mitberücksichtigen müssen, je nachdem, welches Verhalten zwischen Eltern und Kindern letztendlich zu beobachten wäre. Eltern, die so sehr mit anderen Verpflichtungen beschäftigt wären, dass sie ihren Kindern keine Vorschriften machten, auf deren Einhaltung sie zu achten hätten, dem Verhalten der Kinder dann aber auch mit weitgehender Toleranz begegneten, wären eher als permissive Eltern einzuschätzen, Eltern mit denselben Ausgangsbedingungen, die im Stress ihre Kinder dann aber anschrieen und grob zurechtwiesen, würden eher als autoritäre oder indifferente Eltern bezeichnet werden. Selbst wenn zwei sich dasselbe zu tun vornehmen (also bewusst handeln wollen), heißt das noch lange nicht, dass dabei in jedem Fall dasselbe herauskommt. Umgekehrt können zwei, die vielleicht ganz unterschiedlich argumentieren, am Ende dennoch sehr ähnliches tun.

Innere Haltung ist noch kein konkretes Verhalten.

Auf diese Weise können sogar ehemals Verbündete schließlich zu erbitterten Gegnern werden. Von einer solchen Entwicklung berichtet Ekkehard von Braunmühl in seinem Buch »Was ist antipädagogische Aufklärung?«, dem ich im vorigen Kapitel den Begriff »antepädagogisch« entnommen hatte, auf den ich hier nun näher eingehen will.

Von Braunmühl setzt sich in diesem Buch kritisch mit seinem ehemaligen Weggefährten Dr. Hubertus von Schoenebeck auseinander und grenzt sich von dessen Ausdeutung der Antipädagogik ab.

Antipädagogisches Denken ist gegen erzieherisches Denken gerichtet. So wird im Untertitel des erwähnten Buches Antipädagogik denn auch als »radikale Erziehungskritik« bezeichnet.

Mit der dem Wort »antipädagogisch« ähnlichen Wortschöpfung »antepädagogisch« geht es Ekkehard von Braunmühl um ein Sprachspiel, mit dem er zum Ausdruck bringen will, dass, was ähnlich klingt, doch sehr verschieden sein kann.

Scheinbar antipädagogische Leugnung von Verantwortung und Gewalt.

Von Schoenebeck, ursprünglich Lehrer, kam nach eigenen Aussagen durch von Braunmühl zur Antipädagogik. Dessen Argumentation überzeugte ihn nicht nur, sondern vermittelte ihm auch ein persönliches Freiheitserleben, das sein weiteres Leben prägte. Er gründete den Verein »Freundschaft mit Kindern«, verfasste Schriften (u.a. eine Art Wörterbuch der Antipädagogik) und hielt Seminare. Mehr und mehr entfernte er sich mit den von ihm vertretenen Inhalten aber von Ekkehard von Braunmühl, bis es in den 90er Jahren schließlich zum Bruch zwischen beiden kam, den von Braunmühl in dem erwähnten Buch aus seiner Sicht dokumentierte. Unter anderem vertrat von Schoenebeck die Auffassung, dass jeder Mensch von Geburt an ein »Selbstverantworter« sei. Niemand könne für einen anderen (also auch kein Erwachsener für irgendein Kind) Verantwortung übernehmen, *jeder* Mensch verantworte *immer* all sein Tun und Erleben selbst. Wenn also ein Erwachsener einem Kind seinen eigenen Willen aufnötige (etwa: es zwinge, eine Mütze aufzusetzen), so verantworte er dieses Verhalten nur vor sich selbst; das Kind wiederum sei ganz für seine Reaktion verantwortlich und verantworte diese selbst(ständig), gleichgültig, ob es sich dabei um Resignation, Auflehnung, Schmerz oder Trauer handle. Auf dem Weg dieser Argumentation kam von Schoenebeck sogar zu dem Schluss, es gebe überhaupt keine Gewalt. Wohlgemerkt: Damit ist hier nicht nur die Gewalt im Sinne von »Walten« gemeint (wie auf den vorigen Seiten wiederholt von mir verwendet), sondern sehr wohl auch die Gewalt im Sinne des allgemeinen Sprachgebrauchs, also im Sinne von *unmittelbarem Zwang* gegen den Willen des betroffenen Kindes. Sofern solches Verhalten nicht in erzieherischer Absicht geschehe, also vorgeblich »zum Besten des Kindes«, sei dagegen nichts einzuwenden. – Der Erwachsene handelt also, das Kind mit seiner Reaktion handelt auch, aber indem jeder von beiden mit der Verantwortung seines Tuns bei sich bleibt, gibt es nach von Schoenebeck keine Verantwortung voreinander. Mit diesem Denkmodell geschieht die Gewaltanwendung nicht vom einen am anderen, sondern, weil der eine ohne einen auf den anderen gerichteten Vorsatz, sondern nur im Eigeninteresse handelt und der andere (das Kind) für seine Reaktion (etwa des Schmerzes) die volle Verantwortung zugeschoben bekommt, kann der kühne Schluss gezogen werden: Es gibt gar keine Gewalt.

Von dieser Position musste sich von Braunmühl deutlich absetzen, denn ihm war es immer um einen Kinderschutz gegangen, der sich insbesondere im Schutz der Rechte des Kindes verwirklichen sollte. Zwar hatte er in seinem Buch »Zeit für Kinder« auf Seite 122 die Meinung vertreten, »dass man für die Zukunft eines anderen Menschen überhaupt nicht verantwortlich sein *kann*« und dies schlüssig begründet. Der weitere Gedankenschritt von Schoenebecks, dass es nun auch keine Verantwortung für eigenes Handeln dem anderen gegenüber geben könne, war aber von ganz anderer Qualität. Schließlich ist es ein Unterschied, ob ich mir für das, was viel später einmal aus einem Kind wird, die Verantwortung auflade, oder ob ich dem Kind selbst gegenüber mein Handeln im Hier und Jetzt zu verantworten bereit bin.

Ebenso hatte von Braunmühl in »Zeit für Kinder« auf Seite 159 zu seiner Empfehlung an Eltern, das Erziehen einzustellen, wohl geschrieben:

»Achtung! Sagen Sie nie – bzw. denken Sie nie, Sie täten das um der Kinder willen, also den Kindern zuliebe. Wenn Sie es nicht zuerst sich selbst zuliebe tun, fehlt ein entscheidendes Gewürz.«

Damit hatte er verhindern wollen, dass auch der (dann vorgebliche) Erziehungs*verzicht* zu einer neuen Erziehungs*maßnahme* würde; ein hoffnungsloses Unterfangen aufzugeben, entlastet ja tatsächlich zuallererst den, der sich zuvor damit belastet hat. Von Braunmühl hatte aber nie dazu aufgefordert oder ermuntert, auf die Belange von Kindern überhaupt keine Rücksicht zu nehmen und die eigene Lust und Laune gewissenlos darüber zu stellen. Von Schoenebeck dagegen kam im Weiteren zu dem Schluss, jede Art von Moral sei von Übel und nur dazu geeignet, den Menschen zu unterdrücken. Eine vollständige Verneinung von Moral und Verantwortung, eine Entmachtung der Gewissen hätte aber auch jeden Kinderschutz im Sinne von Braunmühls, dem es immer darum ging, Gewalt gegen Kinder als solche kenntlich zu machen und zu ächten, unmöglich gemacht. Das, was mit der radikalen Erziehungskritik als Kampf um Kinderrechte begonnen hatte, drohte durch von Schoenebeck ins Gegenteil umzuschlagen.

Wenn Hubertus von Schoenebeck für sich und seine Anhänger in Anspruch nahm, mit seiner Lebensphilosophie in einer »postpädagogischen« Welt angekommen zu sein, also in einer Welt, in der Erziehung vollständig überwunden sei, so musste von Braunmühl, der darin den antipädagogischen Grundgedanken auf schlimmste Weise diskreditiert sah, dagegen argumentieren. Auf Seite 111 des erwähnten Buches »Was ist antipädagogische Aufklärung? - Mißverständnisse, Mißbräuche, Mißerfolge der radikalen Erziehungskritik« führt er daher aus:

»Wie immer man gefühlsmäßig zu dem Wort ›Moral‹ stehen mag; rational gesehen sollen ethische Normen die freie Entfaltung der menschlichen Persönlichkeit nicht unmöglich machen, sondern sichern. Deshalb muß (wenn es vernünftig zugehen soll) ihre Geltung auch auf Kinder ausgeweitet werden, nicht nur gegen traditionelle pädagogische Theorien und praktische Erziehungsgewohnheiten, sondern auch und gerade gegen die ›postpädagogische Ethik‹ des Dr. v. S., die in Wirklichkeit ganz offen den

Rückfall in die Brachialgewalt darstellt, also gerade nicht **nach***pädagogisch ist (für Nichtlateiner: ›nach‹ heißt ›post‹, ›vor‹ heißt ›ante‹), sondern vorpädagogisch, also* **ante***pädagogisch.*

Heutzutage fordern immer mehr Erziehungstheoretiker und Bildungsexperten z. B. eine ›Pädagogisierung‹ der Schule und meinen damit, daß die nur in ihren Schulfächern ausgebildeten ›Stundenhalter‹ ihren Unterricht **kindgemäßer**, *also kinderfreundlicher, gestalten sollen. In dieser Richtung argumentierte mit dem Begriff des ›schülerzentrierten Unterrichts‹ auch Carl Rogers, der zweite Autor, den Dr. v. S. für seine privaten Zwecke mißbraucht. Im Unterschied zu mir ist Rogers zwar ein Akademiker und weithin anerkannt, aber außerdem auch tot (seit 1987), kann sich also nicht mehr dagegen wehren, daß Dr. v. S. sich mit persönlicher Bekanntschaft brüstet und seine Arbeit sinnverkehrt vereinnahmt. Jedenfalls bedeutet die FMK[1]-Theorie und – ›Moral‹ auch hier einen perversen zivilisatorischen Rückschritt. Wenn ›Pädagogisierung‹ verlangt, die Interessen von Kindern ernstzunehmen, ist die Moral (= Quintessenz) der ›postpädagogischen Ethik‹ und der ganzen ›Lebensphilosophie‹ des Dr. v. S. weder anti-, noch postpädagogisch, sondern ein* **antepädagogisches** *Plädoyer für die skrupellos egozentrische Willkür Erwachsener gegenüber den realen Interessen und Bedürfnissen von Kindern.«*

Von Braunmühl verwendet den Begriff »antepädagogisch« hier also nicht für einen quasi unschuldigen Zustand, bevor eine Kultur der Erziehung entstand, wie er sich in dem von Jean Liedloff geschilderten Zusammenleben zwischen Erwachsenen und Kindern bei den Yequana-Indianern entdecken ließe (siehe Zitat im vorigen Kapitel), sondern als einen Rückfall in kulturlose Barbarei, in der allein das Recht des Stärkeren regiert, in dem also auch der stärkere Erwachsene dem schwächeren Kind nach Belieben, Lust und Laune seinen Willen aufzwingen kann, und dies noch nicht einmal auf der Grundlage einer pädagogischen Begründung, da Pädagogik ja zuvor als verwerflich gebrandmarkt worden ist und insofern schon gar nicht als handlungsmotivierend herangezogen werden darf. Einen solchen Umgang mit Kindern macht

1 Freundschaft mit Kindern

von Braunmühl als das Gegenteil von Antipädagogik aus; er sieht darin keine Überwindung von Erziehung, sondern etwas, das nicht nur der antipädagogischen Aufklärung, sondern auch jeder dem Kind zugewandten Pädagogik hohnspricht. Denn wenn (angewandte) Gewalt (hier immer im Sinne von unmittelbarem Zwang) als nicht existent bezeichnet wird und somit auch nicht mehr feststellbar wäre, dann wird sie damit zugleich erlaubt und entschuldigt.

Insofern wäre ein antepädagogisches Zusammenleben von Erwachsenen und Kindern also nicht in jedem Fall dasselbe wie ein antipädagogisches Zusammenleben (wie das Beispiel der Yequana-Indianer nahezulegen schien), sondern noch schlimmer als ein pädagogisches Zusammenleben, in dem die Erwachsenen ihr Verhalten gegenüber den Kindern und Jugendlichen an Entwicklungszielen auszurichten und insofern zu kontrollieren hätten. Bei einer wie von Hubertus von Schoenebeck falsch verstandenen, zur Ideologie der Verantwortungslosigkeit verkommenen »Antipädagogik« wäre also als Ergebnis das Gegenteil des von der ursprünglichen antipädagogischen Aufklärung angestrebten Zustands zu beklagen: Ein Rückfall in die Schwarze Pädagogik der Untertanen-Züchtung, bei der nur Machterhalt wichtig ist und der einzige Lerninhalt sein kann, dass Macht vor Recht geht, kurz: ein Zusammenleben unter vordemokratischen Bedingungen.

Eine Ideologie der Verantwortungslosigkeit zwischen Menschen führt zum Faustrecht des Stärkeren, also in Barbarei.

Da berühren sich die Extreme: Der (scheinbar) radikalste Antipädagoge auf einer Stufe mit den verantwortungslosesten Kindes-Misshandlern. Scheint da nicht die Schlussfolgerung nahezuliegen: »Dann schon lieber Pädagogik!«? Immerhin scheint von Braunmühl in dem oben zitierten Abschnitt zu begrüßen, dass z. B. eine »Pädagogisierung der Schule« gefordert werde, sofern damit gemeint sei, den Unterricht kindgemäßer zu gestalten. Ist also Ekkehard von Braunmühl, nachdem er den einst von ihm geprägten Begriff der Antipädagogik durch Hubertus von Schoenebeck inhaltlich dermaßen bis zur Unkenntlichkeit diskreditiert sah, vor seinem eigenen Ansatz zurückgeschreckt? Deutet vielleicht sogar sein Satz »Sachlich gesehen scheint es mir, so wie die sprachlichen Dinge liegen, möglich zu sein, etwa eine antipädagogisch aufgeklärte Pädagogik zu erarbeiten« (ebd., Seite 136) genau in diese Richtung?

Ich lasse diese Fragen hier offen stehen, um später darauf zurückzukommen, zuerst aber noch einige weitere Berührungspunkte zwischen entgegengesetzten Extremen aufzugreifen.

Von Schoenebeck nannte seine Vorstellung vom Zusammenleben mit Kindern, die er für eine postpädagogische hielt, »Freundschaft mit Kindern«. Leicht lässt sich vermuten, dass es hier um freundlich zugewandte Beziehungen ohne erzieherische Absicht gehen sollte, denn Freunde schätzen einander ja gerade so, wie sie sind, und begegnen sich nicht mit Erziehungsvorhaben. Aber setzt echte Freundschaft nicht auch ein symmetrisches Verhältnis zwischen den Beteiligten voraus? Kann davon zwischen Erwachsenen und Kindern, unter denen die Verhältnisse von Macht und Kraft so ungleich verteilt sind, die Rede sein? Bleibt nicht die Vorstellung einer Freundschaft zwischen beiden vor diesem Hintergrund reine Illusion?

Entsteht aus Erziehungsverzicht Freundschaft mit Kindern?

Interessant war mir, dem Begriff der Freundschaft zwischen Eltern und Kindern an ganz anderer Stelle auch zu begegnen. Ich beziehe mich hier auf das Buch »Die Familie Pfäffling – Eine deutsche Wintergeschichte« von Agnes Sapper, das 1907 zum ersten Mal erschien (mir liegt es als Erbstück in der Fassung der dritten Auflage von 1910 vor).[2] Das Buch erzählt über

2 Agnes Sapper schrieb übrigens auch ein Erziehungsbuch für Eltern unter dem Titel »Erziehen oder Werdenlassen?«, das 1912 in Stuttgart erschien. Sie spricht sich darin deutlich für die von ihr für vernünftig gehaltene Ausgewogenheit zwischen beidem aus, proklamiert aber vorrangig den Erziehungsanspruch der Eltern als den grundsätzlichen Anspruch auf Gehorsam, der notfalls auch erzwungen werden müsse. Sie reagiert mit diesem Buch auf damals vorhandene Strömungen in der pädagogischen Diskussion, nach denen Erziehung nicht der Natur des Kindes entspreche und unnötig sei. Schon der Titel deutet darauf hin, dass bereits in jener Zeit Erziehung als ein aktives Tun wahrgenommen wurde, dessen Verzicht zugunsten des »Werdenlassens« zumindest gedacht werden konnte.

die Dauer etwa eines Schulhalbjahres die Geschichte der Familie des Musiklehrers Pfäffling, der mit seiner Frau und sieben Kindern in einfachen Verhältnissen lebt und seine Kinder mit Liebe und in Verantwortung, aber doch nicht ohne Strenge erzieht. Die Verfasserin wollte mit dem Buch, von dem übrigens einige Wärme ausgeht und das 2002, wie ich erfuhr, sogar neu aufgelegt wurde, ihrer eigenen Mutter und deren Familienleben ein Denkmal setzen und zugleich ein Beispiel dafür schildern, wie es in einer guten, rechtschaffenen deutschen Familie zugehen solle.

Um nicht den Anschein zu erwecken, ich wolle dieses Buch dafür vereinnahmen, ein Vorläufer der Antipädagogik gewesen zu sein, will ich zunächst einen Abschnitt daraus wiedergeben und teilweise zitieren, aus dem ganz deutlich wird, dass in dieser Geschichte natürlich erzogen wird im Sinne von Einwirkung der Eltern auf die Kinder im System von Befehl und Gehorsam.

Fast alle Kinder des Musiklehrers Pfäffling sind selbst musikalisch. Geradezu eine musikalische Hochbegabung ist aber dem jüngsten Sohn Frieder (acht Jahre alt) mitgegeben. Er erhält von den Eltern zu Weihnachten eine Geige, der er sich mit solcher Leidenschaft widmet, dass er darüber ganz die Zeit vergessen kann. Daher wird verfügt, er dürfe jeden Tag nur zwei Stunden darauf spielen. Weil er aber weiterhin die Zeit zu vergessen droht, helfen alle Familienmitglieder mit und erinnern ihn, wenn es Zeit ist, die Geige beiseite zu legen. An einem Tag, als der Vater nicht im Haus ist und ihn also nicht selbst kontrollieren kann, lässt Frieder sich nun jedoch nicht erinnern; er spielt immer weiter, bis die Geschwister der Mutter Bescheid sagen und diese dem heimkehrenden Vater.

»Frau Pfäffling ging hinaus, Frieder blieb wie angewurzelt stehen. Die Geschwister sammelten sich allmählich um ihn, sie berieten, was geschehen würde, drangen in ihn, er solle gleich um Verzeihung bitten, und als nun die Eltern miteinander kamen, war eine schwüle Stimmung im Zimmer. Frieder wagte kaum aufzusehen, aber trotzig schien er nicht, denn er sagte deutlich: ›Es ist mir leid.‹

›Das muß dir freilich leid sein, Frieder!‹ sagte der Vater. ›Wenn du bloß im Eifer vergessen hättest, daß du über die Zeit spielst, dann könnte ich

dir das leicht verzeihen, aber wenn du erinnert wirst, daß du aufhören solltest, und magst nicht folgen, wenn du mit aller Absicht tust, was ich dir schon oft streng verboten habe, dann ist's aus mit dem Geigenspiel. Was meinst du, wenn ihr Kinder alle nicht folgen wolltet, wenn jeder täte, was ihm gut dünkt? Das wäre gerade, wie wenn bei dem Orchester keiner auf den Dirigenten sähe, sondern jeder spielte, wann und was er wollte. Nein, Frieder, meine Kinder müssen folgen, mit deinem Geigenspiel ist's vorbei, ich will nicht sagen für immer, aber für Jahr und Tag. Gib sie her!‹

Frieder, der die Geige leicht in der Hand gehalten hatte, drückte sie nun plötzlich an sich, verschränkte beide Arme darüber und wich einen Schritt vom Vater zurück. Sie waren alle über diesen Widerstand so bestürzt, daß es fast einstimmig über aller Lippen kam: ›Aber Frieder!‹

Herr Pfäffling sah mit maßlosem Erstaunen den Kleinen an, der immer der gutmütigste von allen gewesen war und der jetzt tat, was noch keines gewagt hatte, sich ihm widersetzte. Einen Augenblick besann er sich, und dann, ohne nur dem Zurückweichenden nachzugehen, streckte er rasch seine langen Arme aus, hob den kleinen Burschen samt seiner Geige hoch in die Luft und rief, indem er ihn so schwebend hielt: ›Mit Gewalt kommst du gegen mich nicht auf, merkst du das?‹ und ernst fügte er hinzu, als er ihn wieder auf den Boden setzte: ›Nun gib du mir gutwillig deine Geige, Frieder!‹ Aber die Arme des Kindes lösten sich nicht. Von allen Seiten, laut und leise, wurde ihm von den Geschwistern zugeredet: ›Gib sie her!‹ und als Frau Pfäffling sah, wie er das Instrument leidenschaftlich an sich preßte, fragte sie schmerzlich: ›Frieder, ist dir deine Geige lieber als Vater und Mutter?‹ Der Kleine beharrte in seiner Stellung.

›So behalte du deine Geige!‹ rief nun lebhaft der Vater, ›hier hast du auch den Bogen dazu, du kannst spielen, solange du magst. Aber unser Kind bist du erst wieder, wenn du sie uns gibst,‹ und indem er die Türe zum Vorplatz[3] *weit aufmachte, rief er laut und drohend: ›Geh hinaus, du fremdes Kind!‹ Da verließ Frieder das Zimmer.*

Draußen stand er regungslos in der Ecke des Vorplatzes, innen schluchzten die Schwestern, ergriffen waren alle von dem Vorfall. Herr

3 Wohnungskorridor

Pfäffling ging erregt hin und her und dann hinaus in den Vorplatz, wo er Walburg mit so lauter Stimme, daß es bis ins Zimmer drang, zurief: ›Das Kind da soll gehalten werden wie ein armes Bettelkind. Es darf hier außen im Vorplatz bleiben, es kann da auch essen und man kann ihm nachts ein Kissen hinlegen zum Schlafen. Geben Sie ihm den Küchenschemel, daß es sich setzen kann. Es dauert mich, weil es keinen Vater und Mutter mehr hat.« (Seiten 216–218)

Nach der Lektüre ihres Erziehungsratgebers »Erziehen oder Werdenlassen?« gehe ich davon aus, dass die Verfasserin dieser Szene das hier geschilderte Verhalten des Vaters tatsächlich eher propagieren als kritisch hinterfragen wollte. Ich berichte und zitiere dies Geschehen hier nur so ausführlich, um deutlich zu machen, dass dieser Vater natürlich erziehen will (wenn auch im ganzen Buch nur einmal auf so drastische Weise). Er handelt weder im Sinne von Braunmühls, denn er verfügt über das Kind, besteht auf dessen Gehorsam und hebt dabei seinen Machtvorsprung hervor (»Mit Gewalt kommst du gegen mich nicht auf, merkst du das?«), noch im Sinne von Schoenebecks, denn er tut dies in erzieherischer Absicht: Das Kind soll lernen, sich zu kontrollieren.

Trotzdem redet derselbe Vater an einer anderen Stelle in demselben Buch von Freundschaft mit seinen Kindern. Auch jene Szene will ich hier kurz wiedergeben, denn auf sie kommt es mir an diesem Punkt eigentlich an:

Am Tag vor Weihnachten hat es Zeugnisse gegeben. Diese müssen dem Vater zur Einsicht vorgelegt werden. Zum Entsetzen der Kinder hat aber nun Wilhelm, der zweitälteste Sohn, in Mathematik die Note 4 (»einen Vierer«, wie es im Buch heißt) erhalten. Mir ist nicht bekannt, wie weit die Zensurenskala im deutschen Kaiserreich ging, aber so wie der »Vierer« von den Pfäffling-Kindern besprochen wird, muss es sich dabei auf jeden Fall um eine so schlechte Note gehandelt haben, wie sie in der Familie noch nie vorgekommen war und nicht vorkommen durfte. Ein solches Zeugnis dem Vater vorzulegen, könnte das ganze Weihnachtsfest verderben, ist ihre Sorge. Sie ersinnen darum die List, aus allen Zeugnissen die Durchschnittsnote zu berechnen und dem Vater mitzuteilen. Diese beläuft sich erfreulicherweise auf »Eins bis Zwei«, sodass sie ihn womöglich die Zeugnisse bis nach Weihnachten vergessen lassen könnte. Trotzdem will er die Zeugnisse aber noch am selben Abend sehen. Die nächste List der Kinder ist, Wilhelms Zeugnis ein wenig versteckt hinzulegen, damit der Vater es vielleicht doch übersieht. Auch diese List schlägt allerdings fehl: Der Vater entdeckt das Zeugnis, sofort fällt ihm der Vierer ins Auge und weckt sein Entsetzen, auch wenn er die guten Noten daneben durchaus würdigt. Er beordert die Kinder zu sich ins Musikzimmer.

Ein erziehender Vater bezeichnet sich als Freund.

»Nun standen sie alle ein wenig ängstlich auf einem Trüppchen dem Vater gegenüber. Es fiel ihm auf, wie sie sich so eng aneinander drückten. Aus diesem Zusammenhalten war auch die Durchschnittsnote hervorgegangen.

›Ihr haltet alle fest zusammen,‹ sagte er, ›das ist ganz recht, nur gegen **mich** *dürft ihr euch nicht verbinden, mit List und Verschwiegenheit, das hat ja keinen Sinn! Gegen den* **Feind** *verbindet man sich, nicht gegen den* **Freund**. *Habt ihr einen treuern Freund als mich? Halte ich nicht immer zu euch? Wir gehören zusammen, zwischen uns darf nichts treten, auch kein Vierer!‹« (Seiten 133–134)*

Und dann bietet der Vater eine Lösung an (der ältere Bruder Karl soll Wilhelm bis Ostern wöchentlich zwei Nachhilfestunden in Mathematik geben), nein, er bietet sie nicht an, er bestimmt sie, denn er ist ein Erziehender; aber handelt er nicht dabei trotzdem auch wie ein guter Freund, der sich die Probleme des Freundes angelegen sein lässt und zu einer Lösung hilft? Die Kinder reagieren jedenfalls mit Erleichterung und die Vorweihnachtsstimmung ist wiederhergestellt.

Wäre es also denkbar, dass dieser Herr Pfäffling Mitglied in Hubertus von Schoenebecks Verein »Freundschaft mit Kindern« werden könnte? Der streng, aber liebevoll erziehende Vater, der den Begriff der elterlichen Gewalt sicherlich für sich in Anspruch nähme, und der vermeintlich antipädagogische Erziehungs- und Verantwortungsverweigerer und Gewaltleugner –

wer könnte eher als »Freund der Kinder« bezeichnet werden? – Schon wieder berühren und begegnen sich die Extreme. Und wieder liegt die Frage nahe: Macht es für die jeweils betroffenen Kinder überhaupt einen Unterschied, ob die Erwachsenen, die über sie Macht ausüben, dabei ein erzieherisches Interesse verfolgen oder nicht?

Auch die umgekehrte Frage ist naheliegend: Wenn ein Erwachsener auf die ihm mögliche Machtausübung gegenüber einem Kind verzichtet, kommt es für dieses Kind dann nicht auch auf dasselbe heraus, gleichgültig, ob dieser Verzicht nun aus pädagogischen Gründen oder aus antipädagogischer Auffassung heraus geschieht?

Tatsächlich halte ich seit Jahren die von dem polnischen Kinderarzt, Poeten, Pädagogen und Waisenhausleiter Janusz Korczak vertretene Haltung gegenüber Kindern, das Verständnis, das er ihnen entgegenzubringen allen Erwachsenen ans Herz legte, sein Denken vom Kind und dessen Wahrnehmung her für absolut deckungsgleich mit der Antipädagogik Ekkehard von Braunmühls. Korczak und von Braunmühl sind wohl unterschiedlich von ihrem Schreibstil her, der eine schreibt eher erzählend, der andere analytisch, der eine umkreist in seiner Schreibweise, worum es ihm geht, der andere formuliert sehr pointiert, aber sobald man sich der Mühe unterzieht, aus dem geschriebenen Wort Schlussfolgerungen abzuleiten, wie mit Kindern umzugehen sei, kommt man zu denselben Ergebnissen. Der einzige Unterschied scheint mir nach etlicher Lektüre von Schriften beider Autoren zu sein: Der eine nennt den Umgang mit Kindern, der ihm vorschwebt und den er wohl auch in seinen Waisenhäusern gepflegt hat, weiterhin Erziehung und reflektiert den Begriff von seinem Wortsinn her nicht, der andere verwirft für diesen Umgang mit Kindern den Erziehungsbegriff und hält gerade das Herrschen von Erwachsenen über Kinder, gegen das auch Korczak sich wendet, für der Erziehung wesensmäßig innewohnend. Wenn beide durch Alter und Sprache nicht getrennt wären (der polnische Jude Janusz Korczak starb zusammen mit den ihm anvertrauten Kindern, die er auch da nicht verließ, im Konzentrationslager Treblinka etwa um die Zeit, als der Deutsche Ekkehard von Braunmühl geboren wurde) und auf einen Streit über das Wort »Erziehung« verzichteten, könnten sie wahrscheinlich einträchtig im Kinderschutzbund zusammenarbeiten und wären sich dabei inhaltlich wohl deutlich näher als es Hubertus von Schoenebeck und Herr Pfäffling (der freilich nur eine Kunstfigur ist) im Verein »Freundschaft mit Kindern« sein könnten. Vielleicht würden sie (Korczak und von Braunmühl) miteinander jene »antipädagogisch aufgeklärte Pädagogik« erarbeiten, von der von Braunmühl in seinem Buch »Was ist antipädagogische Aufklärung?« auf Seite 136 spricht (Zitat siehe oben). Vor diesem Hintergrund wird auch verständlich, was ich Ekkehard von Braunmühl im Jahr 1983 einmal bei einer Veranstaltung in Freiburg im Breisgau sagen hörte, nämlich, dass er all seinen Umgang mit Kindern und Jugendlichen für pädagogisch denkende Menschen mit pädagogischen Argumenten begründen könne; schließlich habe er selbst eine Erziehungsbeistandschaft nach §§ 55–61 des damaligen Jugendwohlfahrtsgesetzes übernommen.

An solcher Stelle wirken Pädagogik und Antipädagogik schon fast ausgesöhnt. Von Braunmühls Buch »Der heimliche Generationenvertrag« (Rowohlt Taschenbuch Verlag, Reinbek bei Hamburg, 1986) führte denn auch den Untertitel »Jenseits von Pädagogik und Antipädagogik«.

Wird Ihnen, lieber Leser, langsam ein wenig klarer, worum es hier geht? Oder wird umgekehrt Ihre Verwirrung immer größer?

Verwirrung erlaubt!

Ersteres sollte mich freuen, letzteres wäre aber auch nicht schlimm, denn Verwirrung ist das Thema, jene Verwirrung, die von immer neuen und immer mehr Erziehungsratgeber-Büchern bei Eltern und in Familien angerichtet wird, was nicht nur den antipädagogisch argumentierenden Ekkehard von Braunmühl schon vor Jahren umtrieb, sondern ebenso den Allgemeinmediziner und Kinderpsychiater Dr. Michael Winterhoff in den letzten Jahren zum Schreiben antrieb und zum Bestseller-Autor machte, womit ich wieder an einem Punkt bin, an dem sich Extreme begegnen und berühren. Über Winterhoffs Buch »Warum unsere Kinder Tyrannen werden«, das ich im Kapitel »Kann Erziehung gelingen?« bereits kritisch erwähnt habe, schrieb ich vor einigen Jahren eine Einschätzung, die in der Zeitschrift »Theorie und Praxis der Sozialpädagogik« (TPS), Jahrgang 2010, Heft 1, erschien. Ich zitiere hier direkt aus diesem Artikel:

»Ausdrücklich bezeichnet Winterhoff die oft von ihm gehörte Entschuldigung der Kinder durch ihre Eltern, sie hätten dies oder jenes doch nicht ›extra‹, nicht ›mit Absicht‹ gemacht, als Verkennung der Sachlage. Vor der demnach naheliegenden Beschuldigung der Kinder scheut er dann aber doch zurück und spricht auch die Eltern frei, denn sie ständen unter vielen verunsichernden Einflüssen. Verantwortlich sei die ganze Gesellschaft und ihre Entwicklung seit dem zweiten Weltkrieg. Zu wegweisenden Schlussfolgerungen im Sinne eines Erziehungsratgebers kommt er aber nicht, brüskiert schließlich sogar die ganze Pädagogik, indem er erklärt, mit neuen Erziehungsratgebern sei dem Problem nicht mehr zu begegnen. Er misstraut der Erziehung insgesamt.

Hier allerdings berühren sich die Extreme. Das war schon einmal da. Auch die Antipädagogen der 70er/80er-Jahre (nicht zu verwechseln mit den antiautoritären Erziehungsideologen der 60er/70er) gaben bereits die Erziehung auf. Aber die Vorzeichen waren umgekehrte. Sie billigten den Kindern Menschenrechte und Achtung von Anfang an zu. Sie ermutigten Eltern dazu, in Liebe und Gelassenheit mit ihnen umzugehen. Und sie verschwiegen nicht, dass die eigene Selbstachtung natürlich erhalten bleiben darf und ausreicht, um sich vor einem gelegentlichen, unverschämten Probierverhalten der Kinder zu schützen. Sie berichteten auch von außerordentlich erfreulichen Erfahrungen mit derart ›nicht erzogenen‹ Kindern, Erfahrungen, die sich bis heute verifizieren lassen.« (Seite 49)

Winterhoff dagegen berichtet in seinem erwähnten Buch nur von Kindern, denen ihre Eltern hilflos gegenüberstehen. Er fordert dagegen nicht eine strengere Erziehung (Erziehung interessiert ihn nicht sonderlich), sondern vor allem und immer wieder die *Abgrenzung* der Eltern von ihren Kindern. Auch an dieser Stelle berühren sich wieder zwei extreme Positionen.

Schon vor Jahren kam ich auf die Idee, den fundamentalen Unterschied zwischen erzieherischer und antipädagogischer Haltung folgendermaßen möglichst kurz auf den Punkt zu bringen: Der antipädagogisch denkende Erwachsene sagt zum Kind: »Meine Angelegenheiten sind meine Angelegenheiten und deine Angelegenheiten sind deine Angelegenheiten und trotzdem sind wir einander nicht fremd.« Der erzieherisch denkende Erwachsene dagegen sagt:

»Meine Angelegenheiten sind meine Angelegenheiten und deine Angelegenheiten sind *auch meine* Angelegenheiten«. (Ein Freund, dem ich diese knappe Definition vorstellte, ergänzte den letzten Satz treffend mit dem Zusatz: »… und trotzdem sind wir einander manchmal so fremd.«) Die hier beschriebene erzieherische Haltung finden wir z. B. bei dem strengen, aber doch warmherzigen Herrn Pfäffling wieder: Ob und wie lange sein Sohn Frieder Geige spielt, ist eben nicht nur dessen, sondern auch seine, des Vaters, Angelegenheit.

Abgrenzung statt Erziehung – aber wie?

Dr. Winterhoff scheint es nun darüber hinaus noch mit Eltern zu tun zu haben, deren Verhalten vielleicht am ehesten mit diesen Worten zu spiegeln wäre: »Deine Angelegenheiten sind meine Angelegenheiten und meine Angelegenheiten sind deine Angelegenheiten«; denn er hält den modernen Eltern vor, dass sie ihre Kinder hoffnungslos überfordern würden, wenn sie sie als Partner behandeln wollten. Eine Kritik daran, dass am Erziehungsanspruch gegenüber den Kindern einerseits festgehalten wird, andererseits die Kinder aber über die Angelegenheiten der Eltern mitbestimmen sollen, die sie weder überblicken noch als ihr eigenes Thema wahrnehmen können, erscheint nur allzu berechtigt. Sich selbst vom Kind zu unterscheiden, dem Kind als Gegenüber und nicht als ein Teil seiner selbst zu begegnen, noch ehe oder ohne dass nach Erziehung gefragt wird, wirkt vernünftig. Könnte das nicht eine geradezu antipädagogische Forderung sein? Meint also Winterhoff etwa dasselbe wie von Braunmühl?

Nein, auf keinen Fall! Denn Winterhoff geht es nicht darum, dass Eltern (oder andere Erziehungspersonen) und Kinder sich *gegenseitig* respektieren und gelten lassen, sondern um eine Restitution der Herrschaftsverhältnisse im Kinderzimmer, gleichgültig, ob dabei ein erzieherisches Denken eine Rolle spielt. Noch einmal – der Kürze halber – ein Zitat aus dem erwähnten Artikel in TPS:

> *»Deutlich lässt sich zwischen den Zeilen lesen, dass der Arzt das Kind als Gegner ansieht. Wenn er verlangt, Kinder müssten wieder als Kinder*

wahrgenommen werden, klingt unüberhörbar durch, dass dies bedeute, sie sollten sich unterwerfen, ihr bedingungsloser Gehorsam und die Vorherrschaft der Eltern habe wieder in die Kinderzimmer einzuziehen.« (ebd.)

Auch hier ist also, was ähnlich scheint (Erziehung ist nichts zuzutrauen, Eltern müssen zwischen sich und ihren Kindern unterscheiden können), durchaus nicht dasselbe, wenn es von extrem entgegengesetzten Positionen aus vorgetragen wird.

Schließlich möchte ich Ihnen, liebe Leserin, noch eine Möglichkeit vorstellen, wie Extreme sich sogar *innerhalb einer Person* berühren können.

In Fortbildungen habe ich mit Erzieherinnen häufig das folgende Gedicht besprochen:

»Brief an meinen Sohn

Ich möchte endlich einen Jungen haben,
so klug und stark, wie Kinder heute sind.
Nur etwas fehlt mir noch zu diesem Knaben.
Dir fehlt nur noch die Mutter zu dem Kind.

Nicht jedes Fräulein kommt dafür in Frage.
Seit vielen langen Jahren such ich schon.
Das Glück ist seltner als die Feiertage.
Und deine Mutter weiß noch nichts von uns, mein Sohn.

Doch eines schönen Tages wird's dich geben.
Ich freue mich schon heute sehr darauf.
Dann lernst du laufen, und dann lernst du leben,
und was daraus entsteht, heißt Lebenslauf.

Zu Anfang schreist du bloß und machst Gebärden,
bis du zu andern Taten übergehst,
bis du und deine Augen größer werden
und bis du das, was man verstehen muß, verstehst.

Wer zu verstehn beginnt, versteht nichts mehr.
Er starrt entgeistert auf das Welttheater.
Zu Anfang braucht ein Kind die Mutter sehr.
Doch wenn du größer wirst, brauchst du den Vater.

Ich will mit dir durch Kohlengruben gehn.
Ich will dir Parks mit Marmorvillen zeigen.
Du wirst mich anschaun und es nicht verstehn.
Ich werde dich belehren, Kind, und schweigen.

Ich will mir dir nach Vaux und Ypern[4] *reisen*
und auf das Meer von weißen Kreuzen blicken.
Ich werde still sein und dir nichts beweisen.
Doch wenn du weinen wirst, mein Kind, dann will ich nicken.

Ich will nicht reden, wie die Dinge liegen.
Ich will dir zeigen, wie die Sache steht.
Denn die Vernunft muß ganz von selber siegen.
Ich will dein Vater sein und kein Prophet.

Wenn du trotzdem ein Mensch wirst wie die meisten,
all dem, was ich dich schauen ließ, zum Hohn,
ein Kerl wie alle, über einen Leisten,
dann wirst du nie, was du sein sollst: mein Sohn!«

Darf ein freigelassenes Kind auch ganz andere Wege gehen als vorgesehen?

Der Verfasser dieses Gedichtes ist Erich Kästner (»… was nicht in euren Lesebüchern steht«, Seiten 57/58), der nach meiner Einschätzung nicht in dem

4 Vaux und Ypern: Soldatenfriedhöfe aus dem Ersten Weltkrieg in Belgien, wo mörderische und völlig sinnlose Schlachten stattfanden.

Verdacht stehen kann, er hielte Kinder für pädagogische Verfügungsmasse. Tatsächlich verzichtete er sogar darauf, sein Examen als Lehrer abzulegen, obwohl er schon dicht davor stand, denn er wollte »Neues, immer wieder Neues aufnehmen und um keinen Preis Altes, immer wieder Altes weitergeben.« In diesem seinem Entschluss fühlte er sich übrigens gerade von den Kindern verstanden, die er bis dahin als Seminarist unterrichtet hatte (vgl. Kästner, »Als ich ein kleiner Junge war«, Seiten 79/80). Aber nicht immer wird seine wertschätzende Haltung gegenüber dem Kind sogleich aus dem Gedicht herausgelesen, wenn ich den Autor noch nicht verraten habe. Manchmal steht auch der schroffe, geradezu verstoßende Schlusssatz im Vordergrund der Wahrnehmung, der doch zu sagen scheint: »Wenn du nicht so wirst, wie ich dich mir wünsche, dann kannst du nicht mein Kind sein.« Das Vorhaben, das Kind gelten und auf seinen eigenen Wegen selbst denken und lernen zu lassen, scheint mit der Begehrlichkeit, eben dieses Kind ganz für sich, ganz auf der eigenen Seite zu haben, selbst in so einem Menschen wie Erich Kästner, den ich ohne zu zögern als Kinderfreund bezeichnen würde, im Widerstreit gelegen zu haben. Extreme, die sich sogar innerhalb einer Person berühren und begegnen! Wer könnte behaupten, davon frei zu sein?

Der Satz »Ich werde dich belehren, Kind, und schweigen« scheint mir übrigens besonders schillernd zu sein. Er wirkt paradox und findet seine Fortsetzung in den Sätzen der übernächsten Strophe: »Ich will nicht reden, wie die Dinge liegen. Ich will dir zeigen, wie die Sache steht.« Wie ist das zu verstehen? Meint Kästner hier: »Ich will abwechselnd dich belehren und schweigen«? Oder meint er: »Ich will dich belehren, indem ich schweige«? Wenn »die Vernunft ganz von selber siegen« muss, heißt das, dass die Vernunft des Kindes frei sei, sich ihr eigenes Bild zu machen, oder bedeutet es, dass die Vernunft nur zu einer einzigen Einschätzung kommen kann und darf, nämlich jener, die der Vater schon erlangt hat, dass dafür aber Zwang nur hinderlich sein kann?

Auch in der Fachdiskussion der letzten Jahre um die frühkindliche Bildung vermute ich eine solche Paradoxie und einen zu Zeiten noch verdeckten Dissens zwischen den Positionen. Geht es darum, dass Kinder bisher unterschätzt worden sind, dass man bei entsprechender Weckung und Begleitung viel früher viel höhere Leistungen aus ihnen hervorlocken kann, womit das Bildungsniveau des ganzen Landes wieder aus der Unterdurchschnittlichkeit herausgehoben werden soll, um »Deutschland wieder an die Spitze zu bringen« (was für ein – aus meiner Sicht im Kern chauvinistisches – Vorhaben!), oder geht es darum, danach zu fragen, wie Kinder sich eigentlich die Welt erschließen, um demgemäß mit ihnen umzugehen und ihnen Lernräume zu verschaffen (eine mir bekannte Biologin drückte es keck mit den Worten aus: »Kinder müssen einfach artgerecht gehalten werden«)? Auch hier halte ich es durchaus für möglich und sogar wahrscheinlich, dass Verbündete, die zunächst gemeinsam losmarschiert sind, nach einiger Zeit zu erbitterten Gegnern im Streit um Kinderrechte einerseits und Wirtschafts- und Wissenschaftsinteressen andererseits werden könnten.

Müssen Kinder »artgerecht gehalten« werden? – Wenn ja, warum und für wen?

»Wenn die Extreme sich berühren« war die Überschrift dieses Kapitels. Genaugenommen ist dies nur ein Halbsatz. Nach all dem hier Erörterten, haben Sie, lieber Leser, das volle Recht zu fragen: Wie geht dieser Satz denn nun weiter?

»Wenn die Extreme sich berühren, …

- … dann ist die Verwirrung groß«?
- … dann findet man sich überhaupt nicht mehr heraus«?
- … dann ist Vorsicht geboten«?

Dies alles wären Feststellungen, denen ich zustimmen könnte. Am nächsten scheint mir aber die Frage zu liegen:

Wenn die Extreme sich so berühren und damit die Orientierung so schwierig wird, kann man es denn dann überhaupt recht machen?

Dieser Frage ist das nächste Kapitel gewidmet.

Kann man es recht machen?

»Wie macht man es richtig?« ist eine in mancher Situation naheliegende Frage. Wenn ich etwa ein in Einzelteilen gekauftes Möbelstück zu Hause zusammensetzen will, ist diese Frage absolut sinnvoll, und um sie zu beantworten, ziehe ich dann die Anleitung für den Aufbau zu Rate.

In Sachen des Umgangs mit Kindern ist es mit der Frage nach dem richtigen Vorgehen nicht so einfach.

Allerdings teile ich nicht die Position der Beliebigkeit, nach der es in der Pädagogik kein *Richtig* und kein *Falsch* gebe und jeder selbst herausfinden müsse, was für ihn richtig oder falsch sei. Mir sind durchaus Verhaltensweisen von Erwachsenen im Umgang mit Kindern vorstellbar und auch erinnerlich, die ich, ohne zu zögern, als falsch bezeichnen und dabei auf einen breiten Konsens meiner Mitmenschen setzen würde.

Hierzu können Sie »Die Geschichte von Emil und den Muttertags-Kartoffeldruckkarten« auf Seite 182 lesen.

In der Überschrift zu diesem Kapitel ist nun aber nicht davon die Rede, ob man es *richtig*, sondern ob man es *recht* machen könne, und diese Formulierung ist mit Bedacht gewählt, ja, in diesem Unterschied zwischen »richtig« und »recht« laufen letztlich alle Überlegungen dieses Buches »auf den Punkt« zusammen.

Bei dem Eigenschafts- oder Umstandswort »richtig« höre ich das Hauptwort »Richtung« hindurch. In *Richtung* auf ein bestimmtes Ziel hin kann eine Handlung *richtig* (oder eben auch falsch) sein. Beim Zusammensetzen eines Möbelstücks aus vorgefertigten Teilen etwa gibt es kaum Alternativen zum vorgegebenen *richtigen* Weg des Aufbaus, wie er in der meistens beiliegenden Anleitung skizziert wird, wenn ich in *Richtung* auf das fertige Möbelstück, so wie es vom Hersteller konstruiert ist, handeln will. Ich kann gewissermaßen sicher vorausberechnen, dass, wenn ich den *richtigen* Weg verlasse, auch das Ergebnis ein anderes als das angestrebte sein wird. Der richtige Weg ist der einzig geeignete, jeder andere ungeeignet.

»Richtig« kommt von »Richtung« – »recht« kommt von »Recht«.

In der Erziehung ist aber kaum etwas sicher vorauszuberechnen, wie bereits im Kapitel »Kann Erziehung gelingen?« erörtert. Insofern kann es mir hier nicht darum gehen, Stellung zu beziehen oder gar Tipps zu geben, wie man mit Kindern *richtig* umzugehen habe auf dem Weg in *Richtung* eines bestimmten Erziehungszieles.

Im Eigenschafts- oder Umstandswort »recht« schwingt dagegen das Hauptwort »Recht« mit. Während die Richtigkeit eines Handelns der Richtung auf das angestrebte Ziel verhaftet bleibt, gibt das Recht den Hintergrund oder den Rahmen ab, vor bzw. in dem sich Handlungen und Verhalten entfalten dürfen oder sollen. Zur Verdeutlichung: Wenn jemand ein Kind daran hindern wollte, etwas Bestimmtes zu berühren, könnte er es durchaus für richtig (nämlich zielführend) halten, dem Kind auf die Hand zu schlagen. Mit einiger Wahrscheinlichkeit könnte dem Kind damit die Annäherung an den verbotenen Gegenstand abgewöhnt werden und insofern wäre das Schlagen dann *richtig* gewesen. Agnes Sapper empfiehlt diese Erziehungsmaßnahme in »Erziehen oder Werdenlassen?« ausdrücklich. Ob es *recht* ist, das Kind zu schlagen, steht aber auf einem ganz anderen Blatt; diese Frage eröffnet sozusagen eine andere Dimension, denn sie führt die Frage nach dem Recht des Kindes ein. Wenn ich eine bestimmte Handlung gegenüber einem anderen Menschen als Unrecht ansehen und deshalb als Möglichkeit ausschließen muss, dann ist die Frage nach der *Richtigkeit* im Sinne von *Geeignetheit* zur Erreichung eines bestimmten Zieles unerheblich.

Hier ist nun zu beachten, dass *Recht* stets eine Frage der kulturellen Übereinkunft ist. Konsequent zu Ende gedacht, ist kein einziges Recht denkbar, das nicht aufgrund von Kultur *gesetzt* wurde. Manche Rechte ließen sich wohl aus biologischen Notwendigkeiten ableiten. So könnte man etwa sagen: Der Mensch muss notwendigerweise zum Überleben atmen – also hat er ein Recht auf Atemluft. Er muss sich notwendigerweise ernähren – also hat er ein Recht auf Nahrung. Diesen beiden Gedanken läge schon ein weiterer Gedanke zu Grunde, nämlich der an ein Recht auf das Leben selbst, der uns in unserer Kultur grundlegend ist. Aber weltweit oder durch die gesamte Geschichte hindurch wird und wurde er durchaus nicht immer so gedacht.

Rechte werden zuerkannt aufgrund kultureller Übereinkunft.

Noch komplizierter wird es, wenn wir uns mit solchen Rechten wie dem auf freie Entfaltung der Persönlichkeit befassen. Aus dem uns im heutigen Deutschland umgebenden Rechtssystem kennen wir noch etliche weitere Grundrechte wie z. B. auf körperliche Unversehrtheit, auf Unverletzlichkeit der Wohnung, auf das Postgeheimnis usw.

Alle diese und erst recht alle weiteren, nachgeordneten Rechte hat der Mensch aber nicht einfach so (quasi *von Natur aus*), sondern weil sie ihm von einer kulturellen Gemeinschaft – etwa einem Staatswesen – *zuerkannt* werden.

Insofern würde der Gedanke in die Irre führen, man könne fragen: »Welche Rechte hat ein Kind denn nun?«, wenn man dabei an ein universelles, sozusagen absolutes, unhinterfragbares und unumstößliches Rechtssystem dächte. Kinder – wie auch große Menschen – haben immer die und nur die Rechte, die ihnen zuerkannt werden, andere Rechte haben sie nicht.

Die UNO hat 1989 die Konvention der Kinderrechte verabschiedet. Auch diese Rechte waren also nicht *schon immer* da, sondern *in Zeit und Geschichte* gab es einen Punkt, an dem Menschen (Politiker) sich darauf einigten, welche Rechte den Kindern zugestanden werden sollten. Es ist sehr gut denkbar, dass sie dabei fanden, diese Rechte müssten Kindern eigentlich schon immer und überall zugestanden haben, aber Recht waren sie doch erst, nachdem sie als Recht gesetzt worden waren. Und dies war noch nicht einmal damit geschehen, dass sie als Forderungen der UNO formuliert worden waren (damit existierten sie sozusagen nur im Konjunktiv: Diese Rechte müsste es geben), sondern erst nach und nach, indem sie in den Mitgliedsstaaten ratifiziert wurden, indem also auch die Politiker in den einzelnen Nationen der Vereinten Nationen das vorgeschlagene Recht als für sie gültiges Recht anerkannten und beschlossen.

Einmal zuerkannte Rechte sind kaum wieder abzuschaffen.

Ist ein Recht allerdings einmal gesetzt, so ist nur schwer wieder dahinter zurückzufallen. Lange genug hat es gedauert, bis das elterliche Züchtigungsrecht überwunden wurde durch die Ausweitung des Rechts auf körperliche Unversehrtheit auch auf Kinder. Schließlich aber gelang dies, indem Absatz 2 des § 1631 BGB »Entwürdigende Erziehungsmaßnahmen sind unzulässig« ergänzt wurde zu: »Kinder haben ein Recht auf gewaltfreie Erziehung. Körperliche Bestrafungen, seelische Verletzungen und andere entwürdigende Maßnahmen sind unzulässig.« Auch wenn immer noch schlagende Eltern beobachtet werden können, so scheint sich doch ein weitgehender Konsens in der Gesellschaft hergestellt zu haben, dass sich dies nicht gehöre, dass Kinder zu schlagen also ein Unrecht sei, das nicht vorkommen dürfe. Hinter dieses Rechtsverständnis als Gesellschaft wieder zurückzufallen, erscheint mir schwer vorstellbar.

Es scheint also so zu sein, dass ein einmal akzeptiertes Recht vom Menschen als *über ihm stehend* wahrgenommen wird. Er kann wohl dagegen verstoßen, aber er kann dieses Recht als Recht für sich allein nicht einfach wieder abschaffen. Innerpersönlich ist die Instanz, die ihn daran hindert, sein Gewissen. Im öffentlichen Bereich bleibt er an das Recht gebunden, das seine kulturelle Gemeinschaft für sich (und damit auch für ihn) als Recht erkannt und gesetzt hat.

Der Vorteil des rechtsstaatlichen Gemeinwesens besteht nun in der Rechts*sicherheit*, d.h. aufgrund des gesetzten Rechtes (also der gültigen Gesetze) wird dem Bürger kalkulierbar, was ihm von Rechts wegen begegnen kann und wogegen er rechtmäßig aufbegehren kann (etwa durch eine Klage vor Gericht oder den Widerspruch bei einer Behörde), wenn es ihm als Unrecht begegnet. Das Gegenteil wäre ein Willkürstaat, der nicht an Recht und Gesetz gebunden wäre, worin dem einzelnen Bürger also unkalkulierbar wäre, was ihm zustünde, was ihm drohte und wie er sich rechtskonform zu verhalten hätte.

Rechtssicherheit und Partizipation als Merkmale des demokratischen Rechtsstaats.

Der zusätzliche Vorteil des *demokratischen* Rechtsstaates besteht darin, dass nicht nur ein verbindliches Rechtssystem besteht, das zu kennen und sich darin einzurichten dem Bürger möglich ist, sondern dass das in diesem Gemeinwesen gesetzte Recht durch Übereinkunft von Volksvertretern, somit mittelbar unter Beteiligung des Volkes, beschlossen wird.

Rechtssicherheit und prinzipielle Partizipation sind also die Zustände, die die Bürger im demokratischen Rechtsstaat genießen.

Vordemokratische Willkürverhältnisse als Merkmal von Kindheit?

Vergleichen wir diesen Status nun mit dem Status von Kindern, die der Willkür Erwachsener ausgesetzt sind! Leben sie nicht in diktatorischen und vordemokratischen Verhältnissen? – Nicht umsonst nannte Janusz Korczak die Kinder das »Proletariat auf kleinen Füßen«. – *Willkür* muss dabei nicht nur *schrankenlos ausgeübte Brachial-Gewalt* heißen; vielmehr bedeutet Willkür hier, dass aufgrund des Macht- und Kraft-Vorsprungs der Erwachsenen (gleichgültig, ob es sich dabei um Eltern, Erzieherinnen im Kindergarten, Lehrer in der Schule oder wen auch immer handelt) es tatsächlich überwiegend in ihrer Entscheidung liegt, was sie den Kindern gewähren wollen und was nicht und ob es dabei gleichbleibend und kalkulierbar zugeht. »Mit Gewalt kommst du gegen mich nicht auf, merkst du das?«, sagt Vater Pfäffling zu seinem kleinen Sohn und kann es prinzipiell mit allen Eltern dieser Welt sagen. Unter solchen Macht- und Kraft-Verhältnissen ist eine Sicherheit für

Kinder, dass sie das bekommen werden, was sie brauchen oder wollen, *objektiv nicht gegeben*.

Sie kann aber von Kindern *subjektiv empfunden* werden. Das ist dann der Fall, wenn sie in ihrem grundlegenden Zutrauen in die Welt, mit dem sie sich von Geburt an »zu Wort« melden, nicht enttäuscht worden sind, wenn sie es also nicht anders kennen, als dass ihre Bedürfnisse für recht anerkannt werden. Ob Kinder so etwas wie Rechtssicherheit – vergleichbar mit der Rechtssicherheit des Staatsbürgers im freiheitlich-demokratischen Rechtsstaat – objektiv *haben*, ist für sie dann unwesentlich, wenn sie dieses Aufgehobensein mit ihren Bedürfnissen und ihrem Freiheitswillen *erleben* können. Dies ist wiederum nichts als eine Frage der sie umgebenden *Kultur*, die selbstredend von den Menschen, die schon vor ihnen da waren, geprägt und gepflegt wird.

Auf den Punkt gebracht: Auch wenn Eltern (oder andere Personen, denen Kinder anvertraut sind), die Richtigkeit ihrer Handlungen im Hinblick auf die Entwicklung der Kinder kaum beurteilen können, da das Ergebnis sich eben nicht vorausberechnen lässt, so können sie doch sehr wohl entscheiden, welche Kultur des Zusammenlebens sie der Entwicklung des Kindes als Rahmen geben wollen.

Die Erwachsenen zuerst prägen die Kultur des Zusammenlebens mit Kindern.

Mir scheint es nun naheliegend, Kinder als Menschen anzusehen, als kleine, aber doch ganze, richtige Menschen. Zur Erinnerung: Nicht als Mindermenschen, sondern als Kindermenschen. Sind Kinder Menschen, so kann man die Menschenrechte sowie die Grundrechte aus unserem Grundgesetz, die man selbst genießt, auch ihnen zugestehen. Dafür lässt sich der komplizierte Weg gehen, nämlich alle Menschen- und Grundrechte sich zu vergegenwärtigen und sie alle einzeln auch für das Kind für gültig zu erklären, oder der sehr viel einfachere Weg, indem dem Kind zuerkannt wird, dass seine Angelegenheiten eben wirklich *seine* Angelegenheiten sind. »Das Kind hat ein Recht auf sein eigenes Leben«, sagt Janusz Korczak. Eine Einmischung in die Angelegenheiten des Kindes ohne seinen Wunsch oder seine Erlaubnis wäre demnach als übergriffig, als unrecht anzusehen.

In diesem Sinne kann man es sehr wohl *recht* machen und die Irrungen und Wirrungen aus dem vorigen Kapitel können einem plötzlich kaum noch etwas anhaben.

Selbstbestimmung und (subjektiv erlebte) Rechtssicherheit von Anfang an.

Dabei hüte man sich übrigens vor dem Gedanken, ein Kind müsse dafür erst einen gewissen Reifegrad erreicht haben, damit so mit ihm umzugehen wäre! Das Gegenteil ist der Fall und es ist für die Einübung eines Verhaltens in diesem Rechtsverständnis sogar viel einfacher, wenn man gar nicht erst anders anfängt.

Führen wir uns doch die Situation des neugeborenen Kindes vor Augen: Es ist soeben aus der komfortablen Rundum-Sorglos-Versorgung des Mutterleibes herausgezwungen worden; die umgebende Temperatur ist empfindlich kühler als vorher; Geräusche, die zuvor nur gedämpft an sein Ohr drangen, stürmen nun in voller Lautstärke auf es ein; zusätzlich werden seine Augen mit dem Licht konfrontiert; dazu ist ihm noch zugemutet, mit dem Atmen ein bisher ungekanntes Stück Selbstversorgung zu übernehmen. So manches Kind meldet in dieser Situation lautstark seinen Protest an. Nehmen wir dies doch – in Analogie zum Staatsbürger mit Rechtssicherheit – als einen Antrag auf Hilfeleistung wahr! Und betrachten wir die Hilfeleistung selbst als sein Recht, das es beanspruchen kann!

Hat das Kind ein Recht auf sein eigenes Leben, so können wir es auch gelassen hinnehmen, wenn es sich nun anders verhält, als es uns werdenden Eltern durch Ratgeber- und Informationsliteratur als wahrscheinlich und üblich geschildert wurde. Es heißt z. B., ein Kind beruhige sich ganz schnell, wenn man es nach der Geburt der Mutter auf den Bauch lege. Dieses Maßnahme ist sicher sinnvoll. Sie hielt unser Kind aber nicht davon ab, zunächst noch weiter zu schimpfen. Halten wir doch dem Kind zugute, dass es die Bücher, die wir vor seiner Geburt gelesen haben, vor seiner eigenen Geburt noch nicht gelesen hat und deshalb an ihre Voraussagen nicht gebunden ist!

Mit dieser ersten Kommunikation zwischen Eltern und Kind ist der Anfang gemacht. In der nächsten Zeit geht es so weiter: Das Kind meldet sich zu Wort (»stellt seine Anträge«), indem es schreit, die Eltern oder anderen Pflegepersonen versuchen, herauszufinden, woran es dem Kind mangelt, und machen entsprechende Angebote (»bearbeiten also seine Anträge«, könnte man sagen).

Was soll es für einen Nutzen haben, mit diesem Umgang erst später zu beginnen, das Kind also erst einmal zu frustrieren, um ihm später scheibchenweise Rechte zuzuerkennen, die ihm doch gleich zu Beginn in der ganzen Fülle erhalten bleiben können?

– Bewusst schreibe ich hier »erhalten bleiben« und nicht etwa »übergeben werden«, denn zuvor – im Mutterleib – waren für das Kind Bedarf und Recht ohnehin noch vollständig dasselbe, sofern nicht die Mutter selbst irgendeinen Mangel litt oder ihre Schwangerschaft durch verantwortungsloses Verhalten gefährdete. Oder wollte etwa jemand behaupten, das Kind sei während der Schwangerschaft *verwöhnt* worden? –

Ich habe mich manchmal gefragt (ohne Ergebnis freilich, denn die Entwicklung ist ja nicht berechenbar), wie sich unsere Tochter wohl entwickelt hätte, wenn wir von Beginn an ihr Temperament bekämpft und bestraft hätten, statt uns der Lernaufgabe zu stellen, damit umzugehen und uns mit ihr zu verständigen. Vielleicht wäre sie frühzeitig *domestiziert* worden (die Lehrerin der Grundschule hätte es gefreut); ob es ihr und unserer Beziehung zu ihr gut getan hätte, wage ich jedoch stark zu bezweifeln. Sicher ist nur, dass sie jetzt, da sie erwachsen ist, auch ohne dass wir solchen Erziehungskrieg geführt hätten, über eine brauchbare Selbstbeherrschung verfügt.

Von einer »Lernaufgabe« sprach ich gerade. Vor diese sind Eltern und Kind tatsächlich miteinander gestellt und ihr Inhalt ist, einander kennen und verstehen zu lernen. Das braucht Zeit und Zuwendung. Das Kind wird nicht, indem man den Satz »Seine Angelegenheiten sind *seine* Angelegenheiten« missverstünde, sich selbst überlassen, denn das will es gar nicht (sonst würde es ja nicht immer wieder nach seinen Bezugspersonen rufen, um »Anträge zu stellen«), sondern jede Äußerung von ihm wird als Einladung zum Dialog verstanden. Bevor das Kind die Sprache der Eltern verstehen lernt, haben die

Eltern die Sprache des Kindes verstehen zu lernen. Daraus wächst dann Beziehung, meistens auch Liebe. Begegnet dem Kind solcher Umgang, so geschieht ihm Recht. Werden seine Bedürfnisse vernachlässigt, seine Hilferufe nicht als Ausübung seines Selbstbestimmungsrechts aufgefasst, mit anderen Worten: seine »Anträge« nicht zügig bearbeitet, so geschieht ihm Unrecht.

Hier geht es nicht um Tipps für eine erfolgreiche Erziehung!

Wohlgemerkt: Es geht hier nicht darum, solches Verhalten zu empfehlen, weil es den besten Erziehungserfolg gewährleisten könnte. So ein Gedanke ist wohl möglich und mag von entsprechenden Erziehungsratgebern vertreten werden. Aber hier geht es um ein zuerkanntes Recht, sodass ein anderes, entgegengesetztes Handeln einfach nicht mehr als erlaubt erscheint, sondern als Unrecht.

Wird das Leben mit selbstbestimmten Kindern, je älter sie werden, immer schwieriger?

Insofern würde mich auch der denkbare Vorwurf »Nun hast du nur ein Kind, und dann machst du mit ihm pädagogische Experimente!« nicht treffen. Die Motivation zu solchem Verhalten ist nicht, einmal etwas anderes auszuprobieren, weil es so interessant klang, um dann neugierig zu schauen, was denn wohl dabei herauskommen wird, sondern die Motivation ist eine Rechtsauffassung. Wie sollte ein Mensch, der etwas für Recht erkannt hat (und etwas anderes für Unrecht) gegen diese Erkenntnis handeln, ohne sein Gewissen zu belasten?

Doch könnte jemand die Sorge haben, ein Kind, das so freundlich und zuvorkommend bedient wird, werde sich selbst für den Nabel der Welt halten, keine Rücksichtnahme lernen und über kurz oder lang die eigenen Eltern

»tyrannisieren« (das Vokabular für solche Sorge ist ja durchaus im Umlauf). Diesem Jemand sei gesagt, dass solche Sorge unbegründet ist. Eltern und Kinder, die aufeinander hören, die einander lieben und zu verstehen bemüht sind, zeigen, indem dies gegenseitig (!) so ist, ja gerade kein Interesse daran, einander zu quälen und zu unterdrücken. Eltern, die mit ihren Kindern nichts anzufangen wissen, die nicht auf sie hören, sondern ihnen Bedürfnisse erfüllen, die sie nie geäußert haben, die nicht zur lebendigen Beziehung zur Verfügung stehen, sondern mit Ersatzbefriedigungen »verwöhnen«, mögen die Erfahrung machen, dass beide Seiten sich unverstanden fühlen und auf der Suche nach lebendiger Beziehung, die immer wieder auf der Strecke bleibt, unersättlich immer mehr voneinander fordern (auch dies wahrscheinlich in Gegenseitigkeit). Ich schätze, solche Verhältnisse meint auch Michael Winterhoff, wenn er davon schreibt, dass Kinder ihre Eltern nur wie Gegenstände ansehen, die sie nach ihrem Belieben steuern können. Die Erfahrung (nicht nur, aber auch meine eigene) aus einem Umgang, in dem das Kind als gleichwertig und gleich gültig geachtet wird (statt dass seine Anliegen dem Erwachsenen gleichgültig sind), in dem ihm von vornherein seine Würde und sein Recht auf Selbstbestimmung zuerkannt werden, lehrt dagegen, dass sich das Zusammenleben erfreulich gestaltet und die Entwicklung zu einer *eigenverantwortlichen und gemeinschaftsfähigen Persönlichkeit* dadurch keineswegs gefährdet wird. Die dabei wachsende Beziehung hält auch Belastungen aus, es ist also z. B. möglich und zumutbar, auch einmal einen »Antrag« nicht sofort »bearbeiten« zu können oder sogar ablehnen zu müssen. Kinder, die prinzipiell in *Rechtssicherheit* aufwachsen, können an solcher Stelle sehr nachsichtig sein.

Die Entwicklung eines Kindes in Übereinstimmung mit den Vorstellungen und Wünschen seiner Eltern ist weder Ziel noch Garantie dieser Rechtsauffassung.

Aber Vorsicht! Genau an dieser Stelle lauert auch ein Missverständnis, das ich in einem der vorangegangenen Kapitel schon einmal berührte: Es könnte der Gedanke aufkommen, der hier als *recht* geschilderte Umgang mit Kindern garantiere am besten genau die Entwicklung, die wir uns wünschen. – Von einer Garantie ist hier keine Rede! Ich gebe hier keine Erziehungs-Tipps. Ich erörtere hier, wie man mit Kindern umgehen *kann* (sofern man es denn will), wenn es mit *rechten* Dingen zugehen soll. Dass man dabei keine Entwicklung zu kleinen Tyrannen oder Monstern zu fürchten braucht, ist nur eine Erfahrung, die weiterzugeben sinnvoll ist, damit nicht jemand, der die Rechtsauffassung eigentlich teilt, vor lauter erzieherischer Angst gegen sein Gewissen handeln zu müssen glaubt. Wird das Recht auf Nicht-Einmischung wirklich ernst genommen, so wird aber natürlich auch eine Entwicklung zugestanden, die den eigenen Vorstellungen nicht entspricht. Dass das Kind sich zur eigenen Freude entwickelt, fasse man als Geschenk, ggf. noch als positive Nebenwirkung der gelungenen Beziehung auf, nicht aber als elterlichen Anspruch oder als eigenes Verdienst! Wer die Entwicklung seines Kindes in eine bestimmte Richtung zwingen will, dem kann ich nicht helfen. Ihm wird auch die Achtung des Rechtes des Kindes auf Selbstbestimmung von Anfang an kaum zu empfehlen sein. Dafür, dass er ohne diese Achtung die Entwicklung des Kindes in die gewünschte Richtung erleben wird, gibt es allerdings auch keine Garantie.

Brauchen größere Kinder mehr Einschränkung als kleine?

In Kontrast zu dem vorhin aufgegriffenen (denkbaren) Einwand, eine Achtung der Selbstbestimmung könne nicht von Geburt an in Frage kommen, sondern erst mit einem gewissen erreichten Reifegrad, könnte ebenso der gegenteilige Einwand erhoben werden: Bei den ganz kleinen Kindern und ihren überschaubaren Bedürfnissen sei es noch leicht und auch verantwortbar, sich nach ihnen zu richten, im weiteren Verlauf aber, wenn sich der Aktionsradius der Kinder so vergrößere, dass sie sich gefährden könnten, sei doch ihre noch unterentwickelte Einsichtsfähigkeit zu berücksichtigen, weshalb eben doch über sie und an ihrer Stelle bestimmt werden müsse.

Das Ja-Aber-Prinzip zum kindlichen Selbständigkeitsdrang.

Dazu zunächst eine Anregung, die nicht nur Eltern betrifft, sondern auch z. B. Erzieherinnen und Erzieher in Kindertageseinrichtungen: Gehen Sie davon aus, dass die angemessene Antwort auf ein Anliegen des Kindes, etwas zu tun oder zu lassen, grundsätzlich das »Ja« ist. Was immer das Kind sich vornimmt, dient dazu, sich in dieser Welt zu erproben und zu positionieren. Dies genau entspricht seiner Entwicklung; insofern übt es damit nicht nur sein *Recht* aus, sondern es tut gewissermaßen seine *Pflicht*. – Im Weiteren spricht dann aber nichts dagegen (sondern im Gegenteil alles dafür), einem Kind etwaige Bedenken mitzuteilen, die man bezüglich einer seiner Entscheidungen hat, und ihm Rat und Information anzubieten. Insofern kann das grundsätzliche »Ja« des Erwachsenen durchaus im Einzelfall ein »Ja, aber« sein; wichtig ist jedoch, dass das darin enthaltene Ja ein ehrliches Ja bleibt, und das »Ja, aber« nicht eigentlich zum »Nein, sondern« verkommt. Denn es geht ja um die grundsätzliche Achtung des kindlichen Selbstbestimmungswunsches, der in diesem Verständnis als sein Selbstbestimmungsrecht aufgefasst wird. Im Dialog miteinander gilt es dann, gemeinsam diejenige Entscheidung herauszufinden, die vom Kind als eigene Entscheidung bejaht werden kann.

Hierzu können Sie »Die Geschichte von Frederike und ihren allein gegangenen Wegen« auf Seite 185 lesen.

Wenn nun aber ein Kind einen Wunsch äußert, von dem wir annehmen können, dass er nicht wörtlich gemeint ist (etwa: »Mama, du sollst tot sein!« oder auch, harmloser, z. B.: »Ich mag gar nicht zu Paulines Geburtstag gehen«)? – Es ist nicht notwendig, ein Kind in solcher Situation unvernünftiger zu behandeln als wir einen erwachsenen Freund behandeln würden, der ausriefe: »Mensch, ich fress einen Besen!« oder: »Da brat mir einer einen Storch!« Wir würden doch weder Storch und Besen bringen, noch versuchen, dem Freund seine Vorhaben auszureden. Ekkehard von Braunmühl, von dem ich diesen Gedanken übernommen habe, schreibt in dem Buch »Die Gleichberechtigung des Kindes« dazu, man könne getrost einen Wunsch, den man zu missdeuten befürchte, zunächst einfach überhören; wenn es ein echter Wunsch sei, werde das Kind ihn wiederholen (vgl. ebd., Seite 46 f.).

Wo kommuniziert wird,
sind Missverständnisse möglich.

Ich möchte dazu ergänzen, dass, wo Menschen miteinander kommunizieren, grundsätzlich auch Missverständnisse möglich sind. So kann es sein, dass wir Wünsche des Kindes falsch verstehen, insofern *einen Antrag falsch bearbeiten* und danach damit rechnen müssen, dass das Kind *das Rechtsmittel des Widerspruchs* einlegt. Um *den Schaden zu heilen* (so heißt das, soweit ich weiß, tatsächlich im Rechtsstaat), dürfte es dann angezeigt sein, das Kind um Entschuldigung zu bitten.

Hierzu können Sie »Die Geschichte von Frederike und der Halloween-Party« auf Seite 189 lesen.

Aushandlung ist etwas anderes als Überredung, Überlistung oder Überrumplung.

Grundsätzlich geht es jedenfalls in all solchen Aushandlungen am ehesten *mit rechten Dingen* zu, wenn dabei behutsam, ehrlich und ohne Überlistung vorgegangen wird. Das Kind sollte nicht in die Situation des Menschen geraten, der nach langen Überredungskünsten seines Gegenübers an der Haustür eine Versicherung, ein Zeitungs-Abonnement oder eine Vereinsmitgliedschaft kauft, die er eigentlich weder will noch braucht. Es ist negativ erstaunlich, wie Kinder mitunter behaftet werden bei dem, was vorgeblich mit ihnen »besprochen« wurde, während sie in Wirklichkeit mit argumentativer Übermacht dazu überredet worden sind.

Hierzu können Sie »Die Geschichte von Gerion und seiner Angst vor Gruppen« auf Seite 191 lesen.

Der Erwachsene als Berater des selbstbestimmten Kindes.

Andererseits ist positiv erstaunlich, wie ernsthaft, vernünftig und zielführend sich Kinder Problemen, die sie betreffen, stellen können, wenn sie wirklich ernstgemeint nach ihren Wünschen und ihrer Einschätzung zu ihren eigenen Angelegenheiten gefragt werden. Die Aufgabe des Erwachsenen als *Bearbeiter* der *Anträge* des Kindes besteht dann darin, in der Realität einen gangbaren Weg für das Anliegen des Kindes zu finden; das Kind profitiert dabei also von der größeren Erfahrung und Weltkenntnis des Erwachsenen. Nichts anderes tut der Erwachsene, der für ein Problem, das sein eigenes Kennen und Können übersteigt, eine Fachkraft zu Rate zieht.

Hierzu können Sie »Die Geschichte von Helene und ihrer Einschulung« auf Seite 194 lesen.

Gelegentlich ist nun der Einwand zu hören, Kinder wollten doch aber gar nicht alles selbst entscheiden, sie bräuchten Grenzsetzungen und forderten diese mitunter geradezu ein. Dazu lassen Sie mich Folgendes sagen:

Ich halte die Vorstellung, irgendein psychisch gesunder Mensch verlange danach, begrenzt zu werden, für absurd. Den Freiheitsdrang eines jeden Menschen anzunehmen, ist mir viel einleuchtender. Der ganze freiheitliche Rechtsstaat beruht auf der Annahme, dass der Mensch sich selbst bestimmen will und nach Freiheit strebt. Das Wort »Grenze« ist für mich verbunden mit der Vorstellung der Grenze der DDR, mit der Erfahrung, vor diesen Schildern zu stehen »Halt! Hier Grenze« und zu wissen: Wenn du jetzt weitergehst, wird geschossen. Eine Grenze ist etwas, das einem in den Weg gestellt wird, um einen daran zu hindern, in der Richtung weiterzugehen, die man nach eigenem Wunsch eingeschlagen hat. Ich will nicht bestreiten, dass es – etwa zur Gefahrenabwehr – notwendig sein kann, eine Grenze zu setzen. Ist mir dann einsichtig, dass ich durch diese Begrenzung vor einer Gefahr bewahrt wurde, werde ich *im Nachhinein* vielleicht sogar Dankbarkeit für diese Begrenzung aufbringen können. Dass aber das Grenzensetzen als solches vom Kind selbst gewünscht wird, halte ich für einen unsinnigen Gedanken. Beobachten Sie nur einmal ein Kind, das von einem Erwachsenen – natürlich auch hier wieder aufgrund der Macht- und Kraft-Verhältnisse – an einer gerade begonnenen Handlung gehindert wird! Sie dürften kaum Genugtuung bei dem Kind feststellen, sondern in den meisten Fällen Unmut und Ärger. Das jeweilige Kind scheint subjektiv zu empfinden, dass ihm *Unrecht* geschieht. Grenzsetzung als eine Maßnahme zum (pädagogischen) Selbstzweck, für die das Kind *noch einmal dankbar sein wird*, kommt mir wie ein Ausfluss pervertierten Denkens vor.

Hierzu können Sie »Die Geschichte von der alten Binnenschifferin und ihrer Dankbarkeit« auf Seite 198 lesen.

Wollen Kinder Grenzen?

Was ich mir jedoch gut vorstellen kann, ist, dass Kinder erstens ihre eigenen Grenzen respektiert sehen wollen (»Ich will nicht immer von Tante Bertha getätschelt werden«) und dass sie zweitens mitunter Erwachsene herausfordern, ihre eigenen Grenzen (also die persönlichen Grenzen der Erwachsenen) zu offenbaren, da der Mensch mit dem Zeigen dieser Grenzen Konturen gewinnt und nur mit diesen Konturen unterscheidbar und als Person erkennbar ist, es ließe sich auch sagen: ein Gesicht erhält. Erst dann kann sich das Kind auf solchen Erwachsenen ein- und verlassen. Ansonsten ergeben sich aus dem Leben selbst – auch ohne erzieherische Absicht – genügend Grenzen, an denen ein Kind sich abarbeiten muss und wachsen kann.

Hierzu können Sie »Die Geschichte von Igor und der ausgerutschten Hand« auf Seite 201 lesen.

Ein Geländer ist keine Grenze.

Was ich mir ferner gut vorstellen kann, ist, dass Kinder zuweilen ein *Geländer* als sehr hilfreich wahrnehmen. Ein Geländer stellt sich einem nicht quer in den Weg, sondern verläuft entlang dem Weg, den man gehen möchte, und gibt einem darauf den willkommenen, weil benötigten Halt. Ein Geländer ist qualitativ etwas von einer Grenze sehr Verschiedenes, denn es verhindert nicht, sondern ermöglicht, einen Weg zu gehen. Ich kann mich daran festhalten, wenn ich es benötige, und kann es loslassen, wenn ich es nicht mehr benötige. Das Geländer schränkt meine Entscheidungsfreiheit in keiner Weise ein. Geländer und Grenze sollten wir nicht verwechseln. Und auch hier ist es erstaunlich, wie Kinder, die innerlich frei sind, weil sie ihren Selbstbestimmungswunsch von Beginn an als ein ihnen zuerkanntes Recht erleben konnten, Kreativität entwickeln können, um sich das benötigte Geländer zu verschaffen.

Hierzu können Sie »Die Geschichte von Frederike und ihrem MP3-Player« auf Seite 204 lesen.

Die Gefühle sind frei.

Schließlich gehört zur Selbstbestimmung eines Menschen, seine Gefühlswelt eigenständig zu *verwalten*. Nicht alles kann jederzeit *ausgelebt* werden, das ist wohl unstrittig. Einem Kind etwa, das morgens mit einem solchen Zorn in den Kindergarten käme, dass es am liebsten dort alles kaputtschlagen würde, könnten wir dieses Ausleben sicher nicht zugestehen; aber muss ihm deshalb sein Zorn ausgeredet oder verboten werden? Gestehen wir ihm sein Gefühl doch zu und stehen auch hier zum Dialog zur Verfügung, um miteinander eine Möglichkeit des Umgangs mit diesem Gefühl zu finden! Ebenso verhält es sich mit Liebe, Hass, Angst, Abneigung, Trauer, Sehnsucht, Heimweh und überhaupt jedem Gefühl wie auch jeder Leidenschaft: Es hat gar keinen Sinn, irgendein Gefühl zu verbieten, denn es ist ja einfach da, unabhängig davon, ob es dem Kind selbst einen Genuss oder eine Not bereitet. Und sicherlich entsprechen wir dem Recht des Kindes auf seine Selbstbestimmung besser, wenn wir sein Gefühl achten, als wenn wir es bekämpfen.

Hierzu können Sie »Die Geschichte von Helene und ihrer Sympathie« auf Seite 206 lesen.

An diesem Punkt muss ich wieder an den Musiklehrer Pfäffling und seinen Sohn Frieder denken. Bekämpft er das Gefühl seines Sohnes, die Leidenschaft für die Musik, die größer zu sein scheint als die Liebe zu den Eltern? – Die Episode geht folgendermaßen zu Ende:

Nach dem Abendessen, das auf die geschilderte Situation folgt, drängt es die beiden elfjährigen Zwillingsschwestern, sich des kleinen Bruders anzunehmen.

> *»Herr Pfäffling verwehrte es nicht. Sie fanden ihn auf dem Schemel kauernd, wie er die Geige auf seinen Knien liegend mit schmerzlichem Blick ansah. Sie setzten sich zu ihm und flüsterten mit ihm. Eine Weile später, als Herr Pfäffling in seinem Musikzimmer war, kam ein sonderbarer Zug zu ihm herein: Voran kam Frieder und trug mit beiden Händen etwas, das eingehüllt war in Mariannens großen, schwarzgrauen Schal. Es war fast wie ein kleiner Sarg anzusehen; ernst genug sah auch der kleine Träger aus, die Schwestern folgten als Trauergeleite. ›Da drinnen ist die Geige,‹ sagte Frieder zu seinem Vater, der fragend auf die merkwürdige Umhüllung sah.«*

Daraufhin wird Frieder wieder zum Kind der Eltern erklärt und vom Vater getröstet.

> *»Später erst vertrauten die Schwestern dem Vater an: ›Solang Frieder seine Geige gesehen hat, war es ihm zu schwer, sie herzugeben, erst wie wir sie zugedeckt haben und ganz eingewickelt, hat er sie nimmer mit so traurigen Augen angesehen!‹ Als Frieder längst schlief, sprachen seine Eltern noch über ihn. […] ›Ganz ohne Musik kann ich ihn nicht lassen, das wäre, wie wenn ich einem Hungrigen die Speise versagen wollte.‹« (Seiten 219–220)*

Herr Pfäffling hat also durchaus Verständnis für die Leidenschaft seines Sohnes; er will ihm die Liebe zur Musik keineswegs verwehren (was allerdings einem Musiklehrer auch seltsam anstehen würde). Seine doppelte Strafe richtet sich vielmehr gegen den doppelten Ungehorsam des Sohnes: Erst hält er die festgesetzte Zeitgrenze nicht ein (und das nicht etwa aus Versehen, sondern mit Mutwillen), dann verweigert er die Herausgabe der Geige.

Liebe Leserin, lassen Sie uns mit diesem Vater nicht allzu hart ins Gericht gehen, denn es lässt sich manches zu seiner Verteidigung vorbringen: Er lebt nicht in unserer Zeit, sondern im Kaiserreich, der Begriff der *elterlichen Gewalt* ist vermutlich noch nicht problematisiert worden. Auch setzt er sich nicht mit Brachialgewalt gegen das Kind durch: Weder schlägt er es, noch entreißt oder zerstört er ihm die Geige, was ihm ohne weiteres möglich wäre. Und er verwehrt den beiden Schwestern nicht, sich um das – eigentlich doch verstoßene – Kind zu kümmern und ihm eine Brücke zu bauen, über die es gehen kann, was ihm aus eigener Entschlusskraft nicht möglich zu sein scheint. Insofern lässt Agnes Sapper den Musiklehrer Pfäffling hier für seine Zeit wahrscheinlich sogar recht modern handeln.

Dennoch werden wir nicht nur in der – wenn auch vorübergehenden – Verstoßung des Kindes eine seelische Grausamkeit, vielleicht gar eine seelische Misshandlung, entdecken, sondern auch vor dem Hintergrund des in diesem Kapitel gepflegten rechtsstaatlichen Denkens innerhalb der Eltern-Kind-Beziehung das Verhalten des Vaters Pfäffling nicht *recht* finden können. Das Unrecht aus freiheitlich-demokratischer Sicht besteht nicht einmal primär in der Gehorsamsforderung des Vaters, sondern darin, dass alle Regeln – die, dass Frieder nur eine, höchstens zwei Stunden spielen dürfe, die, dass er nun wegen seines Verstoßes die Geige hergeben müsse, und schließlich die, dass er wegen seiner Weigerung, dies zu tun, nicht mehr Kind seiner Eltern sein solle – alleinige Setzungen des Vaters sind, an denen der Betroffene selbst, Frieder, nicht beteiligt war. Sie sind über ihn verfügt worden. Das ist vordemokratisch (wie die Lebenswelt der ganzen Familie, insofern für jene Zeit stimmig).

Nach dem Kinderrechtsverständnis dieses Kapitels hätte der Vater es *recht* machen können, indem er die Sorge über die Zeitvergessenheit des Kindes beim Geigespielen nicht sogleich in eine Bestimmung hätte münden lassen, sondern seinem Kind mitgeteilt und mit ihm beraten hätte, wie damit umgegangen werden könne. Im Sinne der Selbstbestimmung des Kindes wäre natürlich denkbar, dass Frieder die Sorge des Vaters schlichtweg nicht geteilt und für sich entschieden hätte, solange zu musizieren, wie Lust und Kraft reichen. Da er zuvor schon einmal über dem Musizieren mit einem anderen Instrument die Schule versäumt und dadurch erhebliche Nachteile erlitten hatte, wäre bei einem solchen offenen Gespräch vielleicht aber auch eine beiderseitige Absprache über die Dauer des täglichen Musizierens herausgekommen. Dazu hätte Frieder eigene Vorschläge einbringen können, möglicherweise gar welche, auf die der Vater von sich aus nicht gekommen wäre. Ein Konflikt wäre auch dann nicht ausgeschlossen gewesen, aber es wäre nicht mehr in erster Linie um *Gehorsam*, also um Herrschaft über das Kind, sondern um Beratung, Hilfestellung und schließlich um *Verbindlichkeit* gegangen, die auch zwischen gleichberechtigten Menschen dem Zusammenleben förderlich ist.

Muss Führen und Folgen sein? Wenn ja – warum, wann und wo?

Mit diesem Gedankengang sind wir über das Thema der *Selbstbestimmung* bei dem Thema der *Mitbestimmung* (neudeutsch: Partizipation) angekommen, das von desto größerer Bedeutung ist, je mehr Einzelinteressen untereinander abgewogen und ausgeglichen werden müssen. Bis hierher ist überwiegend von elterlichem oder Erzieher(innen)-Verhalten gegenüber dem einzelnen Kind die Rede gewesen. Das Recht liegt aber ein wenig anders, wenn eine ganze Gruppe zu berücksichtigen, und erst recht, wenn diese Gruppe auch noch durch eine gemeinsame Handlungsproblematik verbunden ist. (Den Begriff »Handlungsproblematik« entlehne ich hier dem Buch »Theatrales Lernen als philosophische Praxis in Schule und Freizeit« von Hans-Joachim Wiese, Michaela Günther und Bernd Ruping. Er steht für eine Aufgabe oder ein Problem, die/das sich einer Gruppe im Zuge eines gemeinsamen Interesses stellt und sie zu gemeinsamen Handlungen herausfordert.) Eine solche Handlungsproblematik ist beispielsweise gegeben, wenn eine Theatergruppe gemeinsam eine Inszenierung zustande oder ein Orchester gemeinsam eine Symphonie zur Aufführung bringen will. Letzteres wird ja von Herrn Pfäffling als Begründung für seine Gehorsamsforderung herangezogen, wenn er sagt:

> *»Was meinst du, wenn ihr Kinder alle nicht folgen wolltet, wenn jeder täte, was ihm gut dünkt? Das wäre gerade, wie wenn bei dem Orchester keiner auf den Dirigenten sähe, sondern jeder spielte, wann und was er wollte. Nein, Frieder, meine Kinder müssen folgen.« (Sapper, »Die Familie Pfäffling«, Seite 217)*

Was auf den ersten Blick vielleicht wie ein schlüssiger Vergleich aussieht, scheint mir bei näherem Hinsehen doch eine unzutreffende Gleichsetzung zu sein. Denn die gemeinsame Aufführung eines bestimmten Musik- oder Theaterstücks bedarf einer gewissen Koordination, schließlich arbeiten alle zusammen an einem Ziel. Solche Koordination kann geleistet werden von einem besonders Kundigen (bei der Arbeit mit Laien etwa einem Musiklehrer bzw. einem Theaterpädagogen) oder – bei professionellen Musikern/Schauspielern – von dem anerkannten Hauptkünstler – dem Dirigenten oder Regisseur –, dessen künstlerische Vorstellungen umzusetzen Konsens aller Beteiligten ist. So liegt die Sache bei Vater Pfäfflings Gehorsamsforderung aber nicht. Dieser liegt nicht eine gemeinsame Handlungsproblematik zugrunde, sondern das Herrschaftsprinzip selbst: »Meine Kinder müssen folgen«, d. h. *weil der Vater es verfügt hat,* ist Folge zu leisten, nicht weil zuvor eine Einigung darüber hergestellt worden wäre.

Diese Unterscheidung zu treffen ist wichtig, da ja sehr wohl Situationen im Leben vorkommen, in denen es nicht nur um die Freiheit des Einzelnen und seine Selbstbestimmung geht, sondern auch um das Gelingen eines gemeinsamen Vorhabens, das Einigungen, aber ebenso Disziplin verlangt. In meiner theaterpädagogischen Arbeit ist mir bei Kindern und Jugendlichen oft eine geradezu erstaunliche Bereitschaft zur Disziplin begegnet. Ich erinnere mich beispielsweise an einen Jugendlichen, mit dem ich in einer Probe über einen längeren Zeitraum intensiv an der Ausdruckskraft seiner Darstellung arbeitete. Als ich diesen Arbeitsabschnitt schließlich beendete und mich dabei entschuldigte mit den Worten »Jetzt habe ich dich aber lange gequält«, antwortete er: »Nee, ist ja richtig«. Das Anliegen, seine Darstellung auf das höchstmögliche Niveau zu bringen, verband uns als Gemeinsamkeit, insofern konnte es keine Disziplinprobleme geben, solange der Bezugspunkt diese uns verbindende Handlungsproblematik blieb. Auch in anderen Situationen habe ich immer wieder erlebt, dass Teilnehmer unterschiedlichsten Alters mit großem Engagement und sogar über die veranschlagte Zeit hinaus bei der Sache blieben.

Sach-Pädagogik und Person-Pädagogik.

Um dieses Phänomen zu verstehen, erscheint es mir bedeutend, zwischen zwei verschiedenen Arten von Pädagogik zu unterscheiden, die ich *Sach-Pädagogik* und *Person-Pädagogik* nennen möchte. Als ein Beispiel für Sach-Pädagogik liegt mir selbstredend die Theaterpädagogik nahe: Der Begriff sagt aus: Hier wird fach- und sachkundig zum Theaterspielen geführt. Vom Theaterpädagogen kann also mit Fug und Recht erwartet werden, dass er etwas vom Theaterspielen versteht und anderen, die weniger davon verstehen, dazu verhelfen kann. Er ist damit in einer anderen Situation als der Regisseur, dem es vorrangig um seine künstlerische Idee gehen darf, die die Schauspieler umsetzen sollen. Eine Regisseurin und Theaterpädagogin sagte einmal: »Regie-Führen hat nichts mit Demokratie zu tun.« Vielmehr wird angewiesen und ausgeführt. Das ist strenggenommen ein System von Befehl und Gehorsam. Wer die Schauspielerei als Beruf wählt, lässt sich damit grundsätzlich auf dieses System ein. Ebenso handelt der Musiker, der seinen Platz im Orchester nur unter der Voraussetzung einnehmen kann, dass er sich der Autorität des Dirigenten zu unterstellen bereit ist. Beim Musizieren oder Theaterspielen mit Amateuren – ungeachtet ihres Alters – befindet man sich in einem Mischbereich: Der Anleitende ist zugleich der Sache (dem Theater bzw. der Musik und damit in gewisser Weise auch dem Publikum) wie den mitwirkenden Personen verpflichtet. Es mag einen großen spielerischen Anteil geben – in meiner Ausbildung zum Theaterpädagogen lernte ich die Faustregel »Zwei Drittel spielen, ein Drittel inszenieren« –, aber irgendwann kommt die Inszenierungsphase, in der es darum geht, etwas zu erstellen, das beim Publikum auch *ankommen* kann. Das hat entfernte Verwandtschaft mit dem Lehren eines Handwerks. In dieser Phase ist zu sagen, wie es *richtig* gemacht wird. Dafür ist (Sach-)Autorität gefragt und ebenso die Anerkennung derselben durch die Gruppe erforderlich. *Mit rechten Dingen* geht es dabei zu, wenn diese Gegebenheit frühzeitig geklärt wurde.

Doch schon in den zwei Dritteln der Arbeit, in denen es noch um möglichst freies Spiel geht, um Improvisation, um Spontaneität und freie Assoziation, wird der Rahmen dafür durch allerlei Übungen vom Theaterpädagogen gesetzt. Dabei werden mitunter so direktive Vorgaben gemacht – etwa, wie zu stehen ist, dass auf ein bestimmtes Metrum geachtet werden soll, dass die Arme frei hängen, dass im improvisierenden Spiel jedes Szenenangebot eines Spielpartners nach dem Ja-Aber-Prinzip bedient werden muss –, dass eigentlich von *Strenge* gesprochen werden müsste. Irgendwann interessierte mich, ob diese Strenge von den kindlichen oder jugendlichen Teilnehmern denn als solche wahrgenommen würde; ich habe deshalb am Ende mehrerer Workshops gefragt, ob ich eigentlich streng gewesen sei. Die Reaktion reichte von leichter Irritation (als wüssten sie gar nicht, wovon die Rede sei) bis zu dem spontanen Ausruf: »Nein, kein bisschen«.

Wo es ein gemeinsames Ziel gibt,
kann Führen und Folgen sinnvoll sein.

Lassen Sie mich zusammenfassen: Wo etwas zustande gebracht werden soll – sei es ein Möbelstück aus vorgefertigten Einzelteilen, sei es ein Theaterstück, das erst im Prozess entsteht –, da geht es auch um eine geeignete, eine *richtige* Vorgehensweise und insofern wird dort auch zu Zeiten – bitte nicht unausgesetzt! – geführt und gefolgt.

Bei der Person-Pädagogik liegen die Dinge anders: Hier geht es nicht um eine Handlungsproblematik, die von Menschen zusammen mit anderen Menschen zu bewältigen ist, sondern um die Menschen selbst. Als Beispiel für eine Person-Pädagogik drängt sich mir natürlich die Kleinkind-Pädagogik auf, denn diese ist im Hauptberuf mein Thema. Sie fragt danach, wie mit kleinen Kindern angemessen umzugehen sei. Daraus leiten sich Vorstellungen über Strukturen des Zusammenlebens mit ihnen ab. Dass diese Strukturen von Befehl und Gehorsam geprägt sein müssten, erscheint nur dann schlüssig, wenn das Zusammenleben ein nicht gleichberechtigtes, ein vordemokratisches sein soll. Für den Musiklehrer Pfäffling in den Zeiten des deutschen Kaiserreiches ist ein anderes Zusammenleben in der Familie vermutlich gar nicht vorstellbar. Vor dem Hintergrund der Kinderrechts-Auffassung in diesem Kapitel ist seine Gleichsetzung von Orchester und Familie, von Dirigent und direktivem Vater aber nicht schlüssig und insofern unzulässig. Die Musiker im Orchester wollen zusammen musizieren. Das ist ein partielles Interesse. Die Mitglieder einer Familie wollen beieinander gut aufgehoben sein. Das ist ein ganzheitliches Interesse und ganz etwas anderes. Der Vergleich hinkt.

An dieser Stelle möchte ich Ihnen ein wunderbares Wort von Max Frisch nicht vorenthalten, das mir in einem Artikel begegnete, der sich u. a. mit dem Buch »Lob der Disziplin« von Bernhard Bueb auseinandersetzte:

> *»Disziplin entspringt dem Bewusstsein, dass man über sich selber verfügt, nicht dem Bewusstsein, dass über uns verfügt wird.« (zit. n. Petra Moser: »Jenseits von harter Hand und Kuschelpädagogik« in: »Zeitschrift für Theaterpädagogik« – Korrespondenzen – Heft 61, Oktober 2012, Seite 69)*

Wo immer Menschen zusammenleben, kann von einem – kleineren oder größeren – *Gemeinwesen* gesprochen werden, in dem möglichst jeder zu seinem Recht kommen soll, sich andererseits aber auch jeder zu Zeiten beschränken, also Disziplin üben muss. Die Bundesrepublik Deutschland ist ein Gemeinwesen von um die 80 Millionen Mitgliedern. Ein kleiner Kindergarten hat vielleicht nur 25 Mitglieder. In unserer Familie sind wir nur zu dritt. Allen diesen Gemeinwesen gemeinsam ist, dass eine Ordnung dem Zusammenleben gut tut, weil sie es kalkulierbar macht oder – mit anderen Worten – *Rechtssicherheit* gibt. Für die Bundesrepublik Deutschland ist das die freiheitlich-demokratische Grundordnung aus dem Grundgesetz und den nachgeordneten Gesetzen, Bestimmungen, Verordnungen etc. Je kleiner ein Gemeinwesen ist, desto eher kann die Ordnung inoffiziellen und sogar ungeschriebenen Charakter haben. Ich kenne z. B. keine Familie, die etwa eine geschriebene »Familienverfassung« hätte (wir haben auch keine). Kindertagesstätten und andere pädagogische Einrichtungen befinden sich in dem weiten Bereich dazwischen. Die Ordnungen, die in ihnen gelten, sollten auf jeden Fall bewusst, besser niedergeschrieben sein. Die Behauptung, eine bestimmte Kindertagesstätte käme ohne Ordnung aus, würde mich mit Sorge und Zweifel erfüllen und zu der Vermutung bringen, dass die Machtverhältnisse dort nicht hinreichend reflektiert wären.

Dem Zusammenleben eine Ordnung geben – wer setzt dabei Recht?

Nach Johann Hinrich Wichern soll jede Ordnung aus dem Leben geboren werden. Das legt wiederum die Frage nahe, wie es dabei *mit rechten Dingen* zugehen kann. Eine Ordnung wäre ja auch nach dem Prinzip »Der Stärkere setzt sich durch, der Klügere gibt nach« möglich. Das wäre aber nicht *recht* getan. Die amerikanische Vorschulpädagogin und Kinderpsychologin Vivian Gussin Paley fand es irgendwann unerträglich, wie Kinder in ihrer Gruppe andere Kinder vom Mitspiel ausschlossen. Ihr kam eine Regel in den Sinn: »Mitspielen verbieten ist verboten«. Die Idee zu dieser Regel diskutierte sie zunächst mit den Kindern ihrer Gruppe. Schließlich aber führte sie sie verbindlich ein. Ihre Erfahrungen mit dieser Regel hat sie in dem gleichnamigen Buch dokumentiert, das bei Beltz/Quadriga, Weinheim/Berlin, 1994 in deutscher Sprache erschienen ist. Es ist hochinteressant zu lesen und sicherlich – gerade unter dem Kinderrechts-Aspekt – kontrovers zu diskutieren. Denn einerseits hat sie, indem sie die Regel ohne einhellige oder auch nur mehrheitliche Zustimmung der Kinder einführte, sich über die Selbstbestimmung der Kinder hinweggesetzt; andererseits hat sie nicht nur randständige Kinder vor Ausgrenzung geschützt, sondern mit diesem Verbot – vergleichbar dem oben erwähnten Arbeiten mit zunächst stark reglementierenden Setzungen in der Theaterpädagogik, mit der ihre Arbeit durchaus verwandt ist – auch eine Erweiterung der Kreativität der Kinder in ihrem Spiel angebahnt: Die Kinder entwickelten aufgrund der Regel neue Spielideen. – *Recht* getan?

Ein Beispiel mit umgekehrten Vorzeichen fand ich vor einigen Jahren in einer Ausgabe der Zeitschrift »Theorie und Praxis der Sozialpädagogik« die unter dem Thema »Teilhabe, Einfluss, Mitbestimmung – Kinder mischen sich ein« stand. Der Diplom-Pädagoge Lothar Klein berichtet darin aus seiner Zeit als Leiter in einem Wiesbadener Hort. Der Hort befand sich in einem sozialen Brennpunkt; Kleinkriminalität der Schulkinder war ein nicht selten zu bearbeitendes Thema, der Umgang mit kleineren Diebstählen im Supermarkt der Nachbarschaft insofern pädagogische Routine. Nun aber hatte ein Mädchen *innerhalb der Gruppe* einem anderen Kind ein Bonbon weggenommen; die Empörung der Kinder war groß, sie werteten auch diese Tat als Diebstahl. In der Gruppe existierte eine ausgeprägte Kultur der Mitbestimmung der Kinder. Der Fall war insofern in der Gruppenbesprechung zu verhandeln.

»Gleich zu Beginn der Gruppenbesprechung wurden drastische Strafen für Valeska gefordert: einen Monat lang alle Klos im Haus putzen – ein Monat Stubenarrest – Rauswurf aus dem Hort usw. Nach einigem Hin und Her und dem Abwägen der unterschiedlichen Vorschläge dann die Einigung: Eine Woche lang soll niemand mit Valeska sprechen.

Nicht, dass ich mich in diesen Prozess nicht eingeschaltet hätte. Bloß, wie soll man Kindern dieses Alters den Unterschied zwischen einem Bonbon aus der Tüte eines anderen Kindes und einem Schokoriegel aus dem Supermarkt klar machen? Und gibt es da überhaupt einen Unterschied? Auf jeden Fall waren alle Beteiligten, mich eingeschlossen, vor eine sehr schwierige ethisch-moralische Frage gestellt. Null Toleranz auch hier? Außerdem habe ich gespürt, dass es den Kindern sehr ernst war. Sie wollten ihr Recht wahrnehmen, in solchen Angelegenheiten eigene Entscheidungen zu treffen. Also keine Wiedergutmachung, wie ich es vorgeschla-

gen hatte – Valeska könne ja dem bestohlenen Kind wieder ein Bonbon mitbringen – nein, wie bereits gefordert sollte sie bestraft werden.

Drei Schritte sind mir da nacheinander eingefallen: Zunächst habe ich mich gemeldet und gefragt, ob wenigstens ich mit ihr sprechen dürfe. Das wurde abgelehnt. Meine nächste Frage lautete, ob ich wenigstens während der Essenszeiten mit ihr sprechen dürfe. Auch das fand keine Mehrheit. Schließlich meine dritte Frage, ob ich wenigstens Valeskas Freund sein dürfe. Dagegen hatte niemand etwas, schließlich seien auch noch andere Kinder Freunde von Valeska. […]

Valeska hat das Gespräch, in dem es ausschließlich um sie ging, aufmerksam und schweigend verfolgt. Sie hat sich nicht verteidigt und auch nicht meine Hilfe gesucht. Am Ende habe ich mich mit den Worten neben sie gesetzt: ›Ich bin dein Freund, das weißt du ja. Jetzt darf ich aber eine Woche lang nicht mit dir sprechen.‹ Valeska hat genickt und mich angelächelt, hat aber nichts gesagt. Daraufhin ist etwas geschehen, was mich damals sehr überrascht hat: Einige Kinder fingen an zu klatschen. Wie ich heute vermute, haben sie Valeska beglückwünscht, weil sie die Strafe anerkannt hat, und mich, weil ich dasselbe getan und mich nicht allzu stark in ihre Entscheidungen eingemischt habe.

Etwa drei Tage lang haben die Gruppe, Valeska und ich es durchgehalten. Valeska hat in dieser Zeit viele Zettel beschrieben. Am dritten Tag hat irgendjemand vergessen, dass für Valeska ein Redeverbot besteht und sie nach den Hausaufgaben gefragt. Valeska, die bisher immer geschrieben statt geredet hatte, hat aus irgendeinem Grund dieses Mal geantwortet. Plötzlich haben sich alle drum herum beteiligt, haben mit Valeska gesprochen, ihr auf die Schulter geklopft oder ihr in anderer Weise ihre Anerkennung zum Ausdruck gebracht, dass sie sich an das Redeverbot gehalten hat. Ab diesem Zeitpunkt war die Sache für alle erledigt.«

Lothar Klein berichtet in dem Artikel ferner, dass er sich in der Zeit des Redeverbots Valeska verstärkt zugewandt und manches stille Spiel mit ihr gespielt habe und dass einige Kinder es ihm gleichtaten. (vgl. Lothar Klein: »Dann spricht eben keiner mehr mit ihr! – Wenn Kinder rigide Entscheidungen treffen« in: TPS, Ausgabe 8, 2010, Seiten 36–38) – *Recht* getan?

Das Prinzip der Gewaltenteilung im Rechtsstaat …

Regiert wird auch im demokratischen Rechtsstaat. Zu fragen ist, *wer* regiert und *auf welcher Grundlage* und *von wem auf welche Weise autorisiert.*

Der höchste Mann im Staat, der Bundespräsident, regiert z. B. nicht. Aber indem jedes Gesetz, um in Kraft zu treten, von ihm gegengezeichnet werden muss, hat er das letzte Wort. – Der zweithöchste Mann im Staat, der Bundestagspräsident, regiert auch nicht, er moderiert und überwacht nur die Geschäfte des Parlaments, ist also Garant dafür, dass die Geschäftsordnung des Bundestages eingehalten wird, die die Abgeordneten sich selbst geben. – Die Bundeskanzlerin, Inhaberin des dritthöchsten Amtes im Staat, regiert mit ihren Ministern und Staatssekretären. Sie und alle nachgeordnete Verwaltung führen die Gesetze aus. Ferner – das ist ihre Hauptarbeit – entwickelt die Bundesregierung neue Gesetze oder Gesetzesänderungen, um auch anderes ausführen zu können, das sie für richtig und gut hält. Aber die Bundesregierung kann sich die Gesetze nicht selbst gültig machen; vielmehr bringt sie sie als Vorschläge in den Bundestag ein, dessen Abgeordnete unter der Aufsicht des Bundestagspräsidenten darüber beraten und beschließen, damit der Bundespräsident die Ausfertigung anordnen und das Gesetz mit seiner Unterschrift in Kraft setzen kann. Hat er verfassungsrechtliche Bedenken, kann er die Unterschrift hinauszögern oder verweigern.

… und in der Kita?

Dies ist das Prinzip der *Gewaltenteilung*: Keiner kann etwas tun ohne den anderen. Es ist ein zentrales Element des demokratischen Rechtsstaates.

Lieber Leser, stellen Sie sich vor, Kinder würden ihre eigene Lebenswelt nach solchen rechtsstaatlichen Prinzipien gestaltet sehen! In dem Bericht aus dem Wiesbadener Hort sehen wir ein Stück Gewaltenteilung verwirklicht: Die Kinder selbst beraten ihre Angelegenheiten. Weil sie nur wenige sind, brauchen sie keine Vertreter, sondern sind quasi ihr eigenes Parlament. Sie beschließen, was gelten soll. Der Pädagoge begleitet und moderiert diesen Prozess. Er handelt insoweit analog zum Parlamentspräsidenten. Offen bleibt, ob er auch das letzte Wort hätte (wie im Bund der Bundespräsident). Da er außerdem Leiter der Einrichtung ist, hat er zugleich noch die Aufgabe des Regierungschefs inne (Analogie zur Bundeskanzlerin).

Sie merken wahrscheinlich schon: Ein so ausgeklügeltes System der Gewaltenteilung wie auf Staatsebene wird in einer Kindertageseinrichtung nicht leicht umzusetzen sein. Aber die grundsätzliche Idee der Gewaltenteilung, die den betroffenen Bürger nicht den über ihn gefällten Entscheidungen widerspruchslos ausgeliefert sehen will, ist eine gute Richtschnur um *es recht zu machen*. Der Bericht von Lothar Klein erscheint mir jedenfalls als ein besonders anschauliches Beispiel für das Ja-Aber-Prinzip im Umgang mit Kindern, die über ihre Belange – nicht nur als einzelne, sondern auch als Gruppe – selbst entscheiden können sollen.

Muss Strafe sein? Und wenn ja – wer verhängt sie und auf welcher Rechtsgrundlage?

Dabei lässt sich der Bericht von dem Geschehen in jener Hortgruppe von Lothar Klein sicherlich genauso kontrovers diskutieren wie die allein entschiedene Einführung der Regel »Mitspielen verbieten ist verboten« in der Gruppe von Vivian Gussin Paley. Ist nicht nämlich Valeska faktisch etwas ganz Ähnliches geschehen wie dem Frieder Pfäffling? Hätte der Pädagoge Lothar Klein an der Stelle nicht ein Machtwort sprechen müssen zum Schutz des Kindes?

Ich maße mir hier nicht an, diese Frage abschließend und zweifelsfrei zu beantworten. Doch möchte ich hinweisen auf einige wesentliche Unterschiede: Hier wurde, was geschehen solle, demokratisch abgestimmt in einem Gremium (Gruppenbesprechung = Vollversammlung der Gruppe), dem Valeska prinzipiell selbst mit angehörte, auch wenn bei dieser Entscheidung vermutlich ihr Stimmrecht wegen Befangenheit ruhte. Nicht ein spontaner Urteilsspruch eines unumschränkten Alleinherrschers lag zugrunde, sondern eine abgestimmte Entscheidung unter Gleichgestellten. Und nicht auf unbegrenzte Zeit bis zum *Zu-Kreuze-Kriechen* war die Maßnahme angelegt (wie eine *Beugehaft*), sondern wie eine Sühne für ein zurückliegendes Fehlverhalten klar begrenzt auf einen Zeitraum. Schließlich war der, der hier als Anwalt des Kindes auftrat (der im Vergleich zu den Kindern machtvolle Pädagoge und Einrichtungsleiter), nicht in gleicher Weise wie Frieders Schwestern von dem Gewährenlassen des Entscheiders abhängig: Er hätte kraft seines Amtes ein Veto einlegen können; ein Vetorecht gegenüber dem mächtigen Vater wäre Marianne Pfäffling dagegen sicherlich völlig fremd gewesen. Der Unterschied ist etwa so groß wie der Unterschied zwischen den Handlungsspielräumen eines Rechtsanwaltes in einem demokratischen Rechtsstaat und eines Rechtsanwaltes in einer Diktatur. So ist es auch nicht erstaunlich, dass in einem Fall von tiefer Trostlosigkeit des betroffenen Kindes berichtet wird (die von den Beteiligten ganz offensichtlich als hinnehmbar, notwendig und sogar erwünscht beurteilt wird), im anderen Fall von Tapferkeit, Applaus, Glückwunsch, Anerkennung und schließlich Verzeihung (womit sich erwies, dass diese Kinder die ihnen zugestandene Entscheidungsmacht letztlich doch nicht zur willkürlichen Grausamkeit missbrauchten, sondern im Gegenteil Großherzigkeit walten lassen konnten). Manchmal tut es eben auch gut, wenn es nicht *ganzheitlich* zugeht. Das ist so ähnlich wie im Sport: Wenn da ein Spieler vorübergehend vom Platz gestellt wird, heißt das, dass er einen Fehler gemacht hat, nicht, dass er ein böser Mensch ist. Nach meiner (und anderer Menschen) Erfahrung können Kinder mit solchen Maßnahmen recht gut umgehen und sind sogar umso besser zur Selbstkritik und -korrektur in der Lage, je sicherer sie ihre Würde und ihren Selbstbestimmungswunsch geachtet wissen.

Hierzu können Sie »Die Geschichte von Julia und dem abgebrochenen Eselsbein« auf Seite 209 lesen.

Dennoch steht die Frage im Raum: Kann man denn Kinder, Jugendliche und andere Personen, die nicht oder nicht mehr mündig sind, immer mitreden oder gar *immer alles* selbst entscheiden lassen? Wenn einer sagt: »Ich nehme mir das Leben«, sollen wir dann etwa sagen: »Ist in Ordnung, ich trete beiseite«?

Wie weit geht Mitbestimmung?

Zweifellos sind für jeden Menschen Situationen denkbar, in denen er nicht mehr mit ansehen kann, was geschieht, ohne einzugreifen, auch wenn er dabei seine Kompetenzen und Zuständigkeiten überschreitet und allgemein gültige, auch von ihm selbst eigentlich anerkannte Normen verletzt. Ist es z. B. erlaubt, ein wildfremdes Kind im öffentlichen Raum am Schlafittchen zu packen und irgend woandershin zu zerren? Sicher nicht. Wenn nun aber dieses Kind auf einem Bahnübergang spielt, dessen Schranken sich gerade schließen, gebietet die Situation dann nicht geradezu, das eigentlich Unzulässige doch zu tun? – Ist es etwa gestattet, dass jeder X-Beliebige einen Eisenbahnzug an einer beliebigen Stelle zum Halten zwingt? Gewiss nicht. Und doch gibt es in jedem Zug eine Notbremse, die jeder Reisende leicht betätigen kann. Was aber steht auf dem Schild neben der Notbremse? – »Missbrauch ist strafbar.«

Was bedeutet »Missbrauch ist strafbar«?

Hierzu können Sie »Die Geschichte von dem Vater, der zwei kleine Söhne auf der Straße allein stehen ließ« auf Seite 212 lesen.

Der Übergriff im Sinne einer Nothilfe ist also nur im Ausnahmefall gestattet. Vielleicht wird manchmal sogar im Nachhinein von einer zuständigen Instanz darüber befunden werden müssen, ob so ein *rechtfertigender Notstand* vorlag. Wenn nicht, wird der Übergriff als Missbrauch einzuschätzen sein.

Was die Selbstbestimmung der Kinder angeht, ist das offiziell gesetzte Recht freilich noch ein wenig hinterher. Faktisch handelt es sich ja nur um den Selbstbestimmungs*wunsch* der Kinder, der allerdings, wie ich mich nicht scheue zu behaupten, bei Kindern durchgängig gegeben ist. Wie weit diesem Wunsch das Recht zuerkannt wird, ist abhängig von den Erwachsenen, die tatsächlich Macht über das Kind haben. Diese müssen sich nicht beunruhigen lassen, wenn ihre Auffassung, dass die rechtsstaatlichen Vorteile auch für Kinder gelten sollten, dem offiziell gesetzten Recht noch ein Stück voraus ist. Die Recht*setzung* kann immer nur nachfolgend auf das sich entwickelnde Rechts*empfinden* reagieren. Und wer genau beobachtet, kann sehen: Die Sache ist ja längst in Bewegung.

Wenn wir darüber diskutieren, ob und wie man *es recht machen* kann, dann reden wir über Grundsätzliches. Nur weil es Ausnahme-Situationen geben kann, in denen der Notstand ein sonst als verwerflich eingeschätztes Verhalten rechtfertigen könnte, um (vielleicht auch nur vermeintlichen) Schaden abzuwenden, müssen nicht die Grundsätze umgekehrt, also die Fremdbestimmung zur Regel und die Selbst- und Mitbestimmung zur Ausnahme erklärt werden. Ich halte es auch für wahrscheinlich, dass mit einer solchen umgekehrten Grundsätzlichkeit das Zusammenleben viel unerfreulicher würde, weil der sich selbst bestimmen wollende junge Mensch es sich einfallen lassen könnte, um jede Ausnahme zu kämpfen. Das Ergebnis nenne ich den *Erziehungs-Krieg*. Wer es recht machen will, riskiert keinen Krieg. Wer keinen Krieg anzetteln will, kann das mit Recht machen.

Zum Abschluss noch einmal Lothar Klein:

> *»Hört Partizipation eigentlich ›irgendwo‹ auf? Wo bleiben die Erwachsenen mit ihren Rechten, Interessen, Bedürfnissen? Auf die Frage, ob Partizipation als Recht begrenzt werden kann, antworte ich normalerweise mit Nein. Partizipation ist in meinen Augen ein universelles Recht: das Recht, die eigenen Anliegen formulieren und einbringen zu dürfen, das Recht sich einzumischen, das Recht, sich an Entscheidungen zu beteiligen usw. Diese Rechte müssen prinzipiell jedem Menschen in jeder Situation zugestanden und dürfen nicht infrage gestellt werden. In diesem Sinn sind sie grenzenlos.*
>
> *Andererseits kann natürlich nicht jeder in jeder Situation all seine persönlichen Anliegen verwirklichen. Und auch nicht jeder kann und will sich in jeder Situation einmischen oder sich an Entscheidungen beteiligen. Begrenzt ist also der Umfang, in dem Partizipation wahrgenommen wird*

bzw. wahrgenommen werden kann. Das muss jeweils so gut es geht zwischen den Beteiligten ausgehandelt werden. Der Umfang, in dem Menschen, auch Kinder, sich einmischen, hängt natürlich von einer großen Zahl von Faktoren ab: die Bedeutung, die ein Anliegen für die Beteiligten jeweils hat, der zeitliche, materielle oder organisatorisch-strukturelle Rahmen, die Bereitschaft des Einzelnen, auf die Anliegen anderer einzugehen, die Anzahl, das Alter, die Erfahrung der Beteiligten usw. Wegen des natürlichen Machtgefälles zwischen Erwachsenen und Kindern liegt es allerdings weitgehend an den Erwachsenen, wie viel Partizipation von Kindern sie bereit sind zuzulassen oder nicht. Sofern Grenzen nicht allgemeingültig durch Übereinkunft oder Machtentscheidung festgelegt sind, werden sie von Situation zu Situation und von Person zu Person ausgehandelt. Die eigenen Grenzen müssen dabei dem Anderen deutlich gemacht werden, sonst weiß dieser nichts über meine Begrenzungen und kann sie deswegen auch nicht respektieren.« (Lothar Klein: »Hat Partizipation Grenzen« in: TPS, Ausgabe 8, 2010, Seite 39)

Dem habe ich in der Tat für dieses Kapitel nichts mehr hinzuzufügen.

Die wesentlichen Unterschiede

Haben Sie es bemerkt? – Im vorigen Kapitel kamen die Wörter »Antipädagogik« und »antipädagogisch« kein einziges Mal vor. Allerdings sind auch die Begriffe »Pädagogik« und »pädagogisch« sparsam und noch sparsamer die Wörter »Erziehung«, »erziehen« und »erzieherisch« verwendet worden, im Durchschnitt weniger als einmal pro Seite. Dagegen findet sich das Wort »Recht« (groß und klein geschrieben) insgesamt über hundertmal.

Das ist alles kein Zufall. Denn es geht hier nicht darum, die Antipädagogik als eine Art Heilslehre unters Volk zu bringen. Noch viel weniger geht es darum, Menschen zu Antipädagogen zu machen (was wäre denn das auch für ein erzieherisches Ansinnen!). Und schon gar nicht geht es darum, mithilfe von Begriffen andere Menschen – vielleicht besonders solche, die die Erziehung in ihrer Berufsbezeichnung führen – in die Defensive zu treiben oder als schlechtere Menschen dastehen zu lassen. Man kann so etwas tun, aber es führt zu nichts außer zu Frust und Missverständnissen.

Über die Frustration
aus fruchtlosen Debatten.

Ich möchte Sie, liebe Leserin, an dieser Stelle sogar ausdrücklich davor warnen, falls meine Ausführungen in diesem Buch für Sie überzeugend sind, nun in eine Art missionarischen Eifer zu verfallen und überall Streitgespräche über die *Verwerflichkeit* der Erziehung und die *Herrlichkeit* der Antipädagogik anzuzetteln. Nach meiner Erfahrung besteht dafür an manchen Stellen gar keine Notwendigkeit, weil der Umgang zwischen Erwachsenen und Kindern dort bereits von gegenseitiger Achtung geprägt ist – warum sollte man denen dazu eine bestimmte Begrifflichkeit verordnen, die obendrein noch manchem Missverständnis Tür und Tor öffnen könnte? An anderen Stellen ist die Bereitschaft und/oder das Gefühl der Verpflichtung zur Machtausübung gegenüber den Kindern so ungebrochen, dass Sie auf verlorenem Posten kämpfen würden. Und schließlich gibt es noch die Möglichkeit, dass man Ihnen einfach nicht zuhören kann oder will, d. h., dass Ihr Gesprächspartner in seiner Auffassung, *jeder* Umgang mit Kindern *müsse* unbedingt Erziehung sein und heißen, so gefangen ist, dass er Ausführungen, man könne Erziehung aber *auch* auffassen als ein von anderem Verhalten unterscheidbares Tun, zu dem man sich also entschließen oder das man unterlassen könne, eine Auffassung, die ja offensichtlich seit über 100 Jahren in der Welt ist, denn ohne sie ließe sich ein Buchtitel »Erziehen oder Werdenlassen?« gar nicht formulieren und ohne sie wäre auch nicht zu beklagen, dass Eltern nicht mehr erzögen, – dass also Ihr Gesprächspartner diese Ausführungen mit- und nach-zu-denken nicht bereit oder in der Lage ist, nicht einmal versuchsweise. Oft ergeben sich auch Mischformen aus allen drei hier angegebenen Möglichkeiten. Nach meiner Erfahrung verlaufen solche Gespräche nicht selten nach folgendem Muster:

A hat den Gedanken kennengelernt, dass es nicht so sehr auf die Frage nach der *richtigen* Erziehung ankomme, sondern dass Erziehung im Ganzen am besten unterlassen werden solle. B gibt daraufhin der Befürchtung Ausdruck, dass so etwas beim Kind böse Folgen haben werde und man später schon sehen werde, was man davon habe. A versucht dieses Argument zu entkräften mit dem Hinweis auf – eigene oder fremde – Erfahrungen, nach denen gerade in dieser Weise nicht erzogene Kinder die von B befürchteten »bösen Folgen« nicht zeigen. B kann sich das nicht so richtig vorstellen. A lässt sich dadurch dazu verführen, sich in Feuer zu reden. Schließlich klingt es so, als wolle A eine Garantie dafür abgeben, dass die gelungensten Kinder gerade die nicht erzogenen seien; das will A natürlich eigentlich nicht sagen, denn schon das Konstrukt des *gelungenen Kindes* ist nur gängig in einem geradezu militant erzieherischen Denken, in dem das Kind als Produkt seiner Erzieher angesehen wird (es gibt tatsächlich solche Formulierungen, nach denen nicht nur die Erziehung *gelingen* soll, sondern das Kind selbst!). Aber bei B ist nun dieser Eindruck entstanden, weshalb B einwendet, solche Voraussagen ließen sich gar nicht treffen, dafür sei Erziehung doch viel zu unwägbar. Das ist der Moment, in dem A beginnt zu verzweifeln. Eben weil sich Erziehung in seiner Wirkung nicht vorausberechnen lasse, solle man sie doch besser gleich unterlassen, unterstreicht A den eigenen Standpunkt, das sei ja gerade das Anliegen der Antipädagogik, welches von B hier soeben bestätigt worden sei. B widerspricht nun mit dem Argument, dass man bei aller Unwägbarkeit der Folgen die Erziehung aber nie unterlassen könne, weil man allein durch sein ständiges Sich-Verhalten auch ständig in irgendeiner Weise Einfluss auf seine Umgebung ausübe; gerade wer mit Kindern zusammenlebe, könne von daher nicht keinen Einfluss nehmen. A verzweifelt weiter und führt ins Feld, nie behauptet zu haben, es dürfe keinerlei Beeinflussung geben; vielmehr gehe es doch um die gegenseitige Respektierung der grundsätzlichen Freiheit des jeweils anderen. Jetzt führt B das geringere Wissen der Kinder ins Feld, das es schon zu ihrem Schutz notwendig mache, ihnen eben nicht dieselben Rechte und Freiheiten zuzugestehen wie Erwachsenen (in meiner Kindheit sagte man dazu: »Was große Leute dürfen, dürfen kleine noch lange nicht« und die Haltung dieses Satzes scheint in B noch ganz selbstverständlich und unhinterfragbar zu wohnen). A schlägt daraufhin vor, wenn es dem Kind an einem bestimmten Wissen mangele, könne man als Erwachsener es ihm doch problemlos zur Verfügung stellen. Darauf B: »Und wenn das Kind das nun gar nicht will? Du kannst ein Kind doch nicht zwingen, dein Wissen anzunehmen. Du kannst doch niemanden gegen seinen Willen zu seinem Glück zwingen«. Hier nun könnte A antworten: »Herzlichen Glückwunsch! Das ist genau das Anliegen der Antipädagogik. Du hast es also verstanden.« Da A im Gesprächsverlauf aber gerade in seine eigene Gegenposition gedrängt worden ist (B hält A ja hier vor, etwas tun zu wollen, dessen Ablehnung A in diesem Gespräch propagieren wollte) und solches Erleben meist mit Ärger verbunden ist, steht die für diese Antwort erforderliche Geistesgegenwart möglicherweise nicht zur Verfügung. Und selbst wenn doch, so kann B an dieser Stelle noch erwidern: »Deine komische Antipädagogik ist überhaupt nicht mein Anliegen. Mein Standpunkt ist, dass alles mit allem zusammenhängt und es deshalb eine Nichterziehung gar nicht geben kann. Was du da vertrittst, ist völlig unrealistisch.«

– Sieht so Verständigung aus? –

Ja, natürlich, das Gespräch kann auch ganz anders verlaufen, ein Gesprächsverlauf lässt sich schließlich genauso wenig vorhersagen wie ein Erziehungserfolg; aber aus schmerzlicher Erfahrung kann ich sagen, dass es ein Grundmuster, das solche Gespräche in immer wieder ähnlichen Bahnen verlaufen lässt, tatsächlich zu geben scheint. Am Ende steht Verwirrung –

bei A mehr als bei B! – und es kann sein, dass auf diese Weise Menschen, die bis dahin meinten, sich gut zu verstehen (auch und gerade was die Moral des zwischenmenschlichen Umgangs anging, einschließlich des Umgangs mit Kindern), plötzlich in ihren Standpunkten meilenweit voneinander entfernt zu sein scheinen. – Daher mein Tipp: Lassen Sie's! Ersparen Sie sich das! Es kommt wirklich nicht darauf an, dass möglichst viele Leute ein Bekenntnis zur Antipädagogik ablegen oder gar *zu Antipädagogen werden*. Und schon gar nicht müssen Sie das *machen*.

Zum Verständnis dieses Tipps lasse ich hier sogar noch einmal Ekkehard von Braunmühl selbst mit einem etwas längeren Zitat aus seinem letzten Buch »Was ist antipädagogische Aufklärung? – Missverständnisse, Missbräuche, Misserfolge der radikalen Erziehungskritik« (Seiten 135/136) zu Wort kommen:

> *»Ich halte es heute für eine meiner dümmsten Fehlleistungen, daß ich mich während der 70er Jahre in einer Anzahl von Leserbriefen selbst ›Antipädagoge‹ genannt habe (einfach um Neugierde zu provozieren). Zwar habe ich das direkt nach dem Erscheinen der ›Non-direktiven Pädagogik‹ von Wolfgang Hinte, 1980, eingestellt (und das allen mir damals erreichbaren Leuten per Flugblatt mitgeteilt), aber diese Unsitte hatte schon Kreise gezogen.*
>
> *Sachlich gesehen scheint es mir, so wie die sprachlichen Dinge liegen, möglich zu sein, etwa eine* **antipädagogisch aufgeklärte Pädagogik** *zu erarbeiten.*
>
> *Manchmal erkennt man eigene Fehler erst, wenn andere sie deutlich genug übertreiben. Ich spreche zwar schon lange nicht mehr von ›antipädagogischen‹ Familien (sondern von ›gleichberechtigt lebenden‹ oder ›ap aufgeklärten‹), nutze jetzt aber die Gelegenheit zu einem Appell, übrigens angeregt durch meine älteste Tochter, die mir den Zusammenhang erklärte, als sie von dem ›pädagogischen‹ und dem ›antipädagogischen Vater‹ bei Dr. v. S.*[5] *gelesen hatte. Nach unserer Auffassung sollten diese Adjektive grundsätzlich nicht auf Personen, sondern nur auf Gedanken, Handlungen, Argumente*

5 Hubertus von Schoenebeck

usw. bezogen gebraucht werden, und im übrigen nicht prädikativ, sondern nur adverbial (nicht: die Mutter ›ist‹ päd./antipäd., sondern: sie ›denkt‹, ›reagiert‹ usw. auf diese oder jene Weise). Der adjektivische Gebrauch macht solche Beiwörter zu Eigenschaftswörtern, als handele es sich um feststehende (Charakter-)Eigenschaften – z. B. ›ich bin dumm/klug‹ – , was entgegenstehende Wahrnehmungen unnötig erschwert (wie Scheuklappen wirkt), während ihr adverbialer Gebrauch – ›Dies war/wäre klug, jenes war/wäre völlig daneben‹ – nicht nur konkretere und differenziertere Aussagen erbringt, sondern auch (Selbst-)Festlegungen vermeidet, die üblicherweise für Kritik und Korrektur entscheidend schwerer zugänglich sind. Sprach(psycho)logisch ist es einfach falsch/ungünstig, immer gleich den ganzen Täter zu bezeichnen, statt sich auf die konkreten Taten zu beziehen.«

Mit anderen Worten: *Die Antipädagogen* gibt es nicht. *Ich als Antipädagoge* – eine solche Selbstbezeichnung fällt aus. Nicht nur, dass ich selbst seit jeher eine gewisse Scheu habe, mich auf solche Etiketten festzulegen oder festlegen zu lassen, sondern ich stelle auch dort, wo mir dies bei anderen begegnet, fest, dass solche plakativen Selbstüberschriften mir nichts erklären, wenn ich den anderen Menschen nicht auch ohnedies verstehe in dem, was er mir sagen will. Zudem kann niemand sicher sein, welche Erwartungen er bei seinen Mitmenschen mit einer Ich-bin-Aussage weckt und ob er diesen Erwartungen immer entsprechen kann (»So etwas sagst du zu deinem Kind? – Ich denke, du bist Antipädagoge!«).

Es gibt keine Antipädagogen.

Noch einmal Ekkehard von Braunmühl selbst (kurz vor dem Ende desselben Buches, Seiten 146/147):

»Begriffe haben, ebenso wie Argumente, einen bestimmten Zweck, und wenn sie den (im Privatleben wie in der öffentlichen Sphäre) nicht erreichen, ihm sogar hinderlich sind, wäre es verrückt, auf ihnen zu bestehen.

Das gilt nun für ›pädagogische‹ Zusammenhänge ebenso wie für den Begriff ›antipädagogisch‹. Für meine Person stelle ich fest, daß ich diesen Begriff problemlos aufgeben würde, wenn er keine sinnvolle Funktion mehr erfüllen könnte. Das Wort Antipädagogik ist ohnehin keine geistige Leistung, nur eine Analogiebildung zu dem damals aus England/Italien importierten Begriff Antipsychiatrie. Allerdings sagen mir nicht wenige Menschen, daß sie die ausdrücklich ›antipädagogische‹ Aufklärung für nützlich, sogar für nötig halten. Ein kinderrechtlich engagierter Jugendlicher nannte das Wort Antipädagogik kürzlich sogar ›geil‹. Aber das bedeutet natürlich nicht, daß eine echte Neuordnung der Generationenbeziehung (hin zur praktischen und auch grundgesetzlichen Gleichberechtigung) von Menschen, die diesen Begriff nicht mögen oder für schädlich halten, nicht auf andere Weise betrieben werden könnte.«

So ist es. Und das meine ich hier wörtlich, nicht nur als Zustimmung im Sinne von »Ja, das finde ich auch«. Es ist tatsächlich so, dass Menschen diese »echte Neuordnung der Generationenbeziehung« vorantreiben, ohne dabei den Begriff der Antipädagogik zu verwenden. Ob sie so handeln, weil sie diesen Begriff nicht mögen, weil sie ihn für schädlich halten oder weil sie ihn gar nicht kennen, kann ich nicht beurteilen.

Vor einigen Jahren erschien z. B. das wunderbare Buch »Mit Kindern neue Wege gehen« von Lienhard Valentin. Ziemlich zu Beginn erwähnt Valentin ein einziges Mal am Rande das Wort *Antipädagogik*, nimmt dann aber in dem ganzen Buch nirgendwo mehr Bezug darauf. Vielmehr bezieht er sich überwiegend auf die Pädagogik Maria Montessoris und des Ehepaares Mauricio und Rebeca Wild. Inhaltlich aber ist das Buch ein Plädoyer für genau den Umgang mit Kindern, den man ebenso gut einen antipädagogischen nennen könnte.

Während ich an diesem Buch schreibe, wird in Sachsen-Anhalt eine Fortschreibung des bereits existierenden Bildungsprogramms für Kindertagesstätten herausgebracht. Fast durchgängig liest sie sich wie eine ausführlich erläuterte Antwort auf die Frage, was denn die antipädagogische Sicht auf das Kind sei und wie ein Umgang mit Kindern aufgrund dieser Sichtweise aussehen solle. Auch dies ist kein Zufall und kein Versehen, denn mit dem Bildungsprogramm hat sich Sachsen-Anhalt von der Zweckorientierung des Umgangs mit Kindern verabschiedet und denkt im Grunde nicht mehr erzieherisch. Bei der Auffassung von Erziehung als ein Einflussnehmen auf ein bestimmtes Erziehungsziel hin liefert immer dieses Ziel die Motivation für die zu unternehmenden Handlungen. Ist nicht mehr diese Zielorientierung Maßstab und Motor alles pädagogischen Handelns, lässt sich von einem *Paradigmenwechsel* sprechen. Ein solcher liegt mit dem Bildungsprogramm (nicht erst in seiner Neufassung, aber hier noch deutlicher ausformuliert) vor. Das neue Paradigma setzt nicht mehr bei dem an, was *aus den Kindern werden* soll, und auch nicht allein bei dem, was die Neurobiologie über die Funktionsweise und Entwicklung des menschlichen Gehirns herausgefunden hat, sondern daneben und vor allem bei den in der UN-Kinderrechtskonvention formulierten Rechten der Kinder. Mit anderen Worten: Kinder werden nicht mehr als *Erziehungs-Objekte* gesehen, sondern als *Rechts-Subjekte*.

Geht es ohne Antipädagogik?

Wo dies geschieht, wirklich geschieht (nicht nur vollmundig proklamiert wird), da braucht es keinen antipädagogischen Streit mehr, da kann der im Gegenteil kontraproduktiv wirken, indem die Vorsilbe »anti-« Emotionen, Missverständnisse und Unterstellungen auf den Plan ruft, die die Entwicklung eher behindern als befördern könnten.

Wenn dieses Buch also hieße »Geht es ohne Antipädagogik?«, dann ließe sich hier die abschließende Antwort geben: Ja, es geht ohne Antipädagogik, jedenfalls ohne diesen Begriff.

Allerdings sieht viel danach aus, dass es zukünftig nicht mehr ohne Partizipation, also ohne Teilhabe und Mitwirkung der Kinder an den sie betreffenden Strukturen und Entscheidungen gehen wird. Es bricht sich die Erkenntnis Bahn, dass ein Kindes*wohl* nicht gegen den Kindes*willen* durchgesetzt werden kann. Das inzwischen entstandene Bundes-Kinderschutzgesetz verlangt verbindlich Beteiligungsstrukturen und geregelte Beschwerdemöglichkeiten für Kinder und Jugendliche in Einrichtungen der Jugendhilfe (also auch in Kindertagesstätten). Sind sie nicht vorhanden, darf zukünftig eine Betriebserlaubnis vom Jugendamt gar nicht mehr erteilt werden.

Das Institut »bildung:*elementar*«, das die Fortschreibung des Bildungsprogramms in Sachsen-Anhalt verfasst hat, verschickte zu Weihnachten 2012 Karten mit einer Zeichnung eines Erwachsenen und eines Kindes, die gemeinsam unterwegs sind, und dem Schriftzug darunter: »Die Kinder zeigen, wo's lang geht …«. – Wenn das nicht ein Paradigmenwechsel ist, ein im Kern und dem Wesen nach antipädagogischer!

Weitere Übereinstimmungen lassen sich feststellen: In dem Buch »Erziehung braucht eine Kultur der Partizipation« wird davon berichtet, wie ein deutschlandweit aktiver freier Jugend- und Familienhilfeträger schon vor Jahren in seinen Einrichtungen zeitgleich Partizipationsstrukturen einführte. Den Kindern, Jugendlichen und anderen sogenannten Adressaten sollte ein Katalog ihrer Rechte bekannt gemacht, die grundsätzliche Möglichkeit von Beschwerden eingeräumt und das dazugehörige System bekannt gemacht sowie die Möglichkeit der Mitbestimmung in dazu einzurichtenden Partizipationsgremien gegeben werden. Von Seiten der Mitarbeitenden in den Einrichtungen gab es zum Teil begeisterte Zustimmung zu diesem Vorhaben, zum Teil aber auch erheblichen Widerstand dagegen, der sich vor allem in folgenden Einwänden äußerte:

- Das haben wir schon längst.
- Die Pflichten werden ganz vergessen.
- Dann haben wir Erzieher ja wohl auch Rechte!
- Das ist viel zu formalistisch.
- Das macht pädagogisches Arbeiten unmöglich.

Wer Erfahrungen mit dem Versuch antipädagogischer Aufklärung gemacht hat, dem muss dies bekannt vorkommen. Sowohl die (Schutz-)Behauptung, die Partizipation sei doch eigentlich sowieso schon gegeben, als auch das sofortige Zu-Sprechen-Kommen auf die Rechte der Erzieher und die Pflichten der zu Erziehenden, sobald deren Rechte ins Spiel gebracht werden, als auch die der Abwehr dienende Vermutung, ein mit irgendwelchen Form(alism)en festgeschriebenes System der Mitbestimmung werde dem friedlichen Zusammenleben ohnehin nicht dienen können, muten wie vertraute Reflexe in solchen Auseinandersetzungen an, in denen es um den Status von Kindern und Jugendlichen als Rechts-Subjekte geht. Am bezeichnendsten aber scheint mir der zuletzt genannte Einwand zu sein: »Das macht pädagogisches Arbeiten unmöglich«. Damit wird von den Erziehenden offenbart, dass Erziehung ein Machtgefälle voraussetzt, durch welches sie überhaupt erst konstituiert werden kann. Um dieses Machtgefälle wurde offenbar gefürchtet, wenn man Partizipation zuließe.

Erfahrungen mit Partizipation in der Jugendhilfe.

Die Sache wird aber noch interessanter: Obwohl das Projekt »Einführung von Partizipation« in sehr unterschiedlichen Institutionen durchgeführt wurde (ambulanten und stationären, bei verschiedenen Altersstufen und natürlich überall mit anderen Mitwirkenden), wurden zur Überraschung der Initiatoren an allen Orten die folgenden, überall ähnlichen Erfahrungen gemacht:

- Partizipation blieb nicht auf die Adressaten beschränkt, sondern griff auf die pädagogischen Teams über, d. h. der Gedanke an Partizipation rief Auseinandersetzungen innerhalb der Teams hervor, die ihrerseits partizipativ ausgetragen werden mussten.
- Schon bei der Schaffung der Papiere und Instrumente musste Partizipation gelebt werden, d.h. nachdem die Adressaten mit dem Vorhaben (z. B. der Schaffung eines Rechtekatalogs) vertraut gemacht worden waren, wollten sie selbst dabei mitreden, welche Rechte ihnen zuzugestehen seien. Im Sinne von Partizipation konnte ihnen das schwerlich verwehrt werden.
- Befürchtete Katastrophen (»Die werden über die Stränge schlagen«) traten nicht ein.
- Die Adressaten zeigten sich im Bewusstsein ihrer Rechte kooperativer, auch im Hinblick auf ihre eigenen Erziehungspläne. Offenbar erlebten die Kinder und Jugendlichen sich, indem die Partizipation sich als wirklich ernstgemeint herausstellte, als selbstwirksam und nicht nur als Objekte ihrer Erziehungspläne.

- Damit wurde die pädagogische Arbeit von den Erzieherinnen und Erziehern selbst als effektiver wahrgenommen.
- Die Wellen der Partizipation schlugen hinauf bis in Bereiche der Verwaltung und Leitung des Trägers, der damit ursprünglich nicht gerechnet hatte: Was er als für die Einrichtungen richtig und die Adressaten notwendig den Teams hatte verordnen wollen, wirkte nun auf ihn zurück. Die Hierarchien zwischen Träger und Mitarbeitenden mussten *flacher* werden.
- Der Geist der Partizipation veränderte die *praktische Ideologie* des Alltags; als »praktische Ideologie« wurde bezeichnet, was sich im alltäglichen Umgang als *Haltung* in der Praxis offenbarte: Trotz erst vorhandener Skepsis gegenüber einem denkbaren Formalismus wurde der Geist der Partizipation also lebendig.

Hier wird deutlich, dass Partizipation kein Experiment mit Freiheit sein kann. Eine Partizipation, die nur versuchsweise eingeführt würde, an Bedingungen des Wohlverhaltens geknüpft, wäre keine. Wo die Fenster geöffnet werden, damit der Wind der Freiheit herein wehen kann, verändert sich die Innenraum-Atmosphäre. Haben Sie schon einmal versuchsweise gelüftet und bei Nichtgefallen die hereingekommene Luft wieder hinaus gejagt? – Wer sich auf Partizipation einlässt, kann sich mit dem Goethe-Wort wappnen: »Die ich rief, die Geister, werd' ich nun nicht los«.

Partizipation gibt es nicht als Experiment.

Aber was für Geister sind das? Die Erfahrungen jenes Jugendhilfe-Trägers scheinen den Schluss nahezulegen: ***Respekt der Freiheit wirkt zurück in kooperativem Verhalten.*** Das wären also keine bösen Geister, die es zu fürchten gälte, sondern gute Geister, die freundlich zu begrüßen wären. Auch dies würde sich ja wiederum decken mit der in antipädagogischer Argumentation immer wieder bezeugten Erfahrung, dass der Respekt von Freiheit, der als Erziehungsverzicht aufgefasst wird, Kinder nicht unausweichlich zu unerträglichen Zeitgenossen heranwachsen lasse, ja, dass eher gegenteilige Erwartungen berechtigt zu sein scheinen.

Zur Erinnerung: Das Buch, aus dem ich hier berichte, heißt: »Erziehung braucht eine Kultur der Partizipation«. Wie bei Korczak wird der Begriff der Erziehung also nicht aufgegeben; das Anliegen, um das es in dem Buch geht, kann aber auch ein antipädagogisch argumentierender Mensch problemlos als sein eigenes wiedererkennen. Es macht keinen wesentlichen Unterschied, ob wir »Erziehung« dazu sagen oder »Erziehungsverzicht«, wenn wir den Status von Kindern und Jugendlichen (und anderen »Adressaten«!) als Rechtssubjekte ernst nehmen, wenn wir ihre Freiheit *respektieren*, statt sie ihnen (huldvoll) zu »gewähren«.

Noch einmal also: Hieße die Frage »Geht es ohne Antipädagogik?«, ließe sich gelassen antworten: Ja. Den Begriff braucht es nicht. Und einen Streit um »des Kaisers Bart« in der Absicht, Haarspalterei zu betreiben, braucht es auch nicht. Die wichtigen Dinge sind schon längst im Gang. Es ist erfreulicher, daran mitzuarbeiten, als Rechthaberei zu treiben, nur weil man etwa die Erfahrung nicht los wird, seit dreißig Jahren immer mal wieder nicht verstanden zu werden, wenn man von Antipädagogik redet.

Mit welcher Bezeichnung wir unseren Umgang mit Kindern belegen, macht keinen wesentlichen Unterschied aus. Was dabei geschieht, ist die Frage.

Insofern können auch nachdenkliche Menschen, die dazu neigen, die Dinge zu Ende zu denken und dabei feststellen, dass ein und derselbe Begriff (»Erziehung«) offensichtlich unterschiedlich aufgefasst werden kann, und die deshalb versucht sind, auf sorgfältiger bis pedantischer Begriffsunterscheidung zu bestehen, ihren Frieden damit schließen, dass im allgemeinen Sprachgebrauch genau diese sorgfältige Begriffsunterscheidung in aller Regel nicht gepflegt wird und das Wort »Erziehung« einfach und recht unbeschwert für *allen* Umgang Erwachsener (vor allem in irgendeiner Weise *zuständiger*, also *»erziehungsberechtigter«* Erwachsener) mit Kindern und Jugendlichen benutzt wird. Auch an dieser Stelle empfehle ich Gelassenheit und rate ab von Rechthaberei und Streitsucht. Dass Sie, lieber Leser, und ich es beim Schreiben bzw. Lesen dieses Buches einmal anders gemacht, also diese Begriffsunterscheidung immer wieder in den Blick genommen haben, ist dem philosophischen Charakter dieser Schrift geschuldet. Das übergeordnete Interesse aber ist der *Versuch einer Verständigung.*

Nun habe ich in diesem Kapitel bisher nur verneint, dass abweichende Begriffsverwendungen wesentliche Unterschiede ausmachen würden. Das Kapitel steht aber unter der Überschrift »Die wesentlichen Unterschiede«, was erwarten lässt, dass es doch welche gibt.

Davon gehe ich auch wirklich aus und will die im Weiteren erläutern.

Ich habe manchmal in solchen pädagogisch-antipädagogischen Streitgesprächen, deren Muster ich oben skizziert habe, erfahren, dass die Gesprächspartnerin wohl zuerst die Auffassung von der allgegenwärtigen Erziehung, die gar nicht ausgeschaltet werden könne, ins Feld führte, bei ausführlicherer Diskussion dann aber der Erziehungsbegriff durchaus im Zusammenhang mit der Möglichkeit und dem Recht gesehen wurde, über den anbefohlenen Menschen verfügen zu können, zu dürfen und zu müssen, und dass der Anspruch auf diese Möglichkeit und dieses Recht auf keinen Fall aufgegeben werden sollte. Fast schien es mir in solchen Fällen, als würde da im Menschen ein störrischer innerer Diktator wohnen, dem die Freiheit bedrohlich und deshalb letzten Endes vielleicht sogar verhasst wäre. Solche Mutmaßung kann natürlich weder einen Wahrheitsanspruch erheben, noch ist sie für die Auseinandersetzung in irgendeiner Weise hilfreich; sie ist nichts als ein spontan entstandenes Bild auf meiner Seite, das allenfalls nahelegen kann, diesen gedachten Diktator nicht weiter zu bedrängen, zu reizen und zu verärgern.

Der Unterschied, ob der Gedanke an Freiheit mit Optimismus oder Pessimismus einhergeht.

Ob ein Mensch – einer in pädagogischer Verantwortung zumal – auf die Freiheit seiner Mitmenschen mit Angst oder mit Wohlwollen reagiert, mit Pessimismus oder Optimismus, das scheint mir allerdings auf jeden Fall ein wesentlicher Unterschied zu sein, auch für das Gepräge und die Qualität der Beziehung zwischen den Beteiligten. Denn an diesem Unterschied entscheidet sich letzten Endes, ob dem Mitmenschen seine eigenen Entscheidungen konsequent zugestanden werden oder am Ende doch die Bereitschaft zum Zwang und zur Gewaltanwendung sich offenbaren muss. Woher aber kommen Pessimismus und Optimismus? Entstammen sie nicht den Erfahrungen, die wir im Verlauf unseres Lebens machen, aus denen wir unser Bild von Leben und Welt entwerfen, um uns dann darin einzurichten bzw. zurechtzufinden? – Mit diesem Gedanken komme ich zu einem anderen Unterschied, der mir gleichfalls wesentlich zu sein scheint.

Ich hatte oben berichtet von der Erfahrung jenes Jugendhilfe-Trägers, dass die freigegebene Partizipation bei den Jugendlichen nicht zum »Über-die-Stränge-Schlagen«, sondern umgekehrt zu mehr Kooperation und Verantwortlichkeit geführt hatte, und dies als Parallele angesehen zu der Erfahrung von gleichberechtigt mit Kindern lebenden Erwachsenen, dass der Verzicht auf Erziehung gleichfalls nicht zu Tyrannei der Kinder oder Lebensuntüchtigkeit geführt, sondern die Entwicklung von freundlichem Selbstbewusstsein, gepaart mit Leistungsbereitschaft und Kritikfähigkeit – sprich: hoher Sozialität – anscheinend eher begünstigt, jedenfalls aber nicht behindert habe.

Der Unterschied, ob eine Erfahrung zur Gelassenheit ermutigt oder zur Manipulation ermächtigt.

Sehr wesentlich scheint mir nun zu sein, hier zwischen *Erfahrung* und *Programmatik* zu unterscheiden. Eine Erfahrung ist einmal, wie sie ist. Beim ersten Mal erscheint es angemessen zu sagen: Glück gehabt. Reihen sich aber ähnliche Erfahrungen aneinander, legt sich der Gedanke nahe, dass dahinter eine – vielleicht ganz verborgene, unerforschte – Gesetzmäßigkeit stehen könnte. Und nun kommt die Versuchung: Sobald ich hinter der Erfahrung eine Gesetzmäßigkeit vermute, kann ich dazu neigen, mir das Geschehen verfügbar machen, also das erwünschte Ergebnis herstellen zu wollen, indem ich mich so verhalte, wie ich mich zuvor aus anderen Gründen verhalten habe. Ich könnte es z. B. zunächst einfach nur unanständig und unerlaubt gefunden haben, in die Angelegenheiten eines anderen Menschen gegen seinen Willen hinein zu regieren, *obwohl* ich dabei befürchtet hätte, er könne sich anders entwickeln als von mir gewünscht (denn Wünsche für Menschen, die mir anbefohlen sind und vielleicht sogar persönlich am Herzen liegen, kann es ja immer geben). Die Erfahrung hätte mich nun gelehrt, dass meine Befürchtung sich nicht bestätigt hätte; vielleicht wäre ich sogar positiv überrascht worden. Wenn ich nun zukünftig zwar weiter genauso handelte, aber nun nicht mehr aus meiner Ethik heraus, die auch ein ganz anderes Ergebnis hinzunehmen bereit sein müsste, sondern *damit* sich die einmal erlebte Entwicklung auch im Vergleichsfall wieder einstellte, dann begänne die Verzweckung. Wenn mir an dieser Stelle vorgehalten würde, genau damit würde ich selbst im von mir problematisierten Sinn erziehen und eindimensionale Ursache-Wirkung-Zusammenhänge in so komplizierten Vorgängen wie der individuellen menschlichen Entwicklung behaupten, dann wäre diese Vorhaltung nur allzu berechtigt.

Der Unterschied, ob wir Bildungsprozesse kindgerecht ermöglichen um der Kinder willen oder um eines übergeordneten Interesses willen.

Genauso verhält es sich im Bereich der frühkindlichen Bildung: Man kann – wie oben beschrieben – die Selbstbildungsprozesse der Kinder ermöglichen, begünstigen, begleiten auf Basis der Akzeptanz von Kinderrechten. Man kann es aber auch tun, weil man es für einen hohen Bildungsstand am Ende der Entwicklung für erforderlich und erfolgversprechend hält. Im äußeren Erscheinungsbild mag das über weite Strecken identisch aussehen. Was die innere Haltung angeht, halte ich es für einen wesentlichen Unterschied.

Schon an einzelnen Sätzen lässt sich dieser Unterschied zwischen einer einfach nur beschriebenen *Erfahrung* aus der Vergangenheit und einer auf die Zukunft gerichteten *Programmatik* deutlich machen. So hörte ich als noch sehr junger Mann einmal einen alten Herrn, der Leiter an einer evangelischen Schule gewesen war, folgenden Satz sagen: »Herr Schulz, Sie können von einem jungen Menschen alles verlangen, wenn Sie bereit sind, sich persönlich mit ihm auseinanderzusetzen.« Der Hintergrund dieses Gespräches war meine eigene Schulerfahrung; denn auf dem staatlichen Gymnasium, das ich besucht hatte, waren des öfteren Schüler gescheitert, die dann zu jener evangelischen Schule wechselten und dort doch noch – und sogar mit guten Noten – ihr Abitur schafften. Diese Tatsache trug der evangelischen Schule an unserem Gymnasium den Ruf einer »Abitur-Schenkungs-Anstalt« ein. Nun begegnete mir dieser eremitierte Schulleiter und sagte den erwähnten Satz und ich begann zu begreifen, dass nicht der Verzicht auf Leistung diesen Schülern zum Abitur verhalf, sondern die persönliche Zuwendung, die an unserer Schule nur zu viele Lehrer vermissen ließen. Insofern war ich von diesem Satz ziemlich beeindruckt.

Der Unterschied, ob persönliche Auseinandersetzung mit einem anbefohlenen Menschen aus ehrlichem Interesse an ihm als Person geschieht oder als Mittel zum Zweck seiner Unterwerfung.

Und doch liegt auch eine Gefahr darin. Es macht nämlich meines Erachtens einen wesentlichen Unterschied, ob dieser Satz von den Worten »persönlich mit ihm auseinanderzusetzen« oder von den Worten »alles verlangen« her nachbuchstabiert wird. Im ersten Fall hätte mir der ehemalige Schulleiter einfach eine Erfahrung berichtet im Sinne von: »Wann immer ich mich mit einem Schüler persönlich auseinandersetzte, bin ich davon überrascht worden, wie große Bereitschaft er entwickelte, sich von mir auch fordern zu lassen.«

Verstünde ich den Satz des Schulleiters im Ruhestand aber von den Worten »Sie können alles verlangen« her, dann läge die Frage nach einer erzieherischen Zielerreichung zugrunde im Sinne von: »Was muss ich tun, damit ich von einem jungen Menschen alles verlangen kann, dass er mir also unter allen Umständen Folge leisten wird?« Und erst die Antwort auf diese Frage wäre dann: »Sie müssen sich persönlich mit ihm auseinandersetzen.« So würde aus der reinen *Erfahrung* eine *Programmatik* werden, die jeder ausprobieren und natürlich auch missbrauchen könnte. Selbst Schlägertrupps, Spitzel oder Erschießungskommandos ließen sich auf diesem Weg also rekrutieren, wenn jemand nur junge Menschen fände, mit denen sich außer ihm niemand persönlich auseinandersetzte. Wo Jugendhilfe bzw. Jugendsozialarbeit abgebaut wird oder versagt, stoßen z. B. rechtsradikale Gruppierungen oder abhängig machende Sekten ja gerade in diese Lücke. Ein Bekannter von mir, der einige Zeit lang einer Sekte angehört hatte, sagte mir später, er habe dort die teuren Kurse schließlich nicht mehr bezahlen können und sei so herausgekommen, doch vom Gefühl der Zugehörigkeit her sei jene Zeit die schönste seines Lebens gewesen.

Aber nur weil eine mit persönlicher Auseinandersetzung (im Sinne von engagierter Zuwendung) gestaltete pädagogische Beziehung *auch* missbraucht werden kann, kann ich die persönliche Auseinandersetzung als solche nicht verkehrt und die Erfahrung, dass daraus Vertrauen und Leistungsbereitschaft entstehen kann, nicht verwerflich finden. Der wesentliche Unterschied liegt hier in den Hintergedanken des Pädagogen.

Mit *aller* Macht, die uns in pädagogischen Bezügen zuwächst, haben wir *immer* verantwortlich umzugehen. Und Vertrauen, das uns entgegengebracht wird, dürfen wir *niemals* missbrauchen.

Hierzu können Sie »Die Geschichte von Karina und dem Rollenspiel, in dem sie eigentlich nichts sagen wollte« auf Seite 214 lesen.

Es ist ein wesentlicher Unterschied, ob ein Mensch überblickt, was mit ihm geschieht und geschehen soll, weil er am Zustandekommen und der Gestaltung dieses Geschehens selbst beteiligt und über die Hintergründe wie Sinn, Ziel und Zweck informiert ist, oder ob er sich hilflos ausgeliefert fühlt und seine Situation als fremd, rätselhaft und bedrohlich erlebt. Ich erinnere mich gut an mein Entsetzen, als ich ein Kind in der Tagesgruppe, in der ich tätig war, danach fragte, ob es wisse, warum es bei uns in der Einrichtung sei, und dieses Kind darauf antwortete: »Weil ich böse bin.« – Ich bin böse, zur Strafe bin ich hier und nun soll ich hier gut werden – was soll denn das für ein Programm sein? Ist das mit »Erziehung« gemeint?

Der Unterschied, ob mit einem pädagogischen Auftrag offen umgegangen oder hinter dem Berg gehalten wird.

Wenn es stimmt, dass Kinder Erziehung brauchen und geradezu danach verlangen, dann könnten wir sie doch eigentlich fragen, ob sie sie wollen, bzw. warten, bis sie von sich aus danach fragen. Wer sich nach den Wünschen des ihm anbefohlenen Kindes richten möchte, wird ihm auch nicht den Wunsch nach Erziehung abschlagen. Er wird allerdings gemeinsam mit dem Kind aushandeln, was denn der Gegenstand der Erziehung sein soll. Das Kind selbst wäre es nämlich nicht, sondern das, was das Kind lernen möchte. Das ist auch so ein wesentlicher Unterschied: der Unterschied zwischen Sach- und Person-Pädagogik.

Der Unterschied zwischen Sach-Pädagogik und Person-Pädagogik.

Die *Sach-Pädagogik* hängt immer zusammen mit einer *Handlungsproblematik*. Diese zu bewältigen, sollte im Interesse des Menschen liegen, der einem im Rahmen der jeweiligen Sach-Pädagogik unterstellt ist. Bei einem Instrumentalunterricht etwa wäre die Handlungsproblematik das Erlernen des Instrumentes, bei einer Jugendhilfe-Maßnahme eher das bis dato versäumte Erlernen der Selbststeuerung. Hat das Kind/der Jugendliche kein Interesse an dem jeweiligen Lernen, ist also die Handlungsproblematik gar nicht *sein Problem*, dann kann diese Sach-Pädagogik aufgegeben werden. Alles andere wäre Nötigung oder Zwang; wie im Fall des Instrumentalunterrichtes dafür von einem rechtfertigenden Notstand die Rede sein sollte, davon habe ich keine Vorstellung; im Fall der Jugendhilfe-Maßnahme würde durch den Zwang das, was Jugend*hilfe* sein sollte, in die Nähe von Jugend*strafe* rücken (»Ich bin böse«). Ist die Handlungsproblematik aber von dem Kind/Jugendlichen selbst angenommen worden, so hat der erwachsene Begleiter nicht nur das Recht, sondern die Pflicht, ihm all seine Fachkompetenz zur Verfügung zu stellen.

Der Unterschied, ob das Kind selbst am Auftrag zu einer Sach-Pädagogik mitgewirkt hat oder nicht.

Der wesentliche Unterschied ist hier also nicht, ob man anbefohlenen jungen Menschen *etwas beibringen* darf oder nicht, sondern ob diese selbst einem den Auftrag dazu erteilt haben oder eine bestimmte Sach-Pädagogik ungefragt und ohne Möglichkeit zum Einspruch übergestülpt bekamen.

Hierzu können Sie »Die Geschichte von Luise und ihrem Vorsatz, Kinder das Schleifebinden zu lehren« auf Seite 216 lesen.

Natürlich kann es geschehen, dass ein Kind oder Jugendlicher sich für ein sach-pädagogisches Angebot zwar aus eigenem Entschluss entschieden hat, dass es/er sich aber etwas anderes davon versprochen hat als das, was ihm dann begegnet. In dem Fall liegt ein Konflikt vor, der mit aller pädagogischer Präsenz zu bearbeiten sein wird. Dafür kann ich hier keine Marschroute entwerfen, aber behalten Sie als Faustregel doch im Kopf, dass, auch wenn Sie Vorschläge machen, Anregungen geben, appellieren, vielleicht sogar streiten müssen, letzten Endes der junge Mensch selbst entscheiden können soll, ob er sich die gegebene Handlungsproblematik weiter zu eigen macht oder nicht.

Bei der *Person-Pädagogik* spielt eine spezifische Handlungsproblematik, die den jungen Menschen mit dem Pädagogen aufgrund dessen Fachkenntnis verbindet, keine Rolle. Zwar hat es der junge Mensch für sich annähernd unausgesetzt mit irgendwelchen Handlungsproblematiken insofern zu tun, als er sich immer gerade irgendeiner Tätigkeit widmet. Insofern er dies aber allein oder nur zusammen mit Kameraden tut, bleibt der Pädagoge außen vor. Die Person-Pädagogik ist gewissermaßen eine andere Dimension der Pädagogik. Hier steht nicht die Kenntnis zu einem bestimmten Gegenstand des Interesses im Vordergrund, sondern die pädagogische Beziehung. Der Unterschied ließe sich etwa an der zur jeweiligen Pädagogik gehörenden Frage verdeutlichen. Zur Sach-Pädagogik gehört die Frage »Wie macht man das?«, zur Person-Pädagogik die Frage »Wer bist du?« bzw. »Wer bin ich?« Erstere Frage bleibt prinzipiell außerhalb der Person, die Frage »Wer bist du?« aber greift in die Integrität der Person ein und ist obendrein genaugenommen unbeantwortbar, denn die Personhaftigkeit[6] lässt sich letztlich nicht erfassen. Und doch steht sie im Interesse der Person-Pädagogik. Daher ist ihr besondere Behutsamkeit, Höflichkeit, Zurückhaltung etc. aufgegeben.

Im tatsächlichen pädagogischen Geschehen greifen natürlich Person-Pädagogik und Sach-Pädagogik ständig ineinander, verschränken sich und durchdringen einander. Indem das Kind fragt: »Wie macht man das?« verhandelt es im selben Moment die Frage mit: »Wer bin ich, dass ich mich dieser Handlungsproblematik stelle?« Zugleich beschäftigen den Pädagogen die beiden Fragen: »Kann ich dem Kind bei dieser Handlungsproblematik helfen?« (Sach-Pädagogik) sowie: »Wer bin ich für das Kind, dass es mich um Hilfe bittet?« (Person-Pädagogik). So ist das tatsächliche Geschehen ein in sich verwobenes, sehr komplexes Geflecht, in dem noch viel mehr Fragen als die paar hier holzschnittartig formulierten eine Rolle spielen; es lässt sich aber unter diesen zwei verschiedenen Perspektiven der Person- und der Sach-Pädagogik reflektieren.

Die wesentlichen Unterschiede dabei scheinen mir zu sein: Für die Sach-Pädagogik: Handelt das Kind wirklich in eigenem Interesse oder wird ihm ein Tun aufgedrängt?

Für die Person-Pädagogik: Ist mein Interesse darauf gerichtet, das Kind kennenzulernen (soweit es sich mir zeigen will), um seiner Entwicklung zu

6 Ich schreibe hier bewusst nicht »Persönlichkeit«, denn dieser Begriff kann allzu leicht als »Summe aller persönlichen Merkmale« aufgefasst werden. Personhaftigkeit greift aber darüber hinaus.

dienen, oder darauf, es nach meinen Vorstellungen zu formen (»Ich mache einen Entwurf von ihm und sorge dass es ihm ähnlich wird«)?

Der Unterschied, ob eine Person-Pädagogik sich in Dialog oder Diktat ereignet.

Hierzu können Sie »Die Geschichte von Marisa und der ihr unbekannten Theaterarbeit« auf Seite 219 lesen.

Im Sinne der (von mir so genannten) Person-Pädagogik ist mir in einem Gedankenaustausch einmal die Definition von »Erziehung im weitesten Sinne« als »Lernen am Vorbild einer emotional nahestehenden Person« begegnet. Schaut man diese Definition genau an, so liegt hier der aktive Part ganz auf der Seite des Kindes: Ist Erziehung gleichzusetzen mit Lernen (nicht etwa mit Belehren!), dann ist es das Kind selbst, das sich erzieht, weil es selbst ja der Lerner ist. Aus der Bildungsdiskussion war mir dieser Gedanke längst geläufig (*Bildung ist immer Selbstbildung*), für die Erziehung war er mir neu. Dieser Gedanke hebt die Vorstellung irgendeiner Transitivität von Erziehung (sie geschähe also *vom* einen *am* andern) vollständig auf, weshalb ich auch den in der Argumentation damals unmittelbar nachfolgenden Satz, daher könne man nicht nicht erziehen, gern korrigieren würde durch Ersetzung des einen »nicht« mit dem Wörtchen »gar«; dann stünde da: Wenn man Erziehung im weitesten Sinne auffasse als Lernen am Vorbild einer nahestehenden Person, dann könne man *gar nicht* erziehen oder – anders betont – dann *könne* man gar nicht erziehen, weil eben alle Erziehung sich nur im Kind und seinem Lernen abspiele. Allenfalls ließe sich mit dieser Definition von Erziehung sagen, dass sich das Kind seiner eigenen (Selbst-)Erziehung nicht entziehen könne, weil es eben immerzu lerne.

Gemeint war mit dieser sehr weit gefassten Definition von Erziehung aber doch wohl, dass man eben mit seinem schlichten Da-Sein (d. h. in der Nähe des Kindes Sein, das obendrein noch in Liebe zu einem aufblickt) und allem Verhalten unweigerlich und ständig auf das Kind und sein Lernen einwirke und dass das Kind sich dem – siehe oben – ebenso wenig entziehen könne, wie der betroffene Erwachsene diese Einflussnahme verweigern könne, es sei denn, er entfernte sich von dem Kind und ließe es allein. Dann aber würde es zugrunde gehen oder ein anderer nähme die Rolle des Davongegangenen ein und wäre damit ebenso unweigerlich in der Situation, auf das Kind einwirken zu müssen, ob er wollte oder nicht.

All dies ist sicherlich so offensichtlich wahr, dass es schon fast als *Binsenweisheit* bezeichnet werden könnte. Aber welchen Mehrwert entfaltet diese Weisheit?

In Einzelfällen könnte sie Eltern (oder andere Zuständige) zur Verzweiflung treiben, weil sie im Bewusstsein ihres ständigen Einwirkens durch Vorbild sich zu einem immer vorbildlichen Verhalten herausgefordert und damit überfordert sehen könnten. Diesen Gedankenstrang habe ich schon im Kapitel »Kann Erziehung gelingen?« verfolgt. Wollten solche Erwachsenen sich von dieser Überforderung entlasten, könnten sie nur versuchen, dem Kind emotional möglichst wenig nahezustehen, wenn denn das Kind vor allem *am Vorbild einer emotional nahestehenden Person* lernt.

In anderen Fällen, in denen Eltern mit sich selbst zufriedener wären als jene eben beschriebenen, könnten diese alles der (Selbst-)Erziehung des Kindes überlassen, das ja ständig lernte, wobei sich die Einwirkung der geliebten Eltern ganz von selbst ergäbe. Reflektieren müssten diese Eltern nichts. Die scheinbar gegensätzlichen Behauptungen, dass Erziehung immer sei und dass Erziehung gar nicht möglich sei, wären von ihrem Nutzwert her plötzlich gleich, weil die Beeinflussbarkeit des wirkenden Geschehens in beiden Fällen denkbar gering erschiene. Die Frage »Geht es ohne Erziehung?« wäre somit völlig unsinnig, denn entweder wäre Erziehung allgegenwärtig oder sowieso nur eine Illusion und gar nicht wirklich existent.

Der wesentliche Unterschied bei dieser Problematik besteht aber nicht darin, ob eine Einwirkung so unausweichlich und allgegenwärtig ist, dass sie gar nicht verweigert werden kann, oder ob sie so illusionär ist, dass der Entschluss dafür oder dagegen völlig unerheblich wäre, sondern darin, ob ich als Erwachsener von meiner Möglichkeit der *absichtsvollen* Einwirkung auch dann weiter und vielleicht noch verstärkt Gebrauch machen will, wenn das Kind deutliche Signale setzt, dass es sich dieser Verfügung über seine

Person entziehen möchte, oder ob ich mich dann zurücknehme. Kurzgefasst: Ob ich solche Rücknahme für *ge*boten oder für *ver*boten halte. Ganz deutlich formuliert: Ob (und ggf. in welchem Ausmaß und mit welchem Nachdruck) *Gehorsam* vom Kind gefordert werden darf oder soll. In letzter Konsequenz zu Ende gedacht: Ob am Ende solcher Auseinandersetzung Zwang und Gewalt stehen dürfen oder nicht.

Die *Alles-ist-doch-Erziehung*-Haltung blendet diese Frage gern aus, warum auch immer. Sie unterstellt dem Vorsatz des Erziehungs-Verzichts eine Art Furcht oder Schuldgefühl gegenüber jedwedem Einfluss, der einem unterlaufen könnte. Um solch eine unrealistische Vermeidungshaltung geht es aber gar nicht. Solange Menschen, die einander lieben, in Frieden beieinander sind, aneinander wachsen und voneinander lernen, gibt es keinen Konflikt, so viel Einfluss dabei auch hin und her geht. Für den Konfliktfall jedoch sollte geklärt sein, ob hier die Macht oder das Recht das letzte Wort hat. Das ist ein wesentlicher Unterschied.

Der Unterschied, ob die Macht oder das Recht das letzte Wort hat.

Agnes Sapper ging 1912 in ihrem Elternratgeber »Erziehen oder Werdenlassen?« für meinen Geschmack ehrlicher, jedenfalls klarer und offener (fast möchte ich sagen: offensiver) mit der Frage nach dem Gehorsam um. Ich teile ihre Positionen an sehr vielen Stellen durchaus nicht, aber an Klarheit, was unter Erziehen – im Unterschied zum »Werdenlassen« – zu verstehen sei, lassen ihre Ausführungen nichts zu wünschen übrig. Hier ein Auszug, in dem sie sich mit dem Kind im ersten Lebensjahr beschäftigt:

> *»Es dauert gar nicht lange, vielleicht ein halbes Jahr, so drückt es sein Wohlgefallen aus bei dem Erscheinen der Mutter oder Pflegerin, auch oft sein Mißfallen bei ihrem Verschwinden. So haben wir nach kurzer Zeit bei unserem Kind schon die wichtigste Grundlage für die Erziehung erreicht: wir haben seine Zuneigung gewonnen. Ein weiteres Halbjahr und das Kind will schon nicht nur die Mutter, sondern die liebende*

Mutter. Es merkt bereits den Unterschied, ob sie mit liebkosendem Ton zu ihm spricht und mit lachendem Gesicht, oder ob sie dem vielleicht ungebärdig kreischenden Kind mit verweisendem Ton und unzufriedenen Mienen gegenübertritt. Mit diesem Moment fängt die bewußte Erziehung an. Von dieser Stunde an liegt es in der Macht der Mutter, dem Kind, das nach ihrem freundlichen Gesicht begehrt, unwandelbar die Erfahrung einzuprägen: daß seine gute Aufführung das sonnige Gesicht bringt und die schlechte Aufführung das trübe. Das Kind lernt ja in seinem ersten Lebensstadium alles nur durch die sich wiederholende Erfahrung, daß gewisse Ursachen gewisse Folgen haben. Planlos reckt und streckt z. B. der kleine Säugling zuerst seine Ärmchen und Händchen in die Luft, bis ihn der Zufall dieses und jenes lehrt, z.B: daß es nicht wohl tut, wenn die kleinen Finger in sein Gesicht kratzen, daß es aber angenehm ist, wenn die Händchen den Schnuller, die Schlotter oder dergleichen erfassen. Durch solche Erfahrungen kommt allmählich Absicht in die Bewegungen; die Fingerchen kratzen nicht mehr das Gesicht, die Hände greifen nach dem Schnuller, die unangenehmen Folgen werden vermieden, die erwünschten hervorgerufen. Wer diese Natursprache versteht, lernt aus ihr die natürlichste Erziehung: was das Kind lassen soll, muß ihm unangenehme Folgen haben, was es tun soll, erwünschte bringen und zwar nicht nur manchmal sondern jedesmal, wie nach einem unwandelbaren Naturgesetz.« (Seiten 48/49)

Soweit Agnes Sapper zum Erziehungsbegriff: Das Kind soll auf Linie gebracht werden und das von Anfang an. Der Wille der Mutter hat dem Kind Befehl zu sein. Entsprechend dieser Setzung gibt Frau Sapper *richtige* Tipps, wie dieses Ziel zu erreichen sei.

14 Seiten weiter empfiehlt sie ausdrücklich für das Kind im zweiten Lebensjahr den Klaps auf die Hand (übrigens immerhin die einzige Körperstrafe, die sie empfiehlt) und begründet dies am Beispiel der Ankleidesituation so:

»Was die Mutter tut, darf das Kind nicht vereiteln. Wirft es den Schuh ab, so bekommt es einen festen Klaps auf die Hand. Ist das ein paarmal geschehen, so hat das Kind gelernt, sich in das Unvermeidliche zu fügen;

friedlich und fröhlich kann künftig die Toilette vor sich gehen. Ich bin überzeugt, daß die Zeitströmung, die solche Strafe als roh bezeichnet, bald vorüber gehen wird.« (Seite 62)

Gehorsam muss sein?

Noch einmal 20 Seiten weiter widmet Frau Sapper dem Gehorsam in Bezug auf das etwas älter gewordene Kind ein ganzes Kapitel von 16 Seiten. Ich zitiere hier daraus nur einzelne Sätze, die mir besonders signifikant erscheinen:

»Die Erziehung, die wir in den vorigen Kapiteln zunächst als Abwehr gegen Übergriffe und als Anleitung zur Rücksicht betrachtet haben, wird unmerklich, und zwar sehr bald vor ihre Hauptaufgabe gestellt: den Gehorsam zu erreichen.« (Seite 82)

»Man denke sich jeglichen Gehorsam der Kinder weg – bald würden sie zugrunde gehen, durch Speise und Trank, Feuer und Wasser und durch all die Dinge, die in der Hand Unverständiger gefährlich werden.« (Seite 83)

»Gehorsam darf nur das Fundament der Erziehung sein, aber als solches ist er unentbehrlich; er muß schon im zweiten Lebensjahr beginnen, und zwar muß er absolut sein in allen Fällen, wo er gefordert wird; ...« (Seite 90)

»Man wendet dagegen ein, die Kinder gehorchen nur aus dem wenig edlen Motiv der Furcht oder Strafe. Das ist aber eine Täuschung. Die erste Erziehung zum Gehorsam kann, wie wir Seite 69 gesehen, wohl selten gemacht werden, ohne eine kleine abschreckende Strafe, ohne den Klaps, der dem Kind sinnlich deutlich macht, daß es uns ernst ist. Aber bald geht der Gehorsam als Pflichtgefühl in das Kind über und muß nicht mehr durch die Furcht vor Strafe gestützt werden. Mit dem sechsten Jahre kann der Gehorsam vollständig erreicht sein. Wer den durch den Gehorsam geübten und erstarkten Willen erproben will, der mag den Versuch machen ein gehorsames Kind zu überreden, ein kleines Geschenk, einen Leckerbissen anzunehmen, während ihm das von zu Hause verboten war; es wird kaum gelingen, trotzdem keine Strafe droht.« (Seite 91)

Gehorsam zu erreichen, sei die Hauptaufgabe der Erziehung und der Gehorsam zugleich ihr Fundament, Verzicht auf Gehorsam für das Kind nicht nur gefährlich, sondern geradezu vernichtend, weshalb er, wo er gefordert werde, absolut zu sein habe. Diese Position jedenfalls ist klar und deutlich.

Aber warum beziehe ich mich hier so ausführlich darauf? Stehen wir nicht heute mit der Erziehung ganz woanders? Ist nicht im weiteren 20. Jahrhundert weitaus mehr Leid und Not durch Gehorsam angerichtet worden als durch Ungehorsam? Haben wir nicht infolgedessen ganz andere Möglichkeiten entwickelt, um zur Einsicht und Selbstdisziplin zu erziehen?

Das will ich wohl auch annehmen, aber ich vermisse in der heutigen Erziehungs-Diskussion eine ähnlich klare Hypothese, wie denn die Disziplin zum Menschen komme, wenn nicht durch Zwang und Strafe.

Wie kommt der Mensch zur Disziplin?

Die Psychoanalyse führt diszipliniertes Verhalten, das nicht mehr unmittelbar von der Furcht vor einer Strafe abhängig ist, auf die innerpsychische Ausbildung eines **Über-Ichs** zurück; nach Sichtweise der Reflexologie und des Behaviorismus wäre wahrscheinlich von einer reinen *Konditionierung* zu sprechen. Letzteres könnte leicht als Dressur verächtlich gemacht werden, ersteres als ein zwar normaler Vorgang der seelischen Entwicklung (schließlich war Sigmund Freud ein Zeitgenosse von Agnes Sapper), der allerdings störanfällig sei und somit zu neurotischen und/oder verbrecherischen Persönlichkeiten führen könne. Antiautoritäre Erziehung hält die Anerziehung von Disziplin gar nicht erst für erstrebenswert, sondern eher für schädlich und den Verfechtern des gleichberechtigten Umgangs mit Kindern scheint es unwichtig zu sein, wie die Fähigkeit zur Disziplin überraschenderweise auch ohne Erziehung zum Kind kommt, was für den Fachdiskurs über pädagogische Ursache-Wirkung-Zusammenhänge wenig hilfreich ist. Was bleibt, ist die auf mich jedenfalls einigermaßen hilflos anmutende Ermahnung an Eltern, sie müssten sich durchsetzen. Ja, wie denn?

Machen wir uns nichts vor: Gehorsam mag uns zum Unwort geworden sein, die Sache selbst ist aktuell wie eh und je. Wer einmal vor einer Gruppe gestanden hat, die partout nicht tun wollte, was er für sie vorgesehen hatte, wird dabei relativ wenig Freude am Ungehorsam empfunden haben. Und erst recht wird in Verzweiflung gestürzt sein, wer seinem kopflos auf die Straße laufenden Kind völlig wirkungslos ein donnerndes »Halt!« hinterher gerufen hat und dann zusehen musste, wie es voller Ungehorsam ins Auto lief. So etwas ist nicht mehr unter »Wer nicht hören will, muss fühlen« abzutun. Es ist klar, dass es einen Bedarfsfall geben kann, in dem Gehorsam sinnvoll ist. (Die Erfahrung lehrt allerdings, dass ein Kind, das gewohnt ist, unter freundlicher Begleitung seiner erwachsenen Bezugsperson seine Angelegenheiten selbst zu bestimmen, genügend Vertrauen hat, dort, wo ihm doch einmal eine Anweisung begegnet, dieser dann widerspruchslos Folge zu leisten.)

Geben wir es also ruhig zu: Es gefällt uns trotz aller Moderne ganz gut, wenn unsere Kinder uns gehorchen. Und ich mutmaße, viel Erziehungsberatung wird gerade aus dem Grund in Anspruch genommen, dass die Kinder es nicht tun.

Insofern kann die Klage gewisser Buchautoren, Eltern könnten sich nicht mehr durchsetzen und gäben deshalb den Erziehungsanspruch ganz auf, gar nicht überraschen. Sie greifen eine Not der Eltern auf und schreiben, sofern sie in der Rolle sind, psychiatrische Diagnostik an den betroffenen Kindern zu betreiben, von gestörten, bindungsunfähigen, nicht leistungsbereiten und nicht anpassungsfähigen, nicht gemeinschaftsfähigen und nicht eigenverantwortlichen Kindern. Ich beziehe mich hier so ausführlich auf Agnes Sapper, um Ihnen, liebe Leserin, eine Vorstellung davon zu ermöglichen, wohin solche Autoren offenbar zurück wollen, wenn sie schreiben, »Kinder müssen wieder als Kinder gesehen werden« (Michael Winterhoff, »Warum unsere Kinder Tyrannen werden«, Seite 18) oder einem Kapitel die Überschrift geben: »Alle Macht den Eltern« (so Bernhard Bueb in seinem »Lob der Disziplin«).

Aber hier halte ich inne und muss ein Stück zurückrudern. Ich will Agnes Sapper nicht unrecht tun.

Hierzu können Sie »Die Geschichte von Angelika und dem Füttern nach der Uhr« auf Seite 170 lesen.

Wenn zu einer ganz anderen Zeit etwas *wieder so wie früher* gemacht werden soll, dann wird es mit großer Wahrscheinlichkeit keineswegs so wie früher, sondern ganz anders. Zudem ist zu erwähnen, dass Agnes Sapper immer wieder vor Übertreibungen warnt, immer wieder die Individualität jedes Kindes betont, immer wieder den Schluss daraus zieht, dass es in der Erziehung keine Schablone geben könne, die auf jedes Kind gleichermaßen passe. So warnt sie, was den Klaps auf die Hand angeht, davor, das Schlagen zur Gewohnheit werden zu lassen:

> *»Wem es immer gleich in der Hand zuckt oder wer stärker schlägt, als er eigentlich wollte, der soll es sich lieber gar nie gestatten.« (Seite 69)*

Und zum Gehorsam findet sie auch folgende Worte:

> *»Der über das Kindesalter hinaus geforderte unbedingte Gehorsam verwandelt sich oft in eine Unterwürfigkeit, die zu unserem Ziel der Erziehung geradezu im Gegensatz steht, denn sie entwickelt weder die Persönlichkeit an sich, noch verleiht sie ihr Wert für die Gesamtheit. Wir begegnen solchen Menschen oft genug im Leben. Sie glauben immer, recht zu handeln, wenn sie sich fügen und dulden.« (Seite 89)*

Sowie:

> *»Gehorchen ohne Widerspruch galt früher als eine berechtigte Forderung; sie wäre dies wohl auch, wenn wir Eltern unfehlbar, allweise, allwissend wären. Davon sind wir aber alle weit entfernt und deshalb kann es uns vorkommen, daß wir manches Gebot oder Verbot erlassen, dessen Wirkungen wir im Augenblick nicht überschauen. […]*
>
> *Kinder, denen nicht eine erklärende Einrede gestattet wird, sind wie Verurteilte, die sich nicht verteidigen dürfen. So ist es gewiss unrichtig, als feste Regel widerspruchslosen Gehorsam zu fordern. Die Möglichkeit der Erklärung muss dem Kind gegeben und diese in Betracht gezogen werden. Ein Vater, der sagt: ›So habe ich gesagt und deshalb bleibt es dabei!‹ wird leicht Bitterkeit hervorrufen, die Kinder halten*

das nicht für Konsequenz, sie empfinden es als Eigensinn und Härte.« (Seiten 96/97)

Agnes Sapper redet also nicht einem stumpfen Kadaver-Gehorsam das Wort. Sie argumentiert als Kind ihrer Zeit, denkt dabei auch an vielen Stellen nach vorn, freilich in eine Zukunft, die für uns auch schon wieder lange zurückliegende Vergangenheit ist. Erster und Zweiter Weltkrieg standen noch aus, als sie ihr Buch schrieb, von den Gräueln des Nationalsozialismus konnte sie noch nichts ahnen, die furchtbaren Wirkungen eines prinzipiellen, bedingungslosen Gehorsams, der das eigene Gewissen stumm machte, hat sie sich vermutlich nicht träumen lassen; wahrscheinlich hätte sie sie nicht verteidigt.

Der Unterschied, ob ein vorhandenes Machtgefälle in einem warmen, freundlichen oder einem kalten, feindseligen Beziehungsgefüge erlebt wird.

Dass ihre Erziehungsvorstellungen von ihr ferner eingebettet in liebevolle Familienbeziehungen (heute würde man sagen: sichere Bindungen) gedacht wurden, wird deutlich, wenn man ihre schon weiter oben erwähnten Romane »Die Familie Pfäffling – Eine deutsche Wintergeschichte« und »Werden und Wachsen – Erlebnisse der großen Pfäfflingskinder« liest. Darin findet sich so viel Zuwendung, Herzensgüte, Nachsicht, Einfühlung und auch Humor, dass von diesen Büchern eine Wärme ausgeht, die es mir als Leser relativ leicht macht, über das Altmodische, Zopfige oder Kitschige hinwegzusehen. Trotzdem muss ich ja nicht alles richtig finden, was die Pfäffling-Eltern tun. Ich stelle aber fest, dass die dort geschilderte und in »Erziehen oder Werdenlassen?« empfohlene Erziehung eine Einheit aus warmer, sicherer Eltern-Kind-Beziehung und absichtsvollem erzieherischen Handeln ist. Wo heute aber rückwärts gewandt nach der starken Hand *wie früher* gerufen wird – wobei immer noch offen bleibt, ob diese starke Hand dann auch wieder schlagen soll, wenn es gar nicht anders geht –, da scheint mir die Erziehung eher wie eine technokratische, von der persönlichen Beziehung getrennte, beiden Seiten aufgebürdete Veranstaltung zu sein. So ist mir durchaus glaubhaft, was eine Kindertagesstätten-Leiterin berichtete: Ihr Nachbar habe das Buch des Dr. Winterhoff »Warum unsere Kinder Tyrannen werden« gelesen und es sei ihm angesichts der Erziehungsschwierigkeiten mit seinem Sohn sehr willkommen gewesen. Er habe sich also danach gerichtet. (Zur Erinnerung: Eine Hauptempfehlung von Dr. Winterhoff ist, vor allem sich von seinen Kindern *abzugrenzen* und sich nicht von ihnen *steuern zu lassen.*) Damit sei ihm leider nur gelungen, das Verhältnis zwischen sich und seinem Sohn weiter zu zerrütten.

Der Unterschied, ob Gehorsam ausnahmsweise oder grundlegend von Bedeutung ist.

Ich komme insofern zu der Einschätzung: Ein wesentlicher Unterschied ist nicht, ob das Wort Gehorsam tabu ist oder ausgesprochen werden darf (notfalls lässt es sich ja auch umschreiben, etwa: »Die Bereitschaft meines Kindes zu tun, was ich ihm sage«). Ein wesentlicher Unterschied ist aber, ob das Gehorchen eines Kindes in Furcht und Zittern oder in Vertrauen und Liebe geschieht, und vor allem, ob der Gehorsam als Grundgesetz der ganzen Eltern-Kind-Beziehung angesehen wird oder eher ausnahmsweise von Bedeutung ist. Oder mit einem schon einmal bemühten Bild gesprochen: Es ist ein wesentlicher Unterschied, ob ich um das Vorhandensein einer Notbremse und um meine Möglichkeit, diese zu bedienen, weiß, mich aber trotzdem im Zug gemütlich auf meinen Sitzplatz setze, oder ob ich in der Erwartung, der Lokführer könnte jederzeit einen Fehler machen, die ganze Reise über die Hand an der Notbremse habe, als müsste ich einen Missbrauch des Zuges verhindern, während doch das Schild »Missbrauch ist strafbar« *meinen denkbaren Missbrauch der Notbremse* meint.

Und um kein Missverständnis in *dieser* Sache aufkommen zu lassen: Ich bin *gegen* den Schlag auf die Hand, und sollte er als Erziehungsmethode noch so bewährt sein. Solche Dressur tut weh und ist erniedrigend. So etwas gehört sich nicht.

Es gilt nun, langsam zur Beantwortung der Titel-Frage zu kommen, die über allem hier Erörterten steht.

Weiter oben hatte ich geschrieben, der Feststellung, dass Menschen, wo sie beieinander sind, einander immer beeinflussen und prägen (erst recht, wenn sie sich mögen), könne nicht ernsthaft widersprochen werden. Ich hatte diese Feststellung als wahr, jedoch nutzlos bezeichnet. Weil sie neben ihrer – von mir behaupteten – Nutzlosigkeit aber eben auch wahr ist, möchte ich an dieser Stelle noch einen Begriff ins Spiel bringen, um den letzten mir wesentlich scheinenden Unterschied benennbar zu machen. Es ist das selten verwendete Wort »erziehlich«.

Der Unterschied zwischen erziehlicher Wirkung und erzieherischer Absicht.

Eine Situation, in der Menschen lernen, in der sie etwas voneinander haben, in der sie sozusagen aufeinander abfärben, in der sie irgendeinen Einfluss für ihre Weiterentwicklung erfahren, in der also nach jenem Erziehungsverständnis *Erziehung geschieht*, möchte ich eine *erziehliche Situation*[7] nennen. Ich erkenne an, dass somit eigentlich jede Situation eine *erziehliche* Situation ist oder zumindest sein kann. Es gibt keinen Grund, dass ich meine Fortbildungsarbeit, meine Fachberatung, mein Zusammenleben mit Frau und Tochter oder gar etwa meine theaterpädagogischen Aktivitäten davon ausnehmen könnte. All das hat *erziehliches Potential.*

Aber all das ist zugleich *erzieherisch* unberechenbar. Denn das Wort »erzieherisch«, dem ich das Wort »erziehlich« gegenüberstelle, verbinde ich mit

7 Ich bin mir bewusst und zeige hiermit an, dass die Scheidung der Begriffe »erzieherisch« und »erziehlich« von mir an dieser Stelle willkürlich gesetzt wird, um Vorsatz und Wirkung deutlich getrennt voneinander zu betrachten. Eine feststehende Fachsprache ist das nicht. Vielmehr setzt der Duden beide Wörter in ihrer Bedeutung gleich, während im allgemeinen Sprachgebrauch, das Wort »erziehlich« weitgehend verlorengegangen ist.

dem Vorsatz, am anderen gezielt etwas zu tun – zu seiner Entwicklung, seiner Veredelung, seiner Vervollkommnung, seiner Anpassung, seiner Demütigung oder wozu auch immer.

Ich stehe in *erziehlichen* Situationen. Damit wirke ich auch auf andere. Dieses Wirken ist unumgänglich und insofern weder ein Verdienst noch eine Schuld. Es geht ins Ungewisse. Für das, was ich dabei konkret tue, trage ich aber die Verantwortung, wie jedem Menschen gegenüber, so natürlich auch und besonders gegenüber anbefohlenen Menschen im Rahmen eines absteigenden Machtgefälles.

Eines *erzieherischen Vorsatzes* aber (»Ich mache einen Entwurf von ihm und sorge dass er ihm ähnlich wird«) kann ich mich enthalten. Nicht dass mir erzieherische Gelüste fremd wären. Aber sie berechtigen mich nicht, andere Menschen zu belästigen und ihnen mein Heil aufzudrängen. Wer vorsätzliche Erziehung von mir will, kann mich ja darum fragen. Gemeinsam können wir uns dann auf einen freundlicher konnotierten Begriff dafür einigen. Hilfe z. B. oder Unterstützung. Begleitung. Fortbildung. Beratung. Was auch immer.

Insofern zu guter Letzt also zur Anfangsfrage:

Geht es ohne Erziehung?

Wenn Erziehung immer und überall ist: Nein. Sie stehen unausgesetzt in erziehlichen Situationen und wirken immer erziehlich.

Wenn wir Erziehung nur dort verorten, wo ein erzieherischer Anspruch des einen am anderen besteht, wo einer den anderen regieren, beherrschen, veredeln, verändern, zwingen will: Ja. Es geht ohne all das. Wenn Sie die Freiheit lieben (nicht nur die eigene, sondern auch die Ihrer kleinen und großen Mitmenschen), können Sie es getrost ausprobieren. Aller Erfahrung nach haben Sie nichts Schlimmes zu befürchten. Ein wichtiger Tipp nur noch einmal der Vollständigkeit halber: Denken Sie dabei *auch* an sich selbst. Ganz wichtig! Auch Ihre Freiheit gilt.

»Es gibt nichts Gutes außer: Man tut es«

Mit der Überschrift zum letzten Kapitel zitiere ich noch einmal den von mir so sehr geschätzten Erich Kästner (»… was nicht in euren Lesebüchern steht«, Seite 130). Knapper als er es mit diesen Worten gesagt hat, lässt sich meiner Meinung nach kaum ausdrücken, dass noch die klügsten und besten Überlegungen nichts taugen, wenn sie im wirklichen Leben keine Konsequenzen haben.

Bis zum vorigen Kapitel habe ich versucht, Sie, lieber Leser, zum Philosophieren über den Umgang mit Kindern, der landläufig Erziehung genannt wird, einzuladen. Ich habe Ihnen beschrieben, wie aus meiner Sicht die Dinge liegen, wie es mir mit der Erziehung und allerlei, was daran hängt, zu sein scheint. Ich bedanke mich an dieser Stelle für Ihre Mühe, diese Gedankengänge nachzudenken und für sich zu prüfen, ob es Ihnen genauso scheint.

Solches Tun aber ist rein *reflexiv*. Wenn dieses Reflektieren *produktiv* werden soll, dann ist die Frage zu stellen, was denn nach dem Nachdenken *getan* werden soll. Ich erinnere (mich) daran, dass ich sehr unzufrieden damit war, als mir auf meine Frage, wie der von Diana Baumrind empfohlene Weg der *autoritativen Erziehung* im praktischen Leben denn nun zu beschreiten sei, geantwortet wurde, Frau Baumrind gehe es gar nicht um Empfehlungen, sondern nur um wissenschaftliche Forschung. Solche Forschung ist rein *reflexiv* (über etwas nachdenkend) und *reaktiv* (auf etwas reagierend) und *retrospektiv* (zurückschauend). Interessiert auch die Frage »Was können wir denn nun tun?« (und diese ist mir von Erzieherinnen und Erziehern, gelegentlich auch von Eltern, immer wieder gestellt worden), dann muss auf Grund der angestellten Reflexionen auch *prospektiv* gedacht und *aktiv* gehandelt werden. Mit anderen Worten: Das Gute will *getan* werden, ganz praktisch im wirklichen Leben.

Was ist gut?

An dieser Stelle jedoch könnte es erst noch einmal so richtig philosophisch werden mit der Frage: Was ist denn gut? Wer entscheidet darüber?

Die Antwort darauf, wenn sie nicht in den Bereich des Religiösen oder zumindest des Transzendenten abheben will, ist denkbar einfach und bodenständig: Gut ist für jeden Menschen das, was ihm selbst nach reiflicher Überlegung gut zu sein scheint.

Wenn meine Gedankengänge, die ich hier angeboten habe, für Sie, liebe Leserin, keinerlei Überzeugungskraft hatten, wird Ihnen anderes gut erscheinen als mir. Eine Empfehlung, die ich geben wollte, könnte dann für Sie keine Gültigkeit haben.

Wenn Sie aber meine Gedanken zum Umgang mit Kindern (und Jugendlichen) schlüssig fanden und gern nach-gedacht haben, dann brauchen Sie jetzt keine Empfehlung von mir, was zu tun gut sei. Diese Empfehlung können Sie sich dann selbst geben und tun, was Ihnen *gut* und *recht* erscheint.

Insofern ist mein Anliegen in diesem letzten Kapitel nicht, irgendetwas zu *empfehlen*, sondern – weit weniger zurückhaltend – an etwas zu *mahnen*: Das Gute, das *gewusst* wird, will auch *getan* werden. Daher das Erich-Kästner-Zitat als Überschrift.

Wo vom Umgang mit Kindern – gerade auch im Zusammenhang mit frühkindlicher Bildung – die Rede ist, hieß es in den letzten Jahren oft, vor allem komme es auf die *Haltung* zum Kind an. Mit *Haltung* ist dabei die innere Einstellung zum Kind gemeint bzw. das Kind-Bild, das man für sich pflegt. Das ist zweifellos richtig und ich habe selbst solche Sätze oft gesagt.

Aber ich konnte mich doch auch nicht der Richtigkeit des Arguments verschließen, das mir dann einmal begegnete: dass nämlich die *Haltung* allein noch kein *Verhalten* ist.

Wissen ist wichtig, um unterscheiden zu können, was man für richtig und was für falsch hält. Eine ethische Haltung und deren Bewusstheit ist gleichfalls wichtig, um eine Auffassung davon entwickeln zu können, was recht und was unrecht sei. Dafür ist Nachdenken (oder Philosophieren) mit klugem Kopf und klarem Verstand, mit Argumentation und Gegenargumentation überaus nützlich. Aber alle Erkenntnis ist dann nichts wert, wenn sie sich nicht im Leben spiegelt.

Alles, was nur *graue Theorie* bleibt, nützt den Kindern, um die es dabei vorgeblich geht, nichts. Daran, was sich in der tatsächlichen Begegnung mit Kindern aus Fleisch und Blut ereignet, entscheidet sich, was dem jeweiligen

Kind freundlich ist. Das Kind selbst wird uns dazu ziemlich klare Rückmeldung geben.

Darum hört dieses Buch hier auf, nur ein philosophisches Gedankenspiel zu sein, in dem Sie sich gegebenenfalls mit Ihren eigenen Gedanken gespiegelt haben könnten, und wird an dieser Stelle zu einem zweifachen Appell:

Erstens, liebe Leserin, lieber Leser, tun Sie, was Ihnen gut zu sein scheint!

Was ist besser als gut?

Dabei ist »gut« ein Wort, das verschiedene Steigerungsformen hat. Ich will hier nicht *das Beste* bemühen, das angeblich alle Eltern immer nur für ihr Kind wollen, sondern vielmehr darauf hinweisen, dass es Situationen geben kann, in denen es *besser* ist, das, was eigentlich als *gut* schon längst erkannt wurde, hintanzustellen und nicht zu tun, weil es einen momentan überfordern würde. Was halten Sie z. B. von folgendem Satz:

»… wenn Ihr Kind im Bett weiter schreit, schadet ihm dies […] nicht«?

Ist das das Schreienlassen, das unsere Urgroßeltern angeblich empfahlen, weil sie behaupteten, dies kräftige die Lungen und weise das Kind frühzeitig in seine Schranken? Halten wir solche Empfehlungen nicht heute weitgehend für barbarisch?

Nein, dieser Satz ist von mir völlig aus dem Zusammenhang gerissen und auch noch gekürzt worden. Ich habe ihn entnommen aus einem Flyer mit dem Titel »Schütteln ist lebensgefährlich«, der von einer Krankenkasse und einer Universitätskinderklinik gemeinsam herausgegeben wurde, um über das Schütteltrauma aufzuklären, von dem vor allem sogenannte *Schreikinder* besonders bedroht sind. Im Zusammenhang heißt es dort:

»Was können Sie tun, wenn Ihr Baby schreit?

- *Nehmen Sie Ihr Kind auf den Arm und schaukeln Sie es sanft oder gehen Sie langsam mit ihm herum.*

- *Sprechen Sie leise mit Ihrem Kind oder singen Sie ihm etwas vor.*
- *Bieten Sie Ihrem Kind etwas zu trinken an oder versuchen Sie es mit einem Schnuller.*
- *Schaffen Sie eine ruhige Umgebung (Fernseher aus!).*
- *Massieren Sie Ihrem Baby sanft den Bauch oder den Rücken.*

Wenn Ihr Baby unaufhörlich weiter schreit ... und Sie immer unruhiger werden, legen Sie Ihr Kind sanft auf den Rücken ins Bettchen, dunkeln Sie den Raum etwas ab und verlassen den Raum. Versuchen Sie Abstand zu bekommen und sich zu beruhigen! Atmen Sie langsam tief ein und aus. Telefonieren Sie mit Freunden oder Verwandten. Auch wenn Ihr Kind im Bett weiter schreit, schadet ihm dies für eine kurze Zeit nicht.

Beachten Sie deshalb bitte:

Auch wenn Ihr Baby unstillbar schreit, sich nicht mehr beruhigen lässt und Sie entkräftet und genervt sind – ***Schütteln Sie nie Ihr Baby!***«

Es geht hier also keineswegs darum, *prinzipiell* das Kind schreien zu lassen, um ihm ja nicht zu Willen zu sein. Vielmehr geht es darum, Eltern in einer besonders belasteten Situation zu beraten *zum Schutz des Kindes* davor, geschüttelt zu werden. In einer solchen Situation, in der das Kind schreit wie *außer Rand und Band* und Eltern nicht mehr aus noch ein wissen, sich ohnmächtig fühlen, ja, in ohnmächtige Wut geraten können, sodass sie sich möglicherweise am Kind durch verzweifeltes Schütteln vergreifen, wird als *besser* erkannt, das Kind eine Zeitlang allein schreien zu lassen, um selbst Atem holen zu können, auch wenn sonst als *gut* angesehen wird, sich um ein schreiendes Kind zu kümmern und es nicht einfach sich selbst zu überlassen.

Zweitens, liebe Leserin, lieber Leser, lassen Sie, was Ihnen unrecht vorkommt!

Das Goldene Warteinweilchen.

Aus theoretischer Überlegung und praktischer Erfahrung scheint es mir sogar fast so zu sein, dass es oft mehr auf das Lassen als auf das Tun ankommt. In meinen Fortbildungen für Erzieherinnen erzählte ich mitunter eine alte Kindergeschichte, die Geschichte »Das Goldene Warteinweilchen«. Diese will ich auch Ihnen nicht vorenthalten:

»Es war einmal eine arme Frau, die tat einer Fee etwas zuliebe. Da sagte die Fee zu ihr: ›Wünsche dir etwas!‹

Die Frau, die eine gute Mutter war, wünschte sich etwas, das ihrem Sohn einst nützlich sei.

Da gab ihr die Fee ein kleines, goldenes Warteinweilchen und sagte dazu: ›Gib das deinem Sohn mit auf die Wanderschaft. Wenn das goldene Männlein zu ihm sagt: Wart ein Weilchen, dann soll er sich bedenken und dann erst handeln, so schützt es deinen Sohn vor manchem Unglück!‹

Die arme Frau nahm das goldene Männlein, das die Fee ihr gegeben hatte, und verwahrte es gut. Sie dachte aber bei sich: Ein paar Goldstücke wären mir lieber gewesen.

Einmal nun war Not im Hause. Da dachte die Frau an das goldene Warteinweilchen und beschloß, es bei dem Goldschmied zu verkaufen. Als sie es aber in die Hand nahm, sagte das goldene Männlein ganz deutlich: ›Wart ein Weilchen.‹

Die Frau erschrak und legte das Warteinweilchen wieder in den Kasten. Am Nachmittag kam ein Nachbar und brachte einen Taler zurück, den er sich in guten Zeiten bei der Frau geliehen hatte. Nun hatte die Not ein Ende. Seitdem verwahrte die Frau das Warteinweilchen gut, und als ihr Sohn erwachsen war, gab sie es ihm und schickte ihn damit getrost in die weite Welt.

Trotzdem der Sohn arm war, so war er doch groß und ansehnlich gewachsen. Er verdingte sich zuerst bei einem Bauern als Kleinknecht, war anstellig und fleißig, so daß es dem Bauern leid tat, daß er nach zwei Jahren von dannen zog. Fritz, so hieß der Knecht, kam in ein Dorf, in dem lauter reiche Bauern wohnten. Er wollte den ersten, der vor der Tür stand, um einen Dienst ansprechen, da sagte das goldene Männlein: ›Wart ein Weilchen.‹ Da ging Fritz weiter, und der Bauer sah ihm böse nach. Er war sehr geizig, und die Knechte hielten es nicht bei ihm aus.

Beim zweiten Bauern ging es ebenso. Der war streitsüchtig, und niemand mochte bei ihm bleiben. Beim dritten Bauern aber schwieg das

Männlein, und Fritz ging beherzt in das Haus. Der Bauer nahm ihn freundlich auf, fragte ihn auch, warum er an den zwei stattlichen Bauernhäusern vorbeigegangen sei, und Fritz wollte ihm gerade von seinem goldenen Männlein erzählen, da sagte das Warteinweilchen wieder: ›Wart ein Weilchen.‹

Fritz schwieg geschwind, denn er sah ein, daß man jemand, den man nicht kennt, nicht seine Geheimnisse verrät. Der Bauer nahm den Fritz zu einem guten Lohn an, und der diente ihm drei Jahre lang ehrlich und treu.

Der Bauer hatte zwei Töchter. Die ältere war schön und stolz wie eine Rose, die andere war wie ein bescheidenes Veilchen. Als die drei Jahre um waren und Fritz weiterziehen wollte, sagte der Bauer: ›Wenn dir eine von meinen Töchtern gefällt, so will ich sie dir wohl zur Frau geben. Sag, welche Tochter gefällt dir?‹

Fritz wollte schon rufen: ›Die Ältere!‹ Da mahnte das Männlein wieder, und Fritz bat sich drei Tage Bedenkzeit aus.

Der Bauer lobte ihn darum, und Fritz machte in den drei Tagen die Augen ordentlich auf und sah allerlei, was ihm an der älteren Tochter nicht gefiel. Sie war eitel, putzsüchtig und klatschhaft. Die andere Schwester dagegen war still und einfach. Nach drei Tagen bat Fritz um die jüngere Tochter, und der alte Bauer rief: ›Ei, das nenne ich gut gewählt!‹

›Das danke ich meinem goldenen Warteinweilchen‹, rief Fritz, und da das Männlein ihn nicht zu schweigen mahnte, erzählte er von seinem kleinen goldenen Schatz, und wie oft er ihm schon geholfen hatte. Das freute den alten Bauern mehr, als wenn Fritz ein großes Bauerngut besessen hätte. Weil die Tochter gerne ›ja‹ sagte, hieß der Bauer den Fritz seine Mutter zur Hochzeit zu holen, und weil ihm die gute Mutter gefiel, blieb sie im Hause.

Die ältere Tochter aber heiratete einen Nachbarsohn und wurde die eitelste Bäuerin des Ortes. Fritz lebte mit seiner Frau, mit Vater und Mutter zusammen zufrieden und glücklich; sie leben wohl noch heute, und das goldene Männlein sagt auch immer zum Tod: ›Wart ein Weilchen.‹»
(Siebe und Stökel, »Ich will euch was erzählen«, Seiten 11–13)

Dieses altmodische Kindermärchen kam bei den Erzieherinnen zu meinem eigenen Erstaunen immer so gut an, dass ich nach einigen Malen dazu überging, es nicht mehr nur so ungefähr nachzuerzählen, sondern in voller Länge zu zitieren. Tatsächlich prägte sich seine Kernaussage bei vielen wahrscheinlich besser ein, als manche Erörterung über Hirnforschung und Neurobiologie, und so entwickelte das Goldene Warteinweilchen für manche Fortbildungsteilnehmerin mehr Nachhaltigkeit als wissenschaftliche Erwiesenheiten. Nicht selten bekam ich noch zum Ende der 100-stündigen Fortbildungen die Rückmeldung, an die Geschichte vom Warteinweilchen dächten sie noch oft, wenn sie eigentlich den Impuls spürten, wie früher schnell einzugreifen. Dadurch hätten sie schon manche interessante Wendungen beobachten können, die ihnen und den Kindern sonst als Erfahrungen entgangen wären.

Das Sympathische an dem goldenen Männlein aus der Geschichte ist ja, dass es nicht sagt: »Das darfst du nicht!«, sondern nur: »Wart ein Weilchen«. Darin steckt: *Das, was du gleich tun zu müssen glaubst, kannst Du, wenn es wirklich notwendig ist, auch noch später tun. Zuerst aber schau doch zu, ob sich die Situation nicht ganz anders entwickelt als erwartet und deine Reaktion dann nicht eine ganz andere wird.*

Liebe Leserin, probieren Sie es doch auch einmal mit dem goldenen Warteinweilchen!

Noch ein weiteres Zitat, von mir eigentlich nur am Rand in die Fortbildungen eingebracht, hat manche Erzieherin durch die ganzen 100 Stunden (und mutmaßlich darüber hinaus) begleitet. Es ist ein Satz aus dem bereits erwähnten Buch »Mit Kindern neue Wege gehen«, in dem der Verfasser Lienhard Valentin auf Seite 54 einen mit ihm befreundeten Meditationslehrer so zitiert:

> *»Was wir für diese Arbeit brauchen, sind drei Dinge: eine Tasse voll Wissen, ein Fass voll Liebe und einen Ozean voll Geduld.«*

Zu dem Nutzen von Wissen habe ich mich oben schon geäußert und eine Tasse voll davon werden Sie längst haben. Schwieriger ist es mit dem »Fass voll Liebe«. Wie viel ist ein Fass voll? Und um welche Art Liebe geht es hier eigentlich?

Ekkehard von Braunmühl beantwortete in »Zeit für Kinder« die Frage »Haben Kinder ein Recht auf Liebe?« einst entschieden und sehr logisch mit *Nein*, denn – so argumentierte er – aus dem *Recht* des einen müsse sich immer die *Pflicht* eines anderen ableiten lassen.

> *»Niemand kann zu bestimmten Gefühlen verpflichtet werden«, schrieb er weiter. »Eltern sind verpflichtet, für ihre Kinder zu sorgen und ihre körperliche und geistige Überlegenheit nicht gegen sie einzusetzen. Das ist alles. Man macht sich kaum klar, für wieviel Unheil die ewigen Appelle verantwortlich sind, man müßte Kinder mehr lieben. Jedem Menschen tut es gut, wenn er geliebt wird, das ist klar. Aber er hat keinen Anspruch darauf. Anspruch hat er darauf, geachtet zu werden. Liebe ist mehr, und wenn sie das bleiben soll, darf sich niemand einreden lassen, er sei zur Liebe verpflichtet.« (Seite 65)*

Ist das dieselbe Liebe, die Lienhard Valentin bzw. der mit ihm befreundete Meditationslehrer meint? Von Braunmühl spricht klar von *Gefühlen*, er fasst hier die Liebe also als etwas Spontanes auf, das sich nicht kontrollieren und insofern auch nicht fordern lässt, schon gar nicht fassweise. Wenn er schreibt, die »ewigen Appelle«, man müsste Kinder mehr lieben, seien für viel Unheil verantwortlich, spricht er wahrscheinlich aus praktischer Erfahrung in seiner Arbeit beim Kinderschutzbund.

Zwei verschiedene Arten von Liebe.

In der aktuellen Diskussion um Kindeswohlgefährdung ist immer wieder einmal zu hören und zu lesen, die Unterstellung, Eltern, die ihre Kinder misshandeln oder vernachlässigen, liebten sie nicht oder jedenfalls zu wenig, gehe an der Wirklichkeit vorbei, denn *alle* Eltern liebten ihre Kinder **über alles** und ebenso die Kinder ihre Eltern. Dies wäre ein weiteres Argument dafür, im Sinne von Braunmühls davon abzusehen, Eltern zu mehr Kindesliebe zu ermahnen.

Vielleicht ist es wahr. Vielleicht lieben alle Eltern ihre Kinder und alle Kinder ihre Eltern. So richtig spontan und tief im Innersten. Ich würde es mir wünschen. Aber wenn es nichts nützt …? Das angeschriene, gedemütigte, halbtot geprügelte oder verhungerte Kind bleibt doch angeschrien, gedemütigt, halbtot geprügelt oder verhungert – der ganzen spontanen Liebe tief im

Innersten der (vielleicht extrem reuigen) Eltern zum Trotz. Auch hier gilt: »Es gibt nichts Gutes außer: Man tut es«.

Ich will nicht in Abrede stellen, dass Beschuldigungen an dieser Stelle völlig fehl am Platz sind und in hochgradig belasteten Situationen Eltern und Kinder gleichermaßen Unterstützung brauchen. Aber es geht mir darum, deutlich zu machen: Eine *nur spontane* Liebe, die keine *tätige* Liebe ist, entfaltet kein liebevolles Wirken.

Um dieses liebevolle Wirken scheint es Lienhard Valentin zu gehen. Ich nenne es in Unterscheidung zur spontanen Liebe *programmatische Liebe* oder auch *prinzipielle Liebe.* Es ist jene Art von Liebe, die in den Leitbildern kirchlicher Jugendhilfe-Träger festgeschrieben sein kann, welche ihre Arbeit unter dem biblischen Gebot verstehen »Liebe deinen Nächsten wie dich selbst.« Auch dieses Gebot kann ja nur sinnvoll sein, wenn es dabei nicht um spontanes Fühlen, sondern um entschlossenes Tun geht. Neben der Beachtung zuerkannter Rechte könnte eine Leitfrage dafür sein: »Wie würde ich handeln, wenn dieser Mensch (den ich vielleicht spontan [noch] nicht lieben kann) mir wirklich persönlich am Herzen läge?« Sich in dieser Weise um des Nächsten willen zu zügeln, statt spontanen Impulsen ungebremsten Ungehaltenseins freien Lauf zu lassen, das würde ich als eine *programmatische Liebe* verstehen, von der ein Fass voll für den Umgang mit Kindern und anderen Mitmenschen gerade knapp genug sein könnte. Ich schätze, solche Liebe ist bei Lienhard Valentin gemeint.

Aus der Theaterarbeit kenne ich das Prinzip: »Es kommt nicht darauf an, was du auf der Bühne *empfindest,* wichtig ist, was das Publikum von dir *zu sehen bekommt.*«

Analog dazu ließe sich hier sagen: »Es kommt nicht darauf an, was du für ein Kind/dein Kind *fühlst,* entscheidend ist, was du das Kind *fühlen lässt.*«

Solche *prinzipielle Liebe,* mit der der Mensch eher bereit ist, sich selbst zu beherrschen, um das wirklich zu tun, was er für gut und recht erkannt hat, statt unbeherrscht den Nächsten (eben auch den kleinen Nächsten, das Kind) anzuherrschen und zu beherrschen, könnte demjenigen, der professionell mit Kindern und Jugendlichen und anderen Anbefohlenen umzugehen hat, Berufsethos sein. Als freiwillige Selbstverpflichtung ist sie darüber hinaus jedem möglich.

Leitend für ein Tun und Lassen in diesem Sinne könnte die dreifache Frage sein: »Wer, wenn nicht ich? Wann, wenn nicht jetzt? Wo, wenn nicht hier?«

Schließlich war da bei Valentin noch der »Ozean voll Geduld«. Dieses Bild der schieren Unerschöpflichkeit verstehe ich als eine Mahnung daran, dass man Geduld eigentlich nie genug aufbringen kann. Was Geduld angeht, bleiben wir Menschen einander immer wieder etwas schuldig. Diese von Valentin zitierte Mahnung richtet sich insofern in der Hauptsache an unsere Bereitschaft und Fähigkeit zur Geduld.

Hier wie bei dem *Warteinweilchen* ist aber nun ein Aspekt zu berücksichtigen, von dem bisher noch kaum die Rede war: Die Dimension der Zeit.

Die Dimension der Zeit.

Ich muss das Weilchen Zeit haben, das ich abwarten will. Geduld ohne Zeitverbrauch ist eine absurde Vorstellung. Das Bild vom *Ozean voll Geduld* enthält insofern die Mahnung: Habt Zeit füreinander. Alles, was in einer Beziehung geschehen kann, die gedeihen soll, kann sich nur *in der Zeit* ereignen.

Als sehr junger Mann habe ich immer staunend davor gestanden, wenn ein kleines Kind irgendwelche mir völlig unverständlichen Laute von sich gab und die anwesende Mutter dennoch verstand, was gemeint war, als hätte für sie das Kind eine völlig klare Sprache gesprochen. Als ich später Vater geworden war und mich mit meinem Kind im sogenannten Erziehungsurlaub befand, entwickelte ich selbst genau diese Fähigkeit; aber sie fiel mir nicht einfach zu, sondern sie entstand aus dem Beieinandersein und Miteinander-Umgehen.

Vor dem Hintergrund dieser Erfahrung bin ich geneigt zu sagen: »Vergesst die Erziehung, wichtig ist die Zeit!« Aber ich werde mich hüten, nun irgendwelche Maße zu setzen, wie viel Zeit notwendig sei. Vielleicht gibt es eine kritische Grenze an Beziehungszeit, die nicht unterschritten werden darf, vielleicht ist diese auch nicht einmal durch die offiziellen Mindestpersonalschlüssel in Kindertageseinrichtungen gewährleistet. Aber all solches herauszufinden und zu vertreten, wäre die Aufgabe von wissenschaftlichen

Untersuchungen. Ich für mein Teil könnte hier nur ungesicherte Mutmaßungen aufstellen, und mit solchen unbewiesenen, vielleicht sogar unbeweisbaren Behauptungen kommt man allein zu Ideologien. Ideologien aber will ich nicht das Wort reden.

Mir genügt es an dieser Stelle, grundsätzlich darauf hinzuweisen, dass Beziehung und Kommunikation sich nur *in der Zeit* gestalten lässt. Und mir scheint es noch nicht einmal sachgerecht zu sein, ein Quantum an Zeit dafür festzulegen. *Was* sich in der Zeit ereignet, scheint mir viel wesentlicher zu sein, als *wie lang* die zugemessene Zeit ist. Allerdings mag ich auch nicht in das nicht selten zu hörende Argument einstimmen, die Zeit mit dem Kind könne ruhig knapp sein, es müsse halt nur *Quality Time* sein. Ich habe dieses Argument im Verdacht, eine Schutzbehauptung zu sein. Denn mit dieser Erwartung von *Quality Time*, befürchte ich, werden eher beide Seiten unter Druck gesetzt, dass es nun ganz toll miteinander sein müsse. Wer einmal eine Wochenendbeziehung leben musste, weiß, dass solche Überfrachtung mit Erwartung für beide Seiten belastend werden kann.

Nein, mir scheint es vor allem auf das jeweilige *Jetzt* anzukommen. »Wann, wenn nicht jetzt?« hatte ich oben als eine handlungsleitende Frage vorgeschlagen. Nehme ich das Kind in seinem jeweiligen Anliegen ernst, so werde ich mitunter in sehr unerwarteten Momenten meine Zeit von ihm beanspruchen lassen. Zum Beispiel mitten in der Nacht. Oder wenn eine Arbeit auf dem Schreibtisch liegt und eigentlich von mir erledigt werden soll. Ich bin überzeugt: Sich dann zu sagen »Wann, wenn nicht jetzt?« und dem Kind zu zeigen: »Ja, ich bin für dich da«, ist wie eine *Investition* in die Beziehung miteinander, die *Zinsen trägt.*

Hierzu können Sie »Die Geschichte von Nico und dem Spiel mit dem Rechenschieber« auf Seite 223 lesen.

Eine alte Dame sagte während meines Zivildienstes einmal zu mir: »Wenn ich Sie am Telefon höre, habe ich immer das Gefühl: Der hat unendlich viel Zeit für mich.« Das stimmte so natürlich nicht und wahrscheinlich wusste sie das auch. Die Zeit, die Menschen füreinander erübrigen können, ist immer begrenzt. Aber die Zeit, die wir einander schenken können, sollten wir uns freigiebig schenken. Das ist ein Gewinn für beide Seiten. Ich möchte jedenfalls so manches (durchaus auch längere) Gespräch, das ich mit meiner schon größer gewordenen Tochter zu nachtschlafender Zeit führte und das mit »Du Papa, ich wollte dich mal was fragen« begann, nicht missen. Habe ich für Kneipenbesuche mit Freunden bis tief in die Nacht Zeit und sollte diese Zeit für mein Kind nicht haben?

Viel ist in diesem Buch von Freiheit die Rede gewesen. Es geht mir um die Freiheit auf beiden Seiten, nicht um die Unterwerfung der Erwachsenen unter die Kinder. In diesem letzten Kapitel habe ich mich nun noch dazu verstiegen, die Liebe verstärkt ins Spiel zu bringen. Die beiden Themen Freiheit und Liebe hat vor einigen Jahren eine Schülergruppe bei einer religionsphilosophischen Projektwoche zum Thema »Reformation und Freiheit« in für mich überraschender Weise zusammengebracht:

Freier Herr und dienstbarer Knecht zugleich.

Wir hatten die Schüler mit den scheinbar paradoxen Sätzen Martin Luthers zur *Freiheit eines Christenmenschen* konfrontiert: »Ein Christenmensch ist ein freier Herr aller Dinge und niemandem untertan. Ein Christenmensch ist ein dienstbarer Knecht aller Dinge und jedermann untertan.« Wie sollte das zu verstehen sein – erst recht in einer Gegend, wo nur die wenigsten Schüler selbst Christenmenschen sind? Sie übersetzten die Sätze für sich so: »Ich bin Herr über die, die mich lieben. Ich bin Knecht derer, die ich liebe.«

Ist die Liebe gegenseitig, so ist die Frage, wer wessen Diener oder Herr ist, also belanglos. Soweit es um das *Tun* und *Lassen* gemäß eigener Überzeugung von *recht* und *gut* geht, werde ich dem Mitmenschen – auch dem kleinen – seine Freiheit *lassen* und in aller eigenen Freiheit ihm manchen Dienst *tun*. Und wenn er mir in derselben Freiheit und Gelassenheit seinerseits einen Dienst tun mag, werde ich mich dafür nicht genieren, sondern ihm auch das dankbar zulassen.

In diesem Sinne, liebe Leserin und lieber Leser, möchte ich mich von Ihnen verabschieden mit der Ermutigung: Entscheiden Sie selbst und mit

Ihrem eigenen Verstand, was Sie für **gut** und **recht** erachten. Fragen Sie sich darüber hinaus in besonderen Situationen, ob da nicht doch einmal etwas anderes noch *besser* sein könnte, als das, was sie normalerweise für *gut* halten.

Und dann **tun** und **lassen** Sie in aller Freiheit, was Sie wollen, aber eben auch wirklich das, was Sie selbst wollen, nicht irgendetwas, von dem Sie nur glauben, es bliebe Ihnen ja nichts anderes übrig. Das Leben hält oft mehr Möglichkeiten bereit, als es uns auf den ersten Blick scheint, und die Freiheit sollte bunt und erfreulich sein – für Sie selbst und ebenso für die kleineren oder größeren, jüngeren oder älteren Menschen, die Ihnen anvertraut sind.

Da es also zu guter Letzt um nichts anderes als um Tun und Lassen geht, könnten Sie jetzt »zum Nachtisch« die »Geschichten vom Tun und Lassen« lesen. Haben Sie das aber schon immer zwischendurch getan, so lesen Sie nun, wenn Sie Lust haben, noch die letzte »Geschichte von den Erziehungs-Experten und meiner Reflexion zu ›laisser‹ und ›faire‹«. Die war bisher nämlich noch nicht an der Reihe.

Geschichten
vom Tun und Lassen

Die Geschichte von Angelika und dem Füttern nach der Uhr

Angelika und ihr Mann waren relativ späte Eltern. Lange hatten sie vergeblich auf ein Kind gewartet, zu ihrer großen Freude dann aber schließlich doch eine kleine Tochter bekommen. Ich traf Angelika zur Besichtigung eines Raums für eine große Feier, als das Kind 14 Wochen alt war. Sie war ein wenig in Eile, denn sie hatte, wie sie mir sagte, an jenem Nachmittag noch einen Termin bei der Mütterberatung. »Wir machen das nämlich nicht so, wie es heute Mode ist, dass ein Kind jederzeit zu trinken bekommt, wenn es sich meldet; sondern wir halten das so, wie es früher war, und haben die Kleine frühzeitig an feste Stillzeiten gewöhnt. Deshalb schläft sie auch schon seit längerem die Nacht durch. Das Dumme dabei ist nur, dass sie jetzt eigentlich jeden Tag eine Mahlzeit zu wenig bekommt und nun schon seit Wochen nicht mehr zugenommen hat. Und darum muss ich nachher noch mit ihr zur Mütterberatung.«

Etwa einen Monat später fand die Feier statt. Diesmal war auch das Kind im Kinderwagen dabei. Da ließ sich nun miterleben, wie jenes Fütterungsprinzip praktisch aussah.

Der Kinderwagen stand draußen im Flur; Angelika war drinnen ins Gespräch vertieft. Ein Mitfeiernder kam herein und meldete ihr: »Angelika, dein Kind schreit«. Daraufhin sah Angelika zur Uhr und erwiderte: »Ja, lass sie mal schreien, das ist noch nicht ihre Zeit.« Damit setzte sie ihr Gespräch fort.

Ich kenne Angelika seit Kindertagen und kann insofern sagen, dass sie selbst wohl mit der in unserer Kinderzeit noch vielfach üblichen Strenge, nicht aber außergewöhnlich hart oder gar engherzig erzogen worden war. Auch wusste ich schon damals, dass sie und vielleicht mehr noch ihr Mann in politischen wie persönlichen Dingen sehr bewusst konservativ eingestellt waren. Insofern konnte mich ihre Idee vom »Gewöhnen an feste Stillzeiten« nicht allzu sehr überraschen. Mit welcher Konsequenz sie dies jedoch verfolgte, erfüllte mich mit Befremden.

Ein gutes Jahr später bekam Angelika ihr zweites Kind, diesmal einen Jungen. Über die Patentante des ersten Kindes hörte ich, dass auch dieses Kind in gleicher Weise »nach der Uhr« gefüttert wurde und dass es nach einiger Zeit nicht mehr recht gedieh. Schließlich wies der Kinderarzt den Jungen kurzerhand ins Krankenhaus ein. Dort wurde »zugefüttert«, was Angelika immer abgelehnt hatte, und siehe da: Das Kind erholte sich und kam zu Kräften. Es war tatsächlich ohne Not ganz einfach unterernährt gewesen. Das Prinzip des Fütterns nach der Uhr »wie früher« hatte nicht nur dazu geführt, dass das Kind echten Mangel litt, sondern auch dazu, dass es kaum noch nach Nahrung rief. Was im Sinne einer frühkindlichen Disziplinierung zunächst als Erfolg verstanden werden konnte (wie das zeitige Durchschlafen der größeren Schwester), war wohl doch eher Frustration (die Patentante der Schwester sprach sogar von apathischem Verhalten des Jungen). Warum auch soll man noch rufen, wenn doch keiner darauf hört?

Als dieses Vorkommnis in unserer Familie diskutiert wurde, meldete sich meine Mutter als eine Vertreterin der Großelterngeneration zu Wort und bekundete: »Na ja, *so* haben wir das mit dem Füttern nach der Uhr früher ja nun auch nicht gemacht. H. brauchte abends um 9 immer noch mal etwas.« (H. ist mein älterer Bruder.) Wer hatte ihr Ende der fünfziger Jahre gesagt, dass *dieses* Kind zur eigentlich nicht vorgesehenen Zeit noch eine Mahlzeit brauchte? Die Kinderärztin? Ein Erziehungs-Experte? Es lag auf der Hand, dass sie diesen Bedarf schlichtweg aus dem Verhalten des Kindes erschlossen und dann anerkannt hatte, und sei es nur »um des lieben Friedens willen«. Ich kann mir durchaus vorstellen, dass sie darüber damals nicht mit vielen Leuten gesprochen hatte. Schließlich hatte hier nicht die Mutter das Kind an etwas gewöhnt, wie es das Erziehungsideal vorsah, sondern eher umgekehrt das Kind die Mutter. In Zeiten vorgeschriebener strenger Erziehung geht man damit vielleicht lieber diskret um, tut es aber trotzdem.

Angelika und ihr Mann hatten also mit ihrer bewusst konservativen Haltung doch nicht genauso gehandelt, wie es zu ihrer eigenen Kinderzeit wirklich und durchgängig gewesen war, sondern ganz anders.

Warum ich diese Geschichte erzähle:

Mir scheint, wenn jemand in der Erziehung etwas »wieder« so machen will, wie »es früher war«, kann es sein, dass dabei ganz etwas anderes herauskommt, dass er also Dinge tut, die die Menschen von früher, auf die er sich zu berufen meint, lieber gelassen hätten, und andere Dinge lässt, die sie frank und frei getan (nur vielleicht nicht darüber gesprochen) hätten.

Die Geschichte von Beatrix und dem Bedienen und Blockieren von Spielangeboten

In der theaterpädagogischen Arbeit bediene ich mich oft der Mittel des Improvisationstheaters. Vor allem in der Phase der Gruppen- und Themenfindung ist das sehr hilfreich.

Beim Improvisationstheater haben die Spieler keinen vorgegebenen Text und oft kaum eine vorgegebene Handlung. Sie agieren drauflos und spielen sich dabei die thematischen Bälle im spontanen Wechsel zu. Damit dieses Spiel in Gang kommen kann, gibt es allerdings eine strenge Regel: Blockaden sind verboten! Jedes Spielangebot wird bedient!

Das verlangt von den Akteuren ein schnelles Sich-Einstellen auf den Spielpartner und Sich-Einlassen auf seine Impulse. Gehe ich etwa mit der Vorstellung auf die Bühne, jetzt eine Szene in einem Park zu beginnen, aber mein Spielpartner ist schneller und etabliert als Handlungsort eine Tiefgarage, dann sind wir eben in einer Tiefgarage und ich muss damit umgehen. Dieses Umgehen heißt »Bedienen«. Ich werde mich also auf die Tiefgarage einlassen, im nächsten Schritt aber einen eigenen Spielimpuls hinzufügen, etwa das Thema »Verbrecherjagd« initiieren. Darauf muss sich nun mein Partner einstellen; Pech für ihn, wenn er eigentlich gerade eine Liebesgeschichte beginnen wollte. Das Sich-Einlassen entspricht einem »Ja«, das Einbringen eines eigenen Spielimpulses einem »Aber« und beides zusammen ergibt das Ja-Aber-Prinzip des Improvisationstheaters.

Eine Blockade wäre das Gegenteil davon, also ein »Nein« in meinem Spielverhalten, gefolgt von einem »Sondern«, indem ich dem Partner meine Spielidee aufzwingen wollte oder sogar aus dem Spiel ausstiege, um eine Diskussion zu beginnen. Das Spiel wird mit diesem »Nein, sondern« über kurz oder lang immer zerstört, jedenfalls nie vorangebracht.

(Im Leben scheint es mir übrigens genauso zu sein; da wäre viel gewonnen, wenn unser »Ja, aber«, das wir manchmal sagen, häufiger vor allem ein ehrliches Ja und ein kreatives Aber beinhalten würde, statt nur ein verkapptes »Nein, sondern« zu sein. Doch das nur am Rand.)

Ungeübte Spieler haben mit diesem Prinzip des Improvisationstheaters nicht selten ihre Schwierigkeiten. Darum gibt es eine Übung, die das sonst verbotene Blockieren zur Aufgabe macht: Nun soll eine der beiden Spielerinnen jedes Spielangebot der anderen bewusst blockieren, die andere aber gerade jede dieser Blockaden wieder als Spielangebot werten und bedienen.

In einem Theaterprojekt brachte ich diese Übung in die Gruppe ein, um die Prinzipien des Bedienens und Blockierens einmal zu verdeutlichen. Ich rief dafür einen Jungen auf, der beim Improvisieren weder Hemmungen noch Schwierigkeiten kannte, und Beatrix, die sich bis dahin eher still zurückgehalten hatte und auf Regievorgaben zu warten schien. Hier bekam sie nun von mir nicht nur die Erlaubnis, sondern die Aufgabe, jedes Spielangebot des Partners sich egal sein zu lassen und es sogar zu torpedieren.

Die Wirkung war erstaunlich: Beatrix entwickelte eine Spielfreude, Kreativität und Spontaneität wie zuvor noch kaum. Wollte ihr Spielpartner einen Computer kaufen, erklärte sie die Umgebung zum Buchgeschäft, bot ihm dann eine Sonnenbrille an, fiel schließlich sogar in einen ausländischen Akzent und entdeckte, wo er auf der anderen Straßenseite Computer sah, nur Bananenkisten. Es war köstlich.

Die Übung hatte wie eine paradoxe Intervention gewirkt. Denn tatsächlich liegt das Problem einer blockierenden Spielerin nicht darin, dass ihr nichts einfällt, was sie spielen könnte, sondern darin, dass sie sich und den Spielpartner fortwährend zensiert, was sie im Spiel hemmt. Wird aber nun auch die letzte Regel – das Verbot der Blockade – aufgehoben, kann sie wirklich tun, was sie will, denn sie braucht ja nicht mehr zu überlegen, was »passt«. Genau damit aber erfüllt sie wiederum das Gebot des Improvisationstheaters »Alles bedienen!«, denn weil wirklich *alles* Spielangebot sein kann und der Spielpartner ja aufgerufen ist, noch jede Blockade als Spielangebot zu bedienen, bleiben die beiden im Spielfluss. (Diese Wirkung kann natürlich nicht eintreten, wenn beide Seiten blockieren; dann fährt sich tatsächlich jedes Spiel fest.)

Mir kam es damals so vor, als sei bei Beatrix in dieser Situation geradezu »ein Knoten geplatzt«; jedenfalls war Improvisation danach für sie kein Problem mehr und am Ende des Theaterprojekts spielte sie die Titelrolle.

Warum ich diese Geschichte erzähle:

Mir scheint, wenn das, wozu jemand im Widerspruch zu einer gegebenen Regel neigt, ihm nicht nur erlaubt, sondern sogar zur Aufgabe gemacht wird, erledigt sich manches Problem wie von selbst und neue Möglichkeiten tun sich auf.

Die Geschichte von Christoph und seiner kleinen Hand

Ich lasse mich nicht gern schlagen. Schon als Kind hatte ich ein ausgeprägtes Interesse daran, nicht Opfer von Gewalt zu werden. Selbst Schlägen in bester erzieherischer Absicht, die es zu meiner Kindheit durchaus noch gelegentlich gab, konnte ich nie so richtig Dankbarkeit entgegenbringen.

Doch nicht nur von Stärkeren lasse ich mich ungern schlagen, auch von einem Kind gehauen zu werden, behagt mir nicht. Es tut zwar nicht so weh, kommt mir aber respektlos vor, und respektlos behandelt zu werden, gefällt mir in keinem Fall, gleichgültig, ob es mir von meinem Chef geschähe oder von einem Kind.

In meiner Zeit als Leiter einer Kindertagesstätte ist es mir trotzdem manchmal begegnet. Ich war der einzige Mann im Haus und für die Kinder wahrscheinlich so etwas wie ein Chef »zum Anfassen«. Da wurde auch mit viel Spaß getobt. Und in solchen Situationen geschah es mitunter, dass mich ein Kind im Übermut mit der flachen Hand schlug.

Wohlgemerkt: Hier ist nicht davon die Rede, dass ein Kind, das ungerecht behandelt wird, sich in ohnmächtiger Wut zur Wehr setzt. Das ist mir auch einmal begegnet. Da wollte ein Junge ein Auto mit nach Hause nehmen, von dem ich annahm, dass es der Kita gehörte. Er wollte es nicht herausgeben und ich versuchte dennoch, es ihm abzunehmen. Jedoch war ich im Irrtum und er im Recht, das Auto gehörte wirklich ihm. Dass er es verteidigte und dabei auch nach mir schlug, war insofern nicht zu thematisieren. Vielmehr habe ich mich bei ihm entschuldigt.

Nein, es geht mir hier um das Schlagen im fröhlichen Übermut, das mir nicht gefiel. Was war da zu tun? Zurückschlagen fiel auf jeden Fall aus. Übergehen? Tut doch schließlich nicht wirklich weh und passiert ja vielleicht nicht wieder? Oder sofort eine strenge Miene aufsetzen und sagen:

»Das verbitte ich mir aber!«? Würde das nicht den fröhlichen Übermut, gegen den ja prinzipiell nichts einzuwenden war, vergiften?

Gibt es in solchen Situationen nur die Entscheidung zwischen Dulden und Verweisen?

Ich habe da vor allem Christoph vor Augen; vielleicht ist mir bei ihm zum ersten Mal die Idee gekommen, wie ich die Situation für den Moment entschärfen und mir für die Zukunft verbitten könnte.

Christoph fand es anscheinend lustig, zu mir zu laufen, auszuholen, mich zu hauen und wieder wegzurennen. Jedenfalls wirkte er dabei ganz vergnügt. Ich kannte schon seinen großen Bruder und auch seine Eltern und musste nicht annehmen, dass hier ein durch Prügel traumatisiertes Kind etwas auszuagieren hatte. Mir schien eher, der Übermut trieb ihn dazu, den »Leiter zum Anfassen« auf diese Weise anzufassen.

Das Vergnügen daran war meinerseits jedoch sehr begrenzt. Außerdem wollte ich auch nicht den möglichen Eindruck begünstigen, Erwachsene könne man problemlos hauen, die schlügen schon nicht zurück. Das hätte bei mir zwar gestimmt, aber vielleicht nicht bei jedem anderen Erwachsenen. Ein unterschiedliches Kräfteverhältnis zwischen Erwachsenen und Kindern ist ja in jedem Fall gegeben, und diese Tatsache gänzlich auszublenden, könnte sich auch einmal als weltfremd erweisen.

So rief ich Christoph, immer noch in der Stimmung des fröhlichen Übermuts, zu mir zurück und sagte zu ihm: »Komm mal her! Zeig mal deine Hand! Ach, so eine kleine Hand! Und nun schau mal meine große Hand. Wenn die nun zurückhauen würde? Ach weißt du, das Risiko wäre mir an deiner Stelle zu groß. Lass das lieber nach mit dem Hauen. Es ist zu gefährlich.«

Natürlich, hier macht der Ton die Musik, damit es ein freundlicher Hinweis bleibt und keine verkappte Drohung wird. Mein Eindruck war, als solche hat Christoph es jedenfalls nicht aufgefasst. Aber er und alle anderen Kinder, denen gegenüber ich genauso handelte, haben mich danach nicht mehr gehauen und trotzdem nicht etwa Angst vor mir an den Tag gelegt.

Noch eines: Diese Sorte Humor ist dicht an der Ironie, die kleine Kinder meist noch nicht verstehen. Auch diesbezüglich galt es also achtsam zu sein. Mir kam es in der Situation schließlich darauf an, etwas klarzumachen, nicht etwa darauf, ein Kind zu verunsichern. Das wäre das Gegenteil davon.

Warum ich diese Geschichte erzähle:

Mir scheint, mit Humor lässt sich manche Situation jenseits von Kampf und Kapitulation entschärfen und regulieren. Humor aber hat mit Herzensgüte zu tun, nicht mit Menschenverachtung. Wichtig ist deshalb, dass die freundliche Zuwendung dabei erhalten bleibt. Eine verächtliche Haltung, etwa bemäntelt mit der Begründung: »Später wirst du mir einmal dankbar sein«, kommt beim Kind nicht gut an und vergiftet die Kommunikation mit ihm. Es geht ja auch gar nicht um später und um den ganzen Charakter. Es geht um jetzt und uns beide in einer bestimmten Situation.

Die Geschichte von Dennis und seiner Bettelei um Geld

Dennis und seine Mutter begegneten mir, als ich in einer Tagesgruppe tätig war. Regelmäßig alle drei Wochen führte ich mit der Mutter Gespräche, in denen wir uns darüber austauschten, wie es mit Dennis zu Hause und in der Tagesgruppe ging. Er war zu jener Zeit etwa acht Jahre alt.

Einmal klagte Dennis' Mutter mir ihr Leid, dass ihr Sohn sie so oft um Geld anbettle und sie dann immer nicht wisse, wie sie sich dazu verhalten solle. Zum einen hatte sie selbst nicht viel Geld zur Verfügung, zum anderen war da auch die erzieherische Überlegung, dass es ja nicht gut sein könne, einem Kind jeden Wunsch zu erfüllen, vielleicht noch über die tatsächlichen wirtschaftlichen Möglichkeiten der Familie hinaus.

Ich fragte daraufhin, wie viel Geld Dennis zur eigenen Verfügung habe. Da stellte sich heraus, dass er überhaupt kein Taschengeld bekam. Seine Gewohnheit war eben, immer die Mutter zu fragen, wenn ihm etwas gefiel, das er gern kaufen wollte.

Wir berieten nun, wie viel Geld sie denn regelmäßig als Taschengeld für ihren Jungen entbehren könne. Außerdem berieten wir, in welchen Abständen es sinnvoll sein könne, ihm das Geld in die Hand zu geben (monatlich, wöchentlich, täglich?). Schließlich wurde beschlossen, dass Dennis jeden Tag 50 Pfennig bekommen sollte, die er nach eigener Entscheidung sofort ausgeben oder sich aufsparen könnte.

Ich betonte gegenüber der Mutter noch, dass es sich bei dieser Auszahlung aber um ein *Recht* des Kindes handeln müsse, das von Wohlverhalten völlig unabhängig zu halten sei. Taschengeld sollte Dennis bekommen, weil es von seiner Mutter nun als gut angesehen wurde, ihm eigenes Geld zu geben, nicht als Belohnung für irgendetwas. Auch müsse er sich darauf verlassen können, das Geld jeweils pünktlich und regelmäßig zu erhalten. Er sollte nicht in die Situation kommen, bei ihr nun auch wieder um das betteln zu müssen, was ihm doch zustehen sollte.

Bei unserem nächsten Gespräch berichtete Dennis' Mutter mir, sie habe die Idee mit dem Taschengeld, wie wir sie zusammen entwickelt hatten, mit Dennis besprochen und dann umgesetzt. Ob er denn trotzdem noch wieder um Geld gebettelt habe, fragte ich. Nein, sagte sie, das habe sich seitdem völlig erledigt.

Ich muss gestehen, dass ich über einen solch prompten Erfolg einer so schlichten Idee selbst (freudig) überrascht war. Was hatte da gewirkt?

Dennis' Mutter hatte es in Wahrnehmung ihrer Rolle als Erziehungsverpflichtete (nicht nur Erziehungsberechtigte) *richtig* machen wollen mit der Frage: Wie viel Wunscherfüllung tut einem Kind gut? Wie oft kann oder muss ich ihm wie viel Geld geben, damit es pädagogisch vernünftig und verantwortlich ist?

Mit der Frage, wie viel Geld denn vorhanden sei, waren wir abseits der pädagogischen Theorie mit ihren Fragen nach abstrakten Richtigkeiten im wirklichen Leben angekommen. Zudem kam die Situation des Kindes in den Blick: Wie ist das, wenn man selbst gar kein Geld hat? Muss man dann nicht betteln? Und ist nicht dabei erfolgreich, wer es am charmantesten, drängendsten oder unverschämtesten tut? Dennis' Verhalten war insofern aus seiner Position heraus ganz folgerichtig gewesen. Fundraising wird genauso betrieben.

Nun können einem Kind in einer armen Familie keine Reichtümer zugeschaufelt werden. Sobald man aber einmal weiß, dass Geld in der Welt ist und was man damit machen kann, ist es ein unwürdiger Zustand, wenn man selbst davon *gar nichts* zur Verfügung hat. Diesen Zustand hatte Dennis' Mutter nun beendet. Aus dem Bettler, der er zuvor wohl oder übel hatte sein müssen, war der Besitzer eines eigenen Portemonnaies geworden. Damit hatte sich auch das Verhalten geändert und Mutter und Kind waren weniger genervt voneinander (»Immer bettelst du mich an!« – »Nie gibst du mir Geld!«).

Warum ich diese Geschichte erzähle:

Mir scheint, manchmal sind Probleme viel leichter zu lösen als wir es uns vorstellen, solange wir in dem Gedanken befangen sind, aus erzieherischer

Überlegung alles »richtig« machen zu müssen. Nach dem wirklichen Leben zu fragen und sich die Situation und Perspektive des Kindes zu vergegenwärtigen, kann dabei unglaublich nützlich sein.

Die Geschichte von Emil und den Muttertags-Kartoffeldruckkarten

Emil war fünf Jahre alt, als ich ihm begegnete, aber er war anders als andere Kinder mit fünf Jahren. Im Kindergarten wirkte er immer so, als wisse er nicht recht etwas mit sich anzufangen, und seine Bilder sahen so aus, als seien sie eher von einem dreijährigen als von einem fünfjährigen Kind gemalt worden.

Der Muttertag nahte und die Erzieherin von Emils Kindergartengruppe hatte sich dafür ausgedacht, dass jedes Kind seiner Mutter fünf Briefkarten mit Kartoffeldruck gestalten sollte. Die Kartoffel-Stempel waren geschnitten, die Plaka-Farbe und die Pinsel standen und lagen bereit, daneben auch einige weiße Papierservietten zum Ausprobieren. Und damit die Kinder sich nicht gegenseitig bei dieser Arbeit störten, rief die Erzieherin sie einzeln oder in kleinen Gruppen vom Spiel im Freien herein in den Gruppenraum.

So auch Emil. Ihre Erklärung an ihn, die bei den vor ihm an der Reihe gewesenen Kindern völlig ausreichend gewesen war, lautete in etwa so: »Also, Emil, hier sind die Karten, die du bestempeln sollst. Die Stempel sind da, dort sind die Farben, die du nehmen kannst, und auf den Servietten da kannst du es erst mal ausprobieren, bevor du mit den Karten loslegst.« Emil schaute, als habe er nichts von alledem verstanden. Darauf seine Erzieherin: »Na, nu los, fang an!« Und dann zu mir, ihrem Praktikanten, der dabeistand: »Oh, wenn alle Kinder so wären wie der, hätte ich meinen Beruf schon aufgegeben.«

In dem Moment machte es »klick« in meinem Kopf. Ich war in der Sozialpädagogik noch völlig unerfahren, nur mein Zivildienst in der Altenhilfe war diesem Praktikum vorausgegangen, das mir jetzt die Zulassung zum Sozialpädagogik-Studium bringen sollte. Aber eins wusste ich doch genau: Wegen solcher Kinder wie Emil wollte ich überhaupt Sozialpädagoge werden; die anderen Kinder, die voller Spielideen und Motivation sich die Welt aneigneten, die brauchten keine Sozialpädagogik. Und was die Erzieherin, die mich doch eigentlich anleiten sollte, hier gerade tat, das fand ich richtig *falsch*. Im Beisein eines sowieso schon unsicheren Kindes verlauten zu lassen: ›Solche Kinder könnten mich bis zur Brotlosigkeit zur Verzweiflung treiben‹, kam mir einfach hochgradig unanständig vor. Zudem – das musste doch auf der Hand liegen! – konnte eine solch offensichtliche Missachtung des Kindes doch unmöglich dafür hilfreich sein, es zur Erfüllung der ihm zugedachten Aufgabe zu ermutigen.

Ich zog mir einen Stuhl heran und nahm mit Emil nun erst einmal die verschiedenen Dinge, die da bereitlagen und -standen, in Augenschein. Blumenkelche und Stiele mit Blättern waren die Motive auf den Kartoffel-Stempeln. Gläser mit roter, gelber, blauer und grüner Farbe standen da. Die Pinsel hatten lange Holzstiele und kurze Borsten. Und Servietten gab es.

Nun konnte die Arbeit beginnen. Immer mal wieder wies ich Emil darauf hin, dass der Pinsel sich besser führen ließ, wenn man ihn nicht am hintersten Ende, sondern näher bei den Borsten anfasste. Er vergaß das erst immer wieder, bis es ihm in Fleisch und Blut überging.

Was mich besonders berührte, war seine wiederholt gegebene Antwort auf meine Frage »Welche Farbe möchtest du dafür nehmen?« Er sagte schüchtern: »Die richtige.«

Ich sagte: »Emil, das sind deine Karten, und welche Farbe richtig ist, das entscheidest du.« So entstanden zum Teil grüne Blumen mit roten Stielen, aber Emil arbeitete sich mit der Zeit in so einen Eifer hinein, dass er vermutlich nicht nur die vorgesehenen fünf Karten bestempelt hätte, sondern vielleicht fünfzehn oder die für die ganze Gruppe. (Heutzutage würde ich überlegen, ob ich ihm das nicht zulassen sollte.) Endlich hatte er sich einmal ganz auf ein Tun eingelassen und ging nun förmlich darin auf!

Die Erzieherin, die währenddessen weiter im Raum zu tun gehabt hatte und so nebenbei unsere immer vergnügter und eifriger werdende Arbeit mitbekam, lachte schließlich und sagte: »Wie du das aber auch machst!«

Ja, wie machte ich es denn? Erst später im Studium lernte ich in der Theorie, dass für Menschen mit vermindertem Auffassungsvermögen *Konkretion* von größter Bedeutung ist, d.h. was zu tun ist, muss in möglichst kleinen einzelnen Schritten erfasst werden. In jenem Moment aber war ich von einem Erzieher-Verhalten, das mir sehr falsch vorkam, einfach genötigt gewesen, es nun auf einem anderen Weg zu probieren. Auf diesem Weg gab es wohl für die Farben, die Emil auswählte, kein Richtig und kein Falsch, der Weg selbst aber schien, gemessen an dem Ergebnis, zu dem er führte, allemal richtiger zu sein, als die erste knappe Aufforderung an das Kind. Und die im Anschluss an jene Aufforderung gemachte verächtliche Bemerkung bewerte ich – gemessen am Gebot einer achtungsvollen Haltung jedem Kind gegenüber – auch heute noch als absolut respektlos und deshalb ganz falsch.

Warum ich diese Geschichte erzähle:

Mir scheint, soweit es um die Aneignung der Welt geht, die jedes Kind zu leisten hat, ist es sehr sinnvoll, sich damit zurückzuhalten, unterschiedliche Wege als richtig oder falsch zu beurteilen. Wenn es um unseren Umgang als Erwachsene mit den Kindern geht, sollten wir es uns aber nicht allzu leicht damit machen, alles mögliche Verhalten für gleichermaßen richtig und falsch zu erklären. Schon von der Zielerreichung her wird sich oft das eine als richtiger als das andere erweisen. Und unsere Ethik wird uns überdies auch Vorgaben zu unserem Verhalten machen.

Die Geschichte von Frederike und ihren allein gegangenen Wegen

Mit ziemlich genau dreieinhalb Jahren sagte Frederike eines Morgens zu mir: »Ich geh heute allein in den Kindergarten.« Ich muss zugeben, das traf mich ziemlich überraschend.

Der Begriff von der »Erziehung zur Selbständigkeit« ist leicht in den Mund genommen. Aber wann soll es damit ernst werden? Überschätzt ein so kleines Kind sich nicht?

Nun, in unserem Fall war der Kindergarten nicht einmal fünf Minuten Fußweg weit entfernt. Man musste über keine Straße gehen, sondern nur um zwei Straßenecken biegen und von unserem Balkon aus schauten wir dem Kindergarten rückwärtig in den Hof. Frederikes Einschätzung, diesen Weg nach einem halben Jahr jetzt auch allein finden und bewältigen zu können, mutete durchaus realistisch an. Also sagte ich: »Jaaaa – aber ich komm noch mit runter, denn du kommst an die Türklinke unserer Haustür noch nicht heran.«

Von der Haustür aus sah ich Frederike noch bis zur nächsten Straßenecke nach und dann eilte ich nach oben in die Wohnung zurück, um im Kindergarten anzurufen und mitzuteilen, unsere Tochter werde gleich allein vor der schweren Kindergartentür stehen und man möchte ihr diese doch bitte öffnen und nicht nur wie sonst auf das Klingeln hin den Summer drücken.

Das funktionierte wunderbar und wurde von nun an zur Gewohnheit. Türöffnen hier von Papa und dort von einer Erzieherin, dazwischen der orientierende Anruf im Kindergarten.

Einmal kehrte Frederike auf halbem Weg um und klingelte wieder zu Hause. »Papa, ich kann da nicht durch,« sagte sie, konnte aber nicht genauer beschreiben, worin das Problem bestand. »Warte, ich ziehe mir Schuhe an und komme runter«, sagte ich und erfuhr zwei Minuten später, um was es ging: Auf halbem Weg stand auf dem Bürgersteig eine Betonmischmaschine, die diesen in voller Breite versperrte. Frederike war angesichts dessen nicht auf die Fahrstraße gelaufen, sondern hatte sich zu Hause Rat und Begleitschutz geholt. Das nenne ich ein für dreieinhalb Jahre sehr angemessenes Krisenmanagement. Auch andere Krisen, die ihr auf dem Weg begegneten, hat sie mit ihren Möglichkeiten angemessen gemeistert.

Frederike mag etwa sechs Jahre alt gewesen sein, als sie eines Samstagnachmittags verkündete, sie wolle – allein! – einen Ausflug machen. Mit zwei eingepackten Butterbroten schob sie los, überquerte, wie sie es gelernt hatte, an der nächsten Ampelkreuzung zwei Straßen und setzte sich etwa dreihundert Meter von zu Hause entfernt an einem Springbrunnen auf eine Bank. Nach Verzehr ihrer Butterbrote kehrte sie nach Hause zurück und bekundete hochzufrieden: »Ein kurzer, aber herrlicher Spaziergang.«

Als Grundschulkind besuchte sie den außerschulischen katholischen Religionsunterricht. Dieser fand an einem Wochentag in zwei Gruppen entweder um 15.00 Uhr oder um 16.00 Uhr statt. Den Weg zur katholischen Kirche waren wir zwar schon oft gegangen, aber er war doch deutlich komplizierter als der Schulweg, und so war es uns selbstverständlich, dass ich sie regelmäßig zu 16.00 Uhr in die zweite Gruppe brachte. Dann jedoch äußerte sie den Wunsch, in die erste Gruppe wechseln zu wollen. Für mich war es allemal bequemer und mit meiner Arbeit besser vereinbar, sie *nach* 16.00 Uhr vom Gemeindehaus abzuholen, als sie *vor* 16.00 Uhr zum Gemeindehaus zu bringen und später zum Abholen den Weg noch einmal gehen oder radeln zu müssen. Sie *vor 15.00 Uhr* hinzubringen, schied allerdings von den Rahmenbedingungen her völlig aus. Zur Erfüllung ihres Wunsches musste Frederike also lernen, den Weg allein zu gehen. Dafür liefen wir ihn einmal ganz bewusst unter Hinweis auf alles, was zu beachten sei, ab; beim zweiten Mal führte sie mich den Weg; beim dritten Mal ging sie allein und wurde von mir (wobei ich mich ein wenig hinterhältig fühlte) aus unbeobachteter Perspektive »überwacht«. Danach war auch dieser Weg kein Thema mehr.

Mit neun Jahren überraschte Frederike meine Frau damit, dass sie mich, der ich von einem mehrtägigen Seminar zurückkam, allein vom Hauptbahnhof abholen wollte. Es war Herbst und ich kam bei schon einbrechender Dunkelheit an. Meine Frau brachte Frederike zur Straßenbahn, beschrieb ihr den Weg von der Straßenbahnhaltestelle zum Bahnhof (denn die Straßenbahn hielt damals noch nicht direkt am Bahnhof) und schärfte ihr ein, auf was sie zu achten habe und dass sie bei Unsicherheiten wohl Menschen nach dem Weg fragen könne, aber mit niemandem mitgehen solle. Tatsächlich verlief sich Frederike am Bahnhof zunächst ein wenig und stand plötzlich am Busbahnhof statt in der Bahnhofshalle. Wir begegneten uns, als ich schon vom Bahnsteig die Treppe hinunterstieg. Sie war vom Busbahnhof zunächst ein Stück zurückgegangen, hatte sich dann umgeschaut und eine vorbeikommende Frau gefragt. Die hatte zu ihr gesagt: »Komm, ich zeige dir, wo es zum Bahnhof geht, ich muss auch dahin.« Aus der Situation hatte Frederike entschieden, dieser Einladung zu folgen, hatte wegen der Ermahnung ihrer Mutter aber ein wenig ein schlechtes Gewissen deswegen. Daraufhin sagte ich zu ihr: »Frederike, du hast gewusst, worauf es ankam bei Mamas Ermahnung, und dann hast du in der Situation entschieden, was zu tun war. Der Frau ihre Freundlichkeit abzuschlagen, hätte dich ja auch nicht zum Bahnhof geführt; du hättest höchstens hinter ihr hergehen können. Und unterwegs wirst du ja darauf geachtet haben, ob sie dich nicht etwa ganz woandershin führt. Ich denke, du hast alles richtig gemacht.« Dass sie das selbst eigentlich auch so sah, drückte Frederike mit dem Satz aus: »Ja, Papa, die war auch ganz nett, außer dass sie geraucht hat.«

Ungefähr in demselben Alter wollte Frederike eine Freundin besuchen, die sie schon als kleines Kind kennengelernt hatte. Diese wohnte mit ihrer Familie aber in einer Stadt, die etwa eine gute Stunde Zugfahrt von unserer Stadt entfernt liegt. Unterwegs muss man einmal in einen Triebwagen umsteigen. Es war ein Abenteuer, aber keine Unmöglichkeit für Frederike, dass ich sie bis zu dem Umsteigebahnhof begleitete und sie dort neben dem Triebwagenführer platzierte, dem ich ihr Reiseziel mitteilte. Am Zielort wurde sie dann von der Freundin und ihrem Vater abgeholt, die sie am Abreisetag wiederum in den Triebwagen setzten, mit dem sie bis zum Umsteigebahnhof fuhr, wo ich sie wieder in Empfang nahm.

Wenige Jahre später zog jene Familie in eine weiter entfernte Stadt um (sechseinhalb Stunden Zugfahrt mit zweimaligem Umsteigen). Frederike war nun zwölf und wollte gern mit der Freundin Silvester feiern. Das kollidierte aber mit anderen familiären Planungen, sodass nur in Frage kam, sie allein dorthin fahren zu lassen. »Oh, da habe ich Angst,« sagte sie. Ich fragte zurück: »Heißt das: ›Davor habe ich so große Angst, dass ich dann lieber auf die Silvesterfeier mit Dorina verzichte‹, oder heißt es: ›Davor habe ich zwar Angst, aber ich möchte so gern mit Dorina Silvester feiern, dass ich es trotz meiner Angst wagen will‹?« – Das Letztere treffe es besser, meinte Frederike, und so suchten wir eine möglichst unkomplizierte Reiseverbindung heraus und verständigten an den Umsteigebahnhöfen die Bahnhofsmission zur Unterstützung. Dass die Mission an einem Bahnhof diesen Termin versäumte, war zwar ärgerlich, stellte Frederike aber vor keine größeren Probleme, denn prinzipiell wusste sie schon längst, wie Umsteigen geht, und als sie von ihrer Reise zurückkam, ließ sie uns wissen: »Nächstes Mal will ich ohne Bahnhofsmission umsteigen.«

Mittlerweile ist Frederike erwachsen und ihre selbständig getätigten Reisen kann ich nicht mehr zählen. Wenn ich mich aber frage, wann diese Selbständigkeit eigentlich begonnen hat, dann fällt mir immer jener Morgen ein, als sie zu mir sagte: »Ich geh heute allein in den Kindergarten.«

Warum ich diese Geschichte erzähle:

Mir scheint, die Programmatik einer »Erziehung zur Selbständigkeit« ist ohne Anerkennung eines Selbstbestimmungsrechts des Kindes nicht viel wert. Das »will selber« des kleinen Kindes ist dazu der beste Assistent und wir tun gut daran, dieses »will selber« grundsätzlich mit »Ja« zu beantworten. Sollte das »Ja« ein ergänzendes »Aber« erfordern, lohnt es sich, dieses »Aber« mit dem Kind gemeinsam auszuhandeln. Es sollte darüber aber nicht oder jedenfalls nicht zu schnell zum »Nein« werden. Ich denke, dass diejenige Selbständigkeit am besten gelingen wird, die das Kind selbst sich zutraut und zumutet. Dass das Kind dabei auch einmal in Krisen geraten kann, ist wohl wahr; doch eine prinzipielle Vermeidung von Krisen verhindert auch, dieselben meistern zu lernen und daran zu wachsen.

Die Geschichte von Frederike und der Halloween-Party

Der Hort, den Frederike während ihrer Grundschulzeit besuchte, wurde von einem großen Träger betrieben, der außerdem noch etliche andere Horte in unserer Stadt hatte. In einem Jahr hatte dieser Träger sich einfallen lassen, zur Nacht vom 30. auf den 31. Oktober die Kinder aus all seinen Horten zu einer großen Halloween-Party mit Übernachtung einzuladen. Frederike war zu jener Zeit neun Jahre alt. Auswärts zu übernachten, war kein Problem für sie und sie hatte sich auf die Feier eigentlich gefreut. Da der Ort des Geschehens für uns ein wenig abgelegen war, hatte ich extra ein Auto gebucht (wir leben ohne eigenes Auto), um sie hinbringen zu können.

Kurz vor der Feier aber verlor Frederike plötzlich die Lust und teilte mit, sie wolle lieber zu Hause bleiben. So etwas kenne ich nun von mir auch und manchmal wird es dann besonders schön, wenn man trotzdem hingeht. So redete ich ihr zunächst gut zu und fuhr sie, obwohl sie sich nicht wirklich einverstanden zeigte, erst einmal hin zu dem fremden Hort. Dort wurde sie freundlich empfangen; man versuchte, sie aufzumuntern, und so packte sie schließlich denn auch ihren Schlafsack aus und blieb. – Na also, dachte ich und fuhr nach Hause.

Dieses »Na also« war aber vollkommen unberechtigt, wie ich am nächsten Tag erfuhr. Ihren Widerspruch gegen mein »gutes Zureden« einzustellen, war kein Sich-Einlassen gewesen, sondern ein Resignieren. Bis zuletzt hatte sie nicht wirklich dort bleiben wollen und an der Feier auch keinen rechten Spaß gehabt. Ich hatte mich mit meiner Mutmaßung, der Spaß werde schon noch kommen wie der sprichwörtliche Appetit beim Essen, einfach über ihre Entscheidung hinweggesetzt und ihr meine aufgedrängt, die Entscheidung, nicht zu Hause sein zu dürfen. Das war unrecht von mir und ich bedaure es bis heute. Ich habe Frederike damals am nächsten Tag um Entschuldigung gebeten.

Warum ich diese Geschichte erzähle:

Mir scheint, Missverständnisse und Fehleinschätzungen sind immer möglich und daher sollte der Widerspruch eines Kindes immer sorgfältig und möglichst nie leichtfertig »bearbeitet« werden.

Die Geschichte von Gerion und seiner Angst vor Gruppen

Gerion war mit vier Jahren in den Kindergarten gekommen. Er hatte Mühe, sich einzugewöhnen; das Getriebe und Getümmel in der Gruppe war ihm einfach zu viel, es machte ihm Angst.

Da entdeckte er, dass es bei mir im Büro ruhiger zuging. Immer wieder zog er sich dahin zurück und bat richtig bei mir um Asyl. Manchmal hatte ich Zeit für ihn, aber ich konnte nicht meine ganze Arbeit nach ihm ausrichten, deshalb konnte er bisweilen auch nur daneben sitzen und mir bei der Büroarbeit zusehen. Ich hatte aus Erfahrung keine Angst, dass er nun niemals den Weg in die Gruppe finden würde.

Aber die Erzieherin bekam diese Angst und verhandelte ihm an einem Freitag das Versprechen ab, vom darauffolgenden Montag an nur noch in der Gruppe zu bleiben und sich nicht mehr zu mir ins Büro zurückzuziehen. Aus ihrer Sicht musste dies Asyl gekündigt werden, wörtlich: »Sonst findet er nie mehr in die Gruppe«.

Ich habe diese Erzieherin enttäuscht und an ihre Berufserfahrung (sie hatte mehr davon als ich) appelliert, aus der sie wissen musste, dass jedes Kind mit der Zeit den Weg in die Gruppe findet. Außerdem habe ich ihr gesagt, dass ich an Gerions Stelle – vierjährig und als Verhandlungspartner ihr in keiner Weise ebenbürtig – auch an einem Freitag alles für einen noch unendlich weit vorausliegenden nächsten Montag versprechen würde, wenn ich mir damit nur heute mein Asyl sichern könnte. Ich sagte ihr deutlich, dass ich solche ungleiche Verhandlung für unanständig hielte und dass ich Gerion auch am folgenden Montag nicht abweisen würde, wenn er wieder bei mir im Büro auftauchte. Es konnte ihm ja nicht helfen, wenn sie nun ihre Ängstlichkeit (»Der findet nie mehr in die Gruppe«) gegen seine setzte.

Gerion fand natürlich nach einer Zeit den Weg in die Gruppe, fand Freunde dort und wurde ein echter kleiner (liebenswerter) Rabauke. Aber als es auf die Schule zuging, bekam er es wieder mit der Angst. Bei einem Besuch in einer (halben) ersten Klasse weinte er nur und mochte auch mit meiner Unterstützung nicht den Kontakt zu dem ihm für diese Stunde zugedachten Banknachbarn aus dem 1. Schuljahr aufnehmen.

Diesmal war es die Mutter, die in Sorge geriet. In einem Gespräch fragte sie mich: »Was mache ich denn, wenn er am Tag der Einschulung, wenn es heißt: ›Jetzt gehen alle neuen Schüler in ihre Klasse‹, sagt: ›Nein‹ und auf dem Schulhof stehen bleibt?«

Ob sie an dieser Stelle einen Rat von mir erwartete, mit welchen Argumenten sie ihrem Jungen für die Schule »gut zureden« könne? Und was für Argumente hätten das sein können, die ihm seine Ängste genommen hätten? Haben Argumente, die sich an den Verstand richten, und Angst, die im Herzen sitzt, überhaupt etwas miteinander zu schaffen? Muss das nicht auf ein reines Überreden hinauslaufen, das Mutter und Kind eher in Distanz zueinander bringt?

Ich antwortete ihr: »Ich halte nichts davon, Rezepte auszugeben: ›In dieser Situation tun Sie das‹. Aber ich gebe Ihnen eine Faustregel mit: Wenn es jemals zwischen Ihrem Kind und der Schule zu einem Konflikt kommt, dann stellen Sie sich auf Gedeih und Verderb zu Ihrem Kind; denn die Schule ist schon stärker. Wenn Sie sich dann auch noch auf die Seite der Schule gegen Ihr Kind stellen, dann ist es ganz allein. Und das verträgt gerade Ihr Gerion überhaupt nicht.«

Die Mutter wirkte auf mich nach diesem Gespräch gerüstet. Die Sorge schien einer gewissen Entschlossenheit gewichen zu sein.

Der erste Schultag kam und Gerion marschierte, wie die Mutter mir hinterher berichtete, anstandslos mit seinen Mitschülern in die Klasse. Das war nicht selbstverständlich zu erwarten gewesen. Ich weiß nicht, was da vielleicht unterschwellig gewirkt hat.

Aber eines scheint mir sicher zu sein: Wir müssen die Ängste der Kinder, so sie welche haben, ernst nehmen. Anders sind wir gar nicht in der Lage, auch nur annähernd angemessen darauf einzugehen.

Warum ich diese Geschichte erzähle:

Mir scheint, ein Kind mit argumentativer Übermacht zur Kapitulation zu zwingen, hat nichts damit zu tun, es wirklich ernstzunehmen und ihm bei der selbsttätigen Bewältigung von Herausforderungen (auch Ängsten) zu assistieren. Wir sind stärker und erfahrener als das Kind, das ist wahr und das ist gut. Wahr ist es immer, aber gut ist es nur, wenn wir unsere Stärke *für* das Kind einsetzen als seine Verbündeten und nicht *gegen* es, indem wir es verbal überwältigen.

Die Geschichte von Helene und ihrer Einschulung

Helene war ein verträumtes Kind. Sie war wahrscheinlich keineswegs unterdurchschnittlich begabt, aber wenn sie sich ganz in ihre Phantasiewelt versenkt hatte, konnte es geschehen, dass sie auch einmal Phantasie und Wirklichkeit durcheinander bekam. Obwohl sie im Frühjahr sechs Jahre alt geworden war, bestand in unserem Kita-Team unausgesprochene Einigkeit darüber, dass es für Helene besser wäre, wenn ihre Einschulung noch um ein Jahr hinausgeschoben würde.

Ausgesprochen wurde diese stillschweigende Einschätzung, als die Schulanmeldung zu unserer Überraschung dann doch erfolgt war. Helenes Gruppenerzieherin kam zu mir und meldete voller Sorge: »Helenes Mutter hat mir erzählt, dass sie Helene zur Schule angemeldet hat. Die ist doch aber noch nicht gar nicht schulreif.« (Zu der Zeit, als sich diese Geschichte ereignete, war es noch üblich, von Schulreife zu sprechen, und bei fehlender Schulreife die Kinder von der Einschulung zurückzustellen, war relativ unkompliziert einzurichten. Heute ist eher üblich, alle Kinder, die das vorgesehene Alter erreicht haben, einzuschulen und an die Schule die Forderung zu richten, sie müsse sich auf jedes einzelne Kind einstellen.) Ich antwortete: »Na, das wissen wir doch alle, dass Helene noch nicht schulreif ist; ich werde noch einmal mit der Mutter sprechen.«

Helenes Mutter war selbst Erzieherin und überdies auch als Mutter nicht unerfahren, denn insgesamt hatte sie vier Kinder. Als ich sie auf die Schulanmeldung und unsere Einschätzung zu Helenes Schulreife ansprach, sagte sie: »Ja, Herr Schulz, das sehe ich natürlich genauso, dass Helene noch nicht schulreif ist, und das habe ich dem Schulleiter auch gesagt. Aber er hat mir geantwortet: ›Wenn ich dieses Kind nicht schulreif schreibe, muss ich viele Kinder nicht schulreif schreiben. Es hat alle Anforderungen hier erfüllt. Mir sind die Hände gebunden. Ich kann die Schulanmeldung Ihre Tochter nur annehmen.‹«

Kurz vor dem Schulbeginn fand in der Schule der Voreinschulungselternabend statt, bei dem Eltern, aber auch Horterzieher Gelegenheit hatten, die Klassenlehrerin kennenzulernen. Ich war selbst zugegen und fand diesen Elternabend furchtbar (alle Bedrückung, die ich als Kind in der Schule empfunden hatte, stürmte hier wieder auf mich ein), schrieb das allerdings meiner eigenen Unerfahrenheit zu, zumal ich noch neu als Kita-Leiter war und zum ersten Mal seit meiner eigenen Schulzeit einen Elternabend besuchte.

Am nächsten Morgen jedoch kam Helenes Mutter wieder zu mir. Sie war jetzt sehr besorgt und sagte: »Herr Schulz, das war gestern der schlimmste Elternabend, den ich bisher erlebt habe, sowohl als Mutter als auch als Erzieherin. Können wir nicht doch noch irgendetwas unternehmen, dass Helene jetzt noch nicht eingeschult wird?«

Helene hatte nun aber die ganzen zurückliegenden Monate wie alle ihre Alterskameraden auf ihre Einschulung zugelebt und dabei denselben Stolz entwickelt wie sie, bald ein Schulkind zu sein (ein erstrebter Statusgewinn der meisten Kinder!). Ihr jetzt zu sagen: »April, April, wir haben es uns anders überlegt, du wirst doch noch kein Schulkind«, wäre eine herbe Enttäuschung für sie gewesen. Auch war ihr Kindergartenplatz bei uns bereits neu vergeben.

Der Mutter wie uns von der Kindertagesstätte blieb also nichts anderes übrig, als die Entwicklung aufmerksam zu beobachten und zu begleiten, was sich vor allem deshalb gut vereinbaren ließ, da Helene nach der Einschulung unsere Hortgruppe besuchen sollte und ich selbst dort bei den Erstklässlern die Hausaufgabenhilfe leistete.

Helene kam also zur Schule und das Unglück nahm seinen Lauf. Bei den Hausaufgaben machte sie einen überforderten Eindruck und mit der Lehrerin schien sie sich auch nicht gut zu verstehen.

Schließlich kam ihre Mutter wieder zu mir. Die Lehrerin hatte sie angesprochen, weil auch sie sich Sorgen machte angesichts der offensichtlichen Überforderung des Kindes. Eine Lösung hatte sie nicht vorgeschlagen. Eine Lösung fiel auch Helenes Mutter und mir im Gespräch nicht ein. Als ich nach längerem Hin- und Her-Überlegen fragte: »Was sagt denn eigentlich

Helene selbst dazu?«, antwortete die Mutter: »Mit ihr habe ich noch gar nicht darüber gesprochen.«

»Wissen Sie,« sagte ich, »wenn die Lehrerin nicht weiß, was zu tun ist, und Sie nicht wissen, was zu tun ist, und ich auch nicht weiß, was zu tun ist, dann kann das Kind ja nicht dümmer sein als wir. Wir sollten Helene also wenigstens einmal dazu fragen.« – Das versprach die Mutter zu tun.

Einige Tage später war sie wieder da. Sie hatte am Freitagnachmittag Helene mitgeteilt, welche Sorgen sie und auch die Lehrerin sich um sie machten, und sie gefragt, wie sie selbst dazu denke. Helene hatte sich zunächst in Schweigen gehüllt und war anscheinend mit sich selbst in Klausur gegangen. Am Sonntagabend war sie dann plötzlich aus ihrem Zimmer gekommen und hatte sehr klar formuliert: »Mama, ich will nicht mehr zu Frau X. in die Klasse gehen; aber ich will ein Schulkind bleiben.«

»Das ist ein Wort«, sagte ich. »Normalerweise halten wir keine Hortplätze für Kinder vor, die die Vorschule besuchen, da wir unsere eigene Arbeit als ebenso gute Vorschularbeit auffassen. Ich weiß aber, dass es in der Vergangenheit schon Ausnahmen gegeben hat und dies scheint mir eine zu sein. Schließlich ist Helene jetzt schon in der ersten Klasse gewesen und als ›echtes‹ Schulkind in unseren Hort gegangen. Ich schlage also vor, dass sie auch weiterhin bei uns im Hort bleibt, aber in der Schule in die Vorschulklasse wechselt und im nächsten Jahr die Chance für einen neuen Start bekommt.«

Alle Beteiligten konnten sich damit einverstanden erklären; Helene wurde also von den Anforderungen des ersten Schuljahrs entlastet und von der Lehrerin getrennt, behielt aber ihren Status als Schulkind und ihren Platz in der Hortgruppe. Ein Jahr später war sie dann wirklich reifer und meisterte die erste Klasse problemlos.

Den Weg zur Lösung des Problems, für das wir pädagogisch Verantwortlichen uns zuständig gefühlt hatten, hatten wir also erst finden können, nachdem wir Helene selbst dazu befragt hatten. Dieses Kind, das doch eigentlich gerade zu verträumt und unselbständig war, um seine schulischen Anforderungen zu erfüllen, war doch in der Lage gewesen, klar zu formulieren, was sein Problem lösen helfen würde. Wir brauchten diese Stellungnahme dann nur noch in einen Lösungsvorschlag zu »übersetzen«, der mit den von Erwachsenen gemachten Bedingungen in Schule und Kita in Übereinstimmung zu bringen war. Und der weitere Verlauf gab Helenes Einschätzung und Empfehlung völlig recht, egal wie wichtig sonst auch Phantasie für sie sein mochte. Hier hatte sie viel Realitätssinn gezeigt.

Warum ich diese Geschichte erzähle:

Mir scheint, wenn ein Kind Probleme hat, die wir meinen, in seinem Namen lösen zu müssen, so kann sich sehr lohnen, das Kind selbst um einen Vorschlag dazu zu befragen. Wenn es wirklich »um die Wurst« geht, findet sich beim Kind nämlich manchmal mehr Verstand als wir vorher meinten, annehmen zu dürfen.

Die Geschichte von der alten Binnenschifferin und ihrer Dankbarkeit

Während meiner Zeit als Einsatzleiter in einer Sozialstation wurde ich von den Hauspflegekräften mitunter wegen der alten Binnenschifferin, die sie betreuten, zu Rate gezogen. Zu Beginn unserer Hauspflege war ihre Wohnung in einem verzweifelt unordentlichen Zustand gewesen. Mit großem Arbeitsaufwand hatten unsere Pflegekräfte Ordnung geschaffen, wofür die alte Dame ihnen sehr dankbar war. Doch über Nacht sah die Wohnung wieder fast genauso wie zuvor aus: Die Schränke waren ausgeräumt, ihr Inhalt auf dem Boden der Zimmer verstreut – es sah aus, als habe jemand eingebrochen und nach etwas gesucht. Das war auch die Vermutung der alten Dame und sie war sehr beunruhigt darüber. Die Pflegekräfte halfen ihr zu überlegen, wie sie ihre Tür sichern könnte, sodass kein unliebsamer Besuch mehr einfach hereinkommen könnte, und hätte er auch einen Schlüssel. Außerdem halfen sie ihr, die Ordnung wieder herzustellen.

Nach kurzer Zeit herrschte dennoch das alte Chaos erneut. Da die Tür inzwischen von der Dame verbarrikadiert wurde, sodass niemand von ihr unbemerkt in die Wohnung hätte kommen können, drängte sich uns allen die Vermutung auf, dass sie selbst in der Nacht in Unruhe die Schränke durchwühlte und am Morgen nichts mehr davon wusste. Ob eine echte Spaltung der Persönlichkeit vorlag oder einfach »nur« eine Altersdemenz, war für uns natürlich nicht zu entscheiden. Aber gruselig war es schon, zumal die alte Dame sonst im Gespräch einen durchaus vernünftigen Eindruck erweckte.

Angesichts dieser besonderen Situation machte ich als Einsatzleiter bei der alten Binnenschifferin häufiger einmal einen Hausbesuch als es sonst üblich war. Helfen konnte ich zwar nicht, aber unseren Mitarbeitern diente es als moralische Unterstützung.

So kam ich in die Situation, manches Gespräch mit der alten Dame führen zu können. Sie erzählte mir viel aus ihrem Leben als Binnenschifferin. Schon ihre Eltern waren Binnenschiffer gewesen, sodass sie bereits als Kind die Härte der Arbeit kennengelernt und auch am eigenen Leib gespürt hatte. Als junges Mädchen dann war sie manchmal mit anderen jungen Leuten ausgegangen. Singend sei man die Landstraße auf und ab gezogen. Aber auf dem Heimweg habe die Mutter hinterm Baum gestanden, ihr quasi aufgelauert, um sie zu bestrafen. Und bestrafen hieß körperlich züchtigen – mit einer mehrschwänzigen Peitsche. Die Augen wurden dunkel und das Gesicht schien zu versteinern, wenn sie das erzählte. Ich erwartete als nächsten Satz etwas wie: »Dass meine Mutter mich für solch harmlose Jugend-Vergnügungen so grausam gestraft hat, dafür hasse ich sie bis heute.« Stattdessen aber schaltete der Gesichtsausdruck völlig um, wurde wieder weich und sie sagte: »Heute bin ich ihr dankbar dafür.«

Das war auch gruselig. Denn eine Begründung, worauf die Dankbarkeit sich richtete, welchen Nutzen sie also von der Züchtigung gehabt hatte, sodass sie im Nachhinein eine Einsicht in die Erforderlichkeit und Hilfe dieser Züchtigung hätte entwickeln können, lieferte die alte Dame nicht. Es sah so aus, als ob sie bei der Schilderung der Züchtigung die Schmerzen und die Wut des Kindes nacherlebte, dieses Empfinden sich dann aber sofort zensierte mit der Begründung der Mutter, dass sie sie nur zu ihrem Besten schlage und sie dafür noch einmal dankbar sein werde. Dankbarkeit als Pflicht, koste es auch die Identifikation mit dem eigenen Erleben und Empfinden!

Ich kann nicht behaupten, dass es so war. Noch viel weniger darf ich mich zu der Behauptung versteigen, dass das anscheinend verwirrte und gespaltene Verhalten im Alter ursächlich auf diese Misshandlung in der Jugendzeit zurückzuführen war; für so schlichte Ursache-Wirkung-Behauptungen ist die Entwicklung eines Menschenlebens viel zu komplex. Aber schon die Erwägung, dass es *vielleicht* so sein *könnte*, dass also diese Entsprechung zwischen dem schnellen Wechsel des Ausdrucks in der Erzählung (die übrigens mehrfach wiederholt wurde, als sei ihr dies ein sehr wichtiges Thema) einerseits und dem Tag-Nacht-Wechsel von völlig gegensätzlichem und anscheinend nicht bewusstem Verhalten andererseits vielleicht kein Zufall wäre, erfüllte mich mit Entsetzen.

Bei jenen Gesprächen mit der alten Binnenschifferin ist mir die Behauptung besonders unglaubwürdig geworden, irgendwer könne *wirklich* irgendwann einmal dankbar dafür werden, dass er in jungen Jahren der Macht und Gewalt eines anderen unentrinnbar ausgeliefert gewesen ist und dabei – subjektiv empfunden – Unrecht erlitten hat, mit anderen Worten: gequält worden ist. Diesen Gedanken kann ich spätestens seitdem nur noch pervers finden. Die Behauptung der Dankbarkeit lässt sich vielleicht andressieren, aber das funktioniert dann wohl nur um den Preis der Abspaltung eines Persönlichkeitsanteils.

Warum ich diese Geschichte erzähle:

Mir scheint, auch wenn nicht alles geht und daher manche Grenze gesetzt werden muss, stellt doch eine solche Beschränkung für den Betroffenen nie eine Wunscherfüllung, sondern eine Enttäuschung, eine *Beschwer* dar. Sich über eine *Beschwer beschweren* zu dürfen, ist ein Bestandteil der persönlichen Freiheit. Eine *Beschwerde* mit dem Hinweis zurückzuweisen, sie müsse eigentlich ein *Dank* sein, spricht dem beschwerten sich Beschwerenden Hohn.

Die Geschichte von Igor und der ausgerutschten Hand

Für diese Geschichte muss ich mich eigentlich schämen. Ich wage sie auch nur zu erzählen, weil ich aus der Literatur weiß, dass selbst große Pädagogen der Geschichte ähnliche Erfahrungen gemacht haben. Außerdem war ich, als sie sich ereignete, noch ziemlich jung und in der Sozialpädagogik, vor allem in der mit Kindern, sehr unerfahren. Es ist eine weitere Geschichte aus meiner Zeit als Vorpraktikant in einer Kindertagesstätte.

Schon im Zivildienst hatte ich von Zeit zu Zeit in der Kita zu tun gehabt, wenn ich an einem Nachmittag in der Woche dem Hausmeister des Trägers dort helfen musste. Mich zwischen all den Kindern zu bewegen, die ich nicht kannte, hatte sich ein wenig so angefühlt, wie als Unkundiger in ein Tiergehege geraten zu sein (ich beschreibe mein subjektives Empfinden in jener damaligen Situation, keineswegs eine Zuschreibung an die Kinder, die selbstverständlich keine Tiere sind und von mir auch schon damals nicht als solche bezeichnet worden wären).

Nun war ich also Praktikant in der Einrichtung, begegnete denselben Kindern Tag für Tag und wurde vertraut mit ihnen. Meine – unausgesprochene und auch mir selbst nicht wirklich bewusstgemachte – Haltung dabei ließe sich in folgende Worte fassen: »Ich bin der gute Onkel Schulz, ihr seid alle meine kleinen Freunde und wir werden uns bestimmt gut vertragen.« Natürlich erlebte ich auch, dass manche Kinder mich gern mit Beschlag belegten (ein Mann in der Kita hat es da immer leicht) und offensichtlich mochten. Das tut der Berufsmotivation gut.

Aber manche Kinder schienen sich durchaus nicht gut mit mir vertragen zu wollen, zum Beispiel Igor. Er war knapp fünf Jahre alt und fing bald an, mich so herauszufordern, dass es mich mitunter bis zu ohnmächtiger Wut reizte, die immerhin durch meine Selbstbeherrschung gezügelt blieb. So galoppierte er in der Gymnastikstunde mit den anderen Kindern zum Tamburin der Erzieherin im Kreis herum und verpasste mir jedes Mal, wenn er an mir vorbeikam, einen Faustschlag. Bei der »Reise nach Jerusalem« am Faschingsfest, bei der ich den Plattenspieler bediente, hatte er seine Freude daran, mir immer wieder Playmobil-Männchen auf die Schallplatte zu werfen, was das Spiel unterbrach und die Platte zu beschädigen drohte.

Es war in einer Situation kurz vor dem Mittagessen, als er mit einem größeren Jungen in einen Streit geriet, der zur körperlichen Auseinandersetzung ausuferte. Die Erzieherin holte gerade den Essenswagen, sodass ich in diesem Moment mit den Kindern allein in der Gruppe war. Ich trennte die beiden Streithähne. Igor war aber so in Wut, dass er nun mit der Faust nach mir schlug. – Wenn ein knapp Fünfjähriger einen hochgewachsenen Mann schlägt, kann er ihn aufgrund der unterschiedlichen Körpergröße sehr empfindlich treffen. Das geschah hier. Und dafür bekam Igor von mir eine Ohrfeige, schneller als ich darüber nachdenken konnte.

Als die Erzieherin mit dem Essenswagen kam, saß er an seinem Platz und heulte. Sie fragte mich, was denn geschehen sei, und ich erzählte es ihr. »Das dürfen wir aber nicht«, sagte sie mit Entsetzen im Gesicht. »Das weiß ich«, sagte ich, immer noch selbst zornig, »aber der darf auch nicht alles.«

Als mein Zorn verraucht war, bekam ich ein wahnsinnig schlechtes Gewissen. Die Konfrontationen zwischen Igor und mir konnten doch jetzt nur noch schlimmer werden, meinte ich.

Zu meiner riesengroßen Überraschung war das Gegenteil der Fall. Igors Provokationen hörten abrupt auf, aber er ging mir auch nicht ängstlich aus dem Weg; vielmehr schien er jetzt wirklich mit mir etwas anfangen zu können. Als er sich eines Tages einen Splitter in die Handfläche gezogen hatte, ließ er es zu, dass ich den mit einer Nadel herausarbeitete. Wohl sagte er dann und wann »Au!«, aber er zog die Hand kein einziges Mal weg. So unbedingt war nun sein Vertrauen zu mir. (Heute weiß ich natürlich, dass ich eine solche quasi-medizinische Behandlung überhaupt nicht hätte vornehmen dürfen, aber damals wusste ich das so wenig wie er und so handelte ich einfach, wie ich es vom eigenen Vater als Kind kennengelernt hatte.)

Was ich damals lernte, war nicht, dass »so ein kleiner Klaps noch keinem geschadet« habe (denn der Beweis dazu hätte ja erst noch angetreten werden müssen), und auch nicht, dass »Kinder Grenzen gesetzt bekommen wollen«. Denn Igor seine Grenzen zu setzen (also Grenzen, die für ihn immer zu gelten hätten), wäre nicht meine Zuständigkeit gewesen, sondern nachrangig die der Gruppenerzieherin, vorrangig die seiner Eltern, wie er denn auch einmal im Brustton der Überzeugung mitteilte, sein Vater sei größer als ich, was nach Zentimetern ganz gewiss nicht stimmte. Nein, ich glaube, Igor wollte nicht seine, sondern *meine* Grenze endlich kennenlernen. Erst indem ich die unglaubwürdige Maske des »guten Onkel Schulz« abwarf, der ich als sozialpädagogischer Praktikant sein zu müssen geglaubt hatte, wurde ich für ihn als eine wirkliche Person erkennbar. Und erst danach konnte er mit mir etwas anfangen, sich auf mich einlassen, mir vertrauen und Sympathie entwickeln.

Als ich nach meinem Praktikum einmal wieder in die Kita zu Besuch kam, war es Igor, der als erster ohne Umschweife auf mich zukam und mich umarmte. Das kleine Mädchen (etwa zwei Jahre älter als er), das sich so oft und gern von mir hatte Bücher vorlesen lassen, nahm dagegen kaum Notiz von mir.

Warum ich diese Geschichte erzähle:

Mir scheint, wer sich auf einem erhabenen pädagogischen Podest in Sicherheit bringen will, darf sich nicht wundern, wenn Kinder so lange dagegen treten, bis es nachhaltig ins Wanken gerät.

Die Geschichte von Frederike und ihrem MP3-Player

Als Frederike im zehnten Schuljahr war, wurde mit dem Italienisch-Kurs, zu dem sie gehörte, eine Reise nach Rom geplant. Im Vorfeld fand ein Informations-Elternabend statt, zu dem auch die Schüler eingeladen waren, jedoch war Frederike krankheitshalber an der Teilnahme gehindert. Es kam uns Eltern also zu, ihr die Informationen und Mahnungen der Lehrerinnen weiterzusagen.

Zu den Mahnungen gehörte auch, dass Wertgegenstände, die unterwegs nicht unbedingt gebraucht würden, zu Hause bleiben sollten, da es bei Romreisen wiederholt Erfahrungen mit Straßendiebstahl gegeben habe. Handy? In Ordnung, man muss sich ja vielleicht mal untereinander verständigen, wenn man getrennte Wege gegangen ist. Digital-Kamera? In Ordnung, dazu hat man sie ja, um auf Reisen Bilder machen zu können. Aber MP3-Player? Nein, der sollte zu Hause bleiben. Ausdrückliche Empfehlung der Lehrerinnen. Aber unzumutbar aus Schülersicht. Wie sollte denn ein Flug von Berlin nach Rom ohne Musik im Ohr überstanden werden?! Oder schon die Busfahrt nach Berlin! – Meine Rückfrage, ob es denn nicht alarmierend sei, wenn ein Verzicht auf die gewohnte Musik schon über wenige Stunden nicht denkbar sei, entfaltete keine argumentative Kraft.

Schließlich machte ich deutlich, dass ich hier wie sonst keine Vorschriften machen würde, dass ich aber angesichts einer so klaren Warnung der Lehrerinnen bei einem so leicht vermeidbaren Verlust des MP3-Players, wenn er denn doch einträte, keineswegs einen Ersatz zu finanzieren bereit wäre. So gingen wir zunächst auseinander. Mir schien, Frederike kämpfte mit sich.

Ein paar Tage später kam sie auf mich zu mit der Frage: »Du, Papa, wenn du nicht so komisch antipädagogisch drauf wärst, würdest du mir dann verbieten, den MP3-Player mitzunehmen?« Ich musste nicht lange überlegen.

Ich brauchte nur an meine Eltern zu denken, die in vergleichbarer Situation unumwunden ein Verbot ausgesprochen hätten. – »Ja«, sagte ich, »dann würde ich es dir einfach verbieten.«

»Gut, dann bleibt er hier«, fasste Frederike ihren Entschluss. Dann setzte sie noch hinzu: »Und irgendwie verbietest du es mir ja auch.«

Das bestritt ich. Ich hatte und hätte es ihr nicht verboten, hätte den MP3-Player nicht einmal heimlich aus dem Gepäck geholt. Ich hatte eine Mahnung/Warnung/Empfehlung weitergegeben, meine eigene Meinung dazu geäußert und meine mangelnde Bereitschaft, Geld zum Fenster hinauszuwerfen, erklärt. Mir scheint, Frederike hatte das eigentlich sogar vernünftig gefunden. Aber hier brauchte sie wohl mehr, sie brauchte anscheinend – im Alter von 15 Jahren, in dem man sich nicht mehr gern etwas sagen lässt! – ein Verbot, um das Unvernünftige wirklich zu lassen. Das bekam sie von mir nicht. Und so machte sie es sich über eine Als-ob-Frage selbst. – Irgendwie finde ich das kreativ.

Warum ich diese Geschichte erzähle:

Mir scheint, dass die Ansicht, Kinder (und Jugendliche) bräuchten doch dann und wann »Erziehung« im Sinne von Bestimmung über ihre Angelegenheiten, nicht einfach ohne Erwägung von der Hand gewiesen werden kann. Aber gerade wenn sie zutreffend ist, können wir darauf vertrauen, dass die jungen Menschen diese Erziehung dann unmissverständlich von uns fordern werden. Es gibt keinen Grund, sie ihnen sozusagen im vorauseilenden Gehorsam aufzudrängen.

Die Geschichte von Helene und ihrer Sympathie

Von Helene habe ich schon erzählt. Sie war wohl in der zweiten oder dritten Klasse, als ich aus der Kindertagesstätte wieder wegging. Aus allen Gruppen bekam ich von den Kindern Abschiedsgeschenke, aber es gab wohl kein Kind, das meinen Weggang so offensichtlich betrauerte wie Helene. Einmal sagte sie sogar zu mir: »Weißt du noch, früher, als wir so glücklich miteinander waren?«, womit sie mit ihren acht oder neun Jahren schon auf eine noch schönere Kinderzeit zurückzublicken schien, mit der sie mich in Verbindung sah.

Unsere erste Begegnung allerdings war ganz anders verlaufen. In der Zeit, als ich schon als neuer Leiter der Kindertagesstätte gewählt worden war, meinen Dienst aber noch nicht angetreten hatte, stattete ich ihr schon einmal einen Besuch ab. Es ging darum, mit der Vorgängerin die Einarbeitungszeit zu besprechen. Nach unserem Gespräch ging ich dann noch einmal im Haus herum, um in jeder Gruppe wenigstens »Guten Tag« zu sagen.

In einer Gruppe hatte die Erzieherin die Kinder gerade im Kreis versammelt, um mit ihnen ein Buch zu betrachten oder ein Thema zu behandeln. In gewisser Weise störte ich also; andererseits war dies eine günstige Gelegenheit, mich den Kindern vorzustellen. Die Erzieherin erklärte ihnen also, dass die Leiterin des Kindergartens bald in den Ruhestand gehen werde und dass dann ich der neue Leiter und jeden Tag im Haus sein werde. Nachdenkliche Stille im Stuhlkreis. Und in diese Stille hinein sprach Helene ernst und sachlich: »Ich mag ihn aber nicht.«

Die Erzieherin erzählte mir später, sie sei in diesem Moment fast im Boden versunken vor Scham. Sie habe mit der Leiterin darüber gesprochen und die habe sich daraufhin das Kind noch einmal vorgenommen und ausgeschimpft: »Das kannst du überhaupt nicht sagen! Du kennst ihn doch noch gar nicht!«

Beides – das Fremdschämen und das Ausschimpfen – fand ich ganz unangemessen und Helene tat mir Leid. Ich wünschte, sie hätte auf die Vorhaltung »Du kennst ihn doch noch gar nicht« geantwortet: »Eben, wie kann ich ihn denn da schon mögen?« – Soll einem Kindergartenkind, das sein Herz auf der Zunge trägt, wirklich schon mit Strenge die Höflichkeit der Erwachsenen beigebracht werden? Ich halte viel von höflichem Umgang miteinander, solange er nicht gänzlich verlogen ist, aber die Unmittelbarkeit eines Kindes hat auch etwas für sich. Vor allem sollte die Unmittelbarkeit des Zugangs zur eigenen Gefühlswelt nicht durch Zensur verschüttet werden. Zudem konnte es doch auch so sein, dass in der Wahrnehmung des Kindes nicht ich kommen musste, weil die Vorgängerin ging, sondern die Vorgängerin gehen musste, weil ich kam. Dann wäre ich also der Verdränger gewesen. »Ich mag ihn nicht« wäre dann eine durchaus nachvollziehbare Reaktion.

Auf jeden Fall konnte mir diese frühe Sympathie-Verweigerung keinen Schaden tun und keine Bedrohung sein; diese Äußerung war ganz und gar harmlos und aus der Sicht des Kindes wahrscheinlich nichts als eine sachliche Feststellung, arglos sofort ausgesprochen. Für mich stand aus Erfahrung sofort in Frage, dass dieses Nicht-Mögen auf Dauer Bestand haben müsse. So antwortete ich Helene in der Situation: »Das macht nichts. Das hat auch noch Zeit.« Damit hätte die Angelegenheit, die doch nur sie und mich etwas anging, erledigt sein können und des erzieherischen Nachspiels eigentlich nicht bedurft.

Eine ganz ähnliche Begebenheit habe ich viel später als Fachberater einmal von einer schon älteren Erzieherin gehört. Sie war sonst für die Hortkinder zuständig, musste aber eines Tages vertretungsweise in der Kindergartengruppe aushelfen. Am Morgen sagte ein Kind zu ihr: »Ach du bist heute bei uns? Das ist ja dumm. Dich kann ich eigentlich gar nicht leiden.« Mit großer Souveränität sagte die Erzieherin zum Kind: »Ja, was machen wir denn da, wenn du mich nicht leiden kannst? Weißt du was, du kannst mir ja vielleicht einfach ein bisschen aus dem Weg gehen heute. Dann ist das nicht so schlimm.« – Als das Kind am Nachmittag abgeholt wurde, verabschiedete es sich von der Erzieherin und sagte: »Weißt du was? Eigentlich finde ich dich doch ganz nett.«

Warum ich diese Geschichte erzähle:

Mir scheint, Gefühle zu zensieren ist ein ganz sinnloses Unternehmen, denn sie stellen sich spontan und ohne jede »Schuld« ein. Zudem können Gefühle allein keinen Schaden anrichten. Wenn wir großen Menschen uns von kleinen Menschen nicht genug geliebt fühlen, verändern wir die Situation am wenigsten damit, dass wir sie beschuldigen und ihnen durch Unfreundlichkeit erst recht Gründe liefern, uns weniger zu lieben.

Die Geschichte von Julia und dem abgebrochenen Eselsbein

In unserer Kindertagesstätte existierte eine Weihnachtskrippe mit handgefertigten Figuren aus Keramik, die der Künstler selbst vor Jahren der Einrichtung geschenkt hatte. Nachdem ich die Leitung des Hauses übernommen hatte, setzte ich die Tradition fort, dass diese Krippe während der Adventszeit auf einem großen Tisch im Flur Stück für Stück aufgebaut wurde, bis kurz vor Weihnachten dann alle Krippenfiguren vollständig versammelt waren. Wegen des hohen ideellen Wertes war diese Krippe für die Kinder vor allem zum Anschauen und nicht zum Spielen da.

An einem Tag im Advent entdeckte ich, als ich nach unserem Mittagessen durch den Flur ging, dass der Esel aus der Krippe nicht mehr stand, sondern auf der Seite lag und auch nicht mehr stehen konnte, weil ihm ein Bein abgebrochen war. Da wir als Team immer zu Mittag aßen, wenn die kleineren Kinder schlafen gelegt worden waren, und da vor unserem Mittagessen alle Figuren noch intakt gewesen waren, war offenbar, dass nur eines der Hortkinder den Esel beschädigt haben konnte. Das war sicherlich nicht mutwillig geschehen, sondern aus Versehen; auch war verzeihlich, wenn jemand nicht hatte widerstehen können und die schönen Figuren doch einmal in die Hand nehmen müssen; aber was mich nicht wenig erzürnte, war die Feigheit, nach dem Missgeschick dann einfach davonzuschleichen.

Als die Hortkinder zum Mittagessen versammelt waren (sie aßen immer direkt nach uns Erwachsenen) hielt ich ihnen in etwa folgende Ansprache:

»An der Krippe ist der Esel kaputt. Ein Bein ist abgebrochen. Vor unserem Essen war er noch heil. Es kann also nur jemand von euch gewesen sein. So ein Missgeschick kann passieren, das ist nicht so sehr schlimm. Was ich aber wirklich schlimm finde, ist, dass derjenige, dem es passiert ist, danach nicht zu uns kommt und Bescheid sagt. Niemandem wird hier der Kopf abgerissen, das wisst ihr alle. Also, ich warte bis übermorgen. Wenn sich bis dann der- oder diejenige nicht bei mir gemeldet hat, dann räume ich die Krippe weg und es gibt dieses Jahr für alle Kinder in unserem Haus keine Krippe.«

Ich will hier nicht behaupten, dass dies die geeignetste Reaktion war. Wenn ich meinen eigenen Zorn erst hätte verrauchen lassen, hätte ich vielleicht anders gesprochen. Meine Mitarbeiterinnen waren von so viel Strenge, die sie sonst nicht von mir kannten, jedenfalls überrascht und kritisierten sie auch. Und ich selbst erschrak ein wenig, als ich am Ende meiner Ansprache entdeckte, dass zwischen all den ernsten Kindergesichtern eines war, das besonders bestürzt blickte. Wenn dieses Mädchen die »Übeltäterin« gewesen war, dann würde man ihr helfen müssen, damit sie jetzt nachholen könnte, was sie zuvor versäumt hatte.

Als kurze Zeit später eine der beiden Horterzieherinnen bei mir im Büro war, sagte ich darum zu ihr: »Sollte Ihnen auffallen, dass Julia etwas sagen möchte, dann bauen Sie ihr bitte eine Brücke.«

Es dauerte nicht lange, bis beide – die Erzieherin und Julia – zu mir ins Büro kamen. Julia, sonst ein fröhliches und offenes Kind, aber noch nicht lange in unserer Einrichtung, war sichtlich nicht wohl in ihrer Haut; zu dem schlechten Gewissen kam noch die Ungewissheit, was nun wohl geschehen würde. Gut, dass sie ihre Erzieherin bei sich hatte!

In dieser Situation konnte ich nur noch freundlich mit dem Kind reden. Erstens hätte ich es anders gar nicht übers Herz gebracht; zweitens aber wäre alles andere auch überhaupt nicht sachgerecht gewesen, ging es hier doch darum, dass ein feiges Davonlaufen unterstellte, man müsste unsere Strafen fürchten, während ich den Umgang zwischen Erwachsenen und Kindern von Vertrauen bestimmt sehen wollte. Das Donnerwetter war schon gewesen, das hatte hier jetzt keinerlei Berechtigung mehr.

Ich sagte in etwa folgendes: »Es ist anständig von dir, Julia, dass du dich meldest. Noch schöner wäre gewesen, wenn du dich gleich gemeldet hättest, aber nun bist du ja hier. Dass dir das Eselsbein abgebrochen ist, ist schade, aber es ist kein Unglück. So etwas kann jedem passieren. Ich kann mir vorstellen, du wolltest dir den Esel einmal ganz genau anschauen, und dann ist das Bein irgendwie abgebrochen. – Weißt du, zu Hause habe ich eine Tube Porzellankleber. Die bringe ich morgen mit, dann sage ich dir Bescheid und wir kleben das Bein gemeinsam wieder an. Wenn der Kleber getrocknet ist, kann der Esel dann wieder an der Krippe stehen und man wird fast nichts von dem kleinen Schaden sehen.«

So haben wir es dann auch gemacht. Die Begleitung der Erzieherin war dazu nicht mehr notwendig, denn das Vertrauen zwischen Julia und mir war wiederhergestellt. Und natürlich kam in beiden Begegnungen auch Julia selbst zu Wort.

Warum ich diese Geschichte erzähle:

Mir scheint, gerade in einer Kindereinrichtung, wo es keine ausgefeilte Gewaltenteilung – wie in einem rechtsstaatlichen System – gibt, ist umso wichtiger, den Kindern, auch wenn man sie konfrontieren muss, zugleich wiederum wie ein Verteidiger mit größtmöglichem Verständnis zu begegnen, damit sie sich durch alle Konflikte hindurch sicher aufgehoben und ernst genommen fühlen und als angehörte Mitgestalter ihres Gemeinwesens erleben können.

Die Geschichte von dem Vater, der zwei kleine Söhne auf der Straße allein stehen ließ

Beim Lesen der Überschrift zu dieser Geschichte könnte gefragt werden: Was muss das für ein Vater sein, der so etwas tut? Zwei kleine Söhne auf der Straße allein stehen zu lassen, das geht doch gar nicht! – Nein, eigentlich nicht. Gerade darum passt diese Geschichte ja hierher.

Es handelt sich um eine meiner frühesten Kindheitserinnerungen. Mein großer Bruder ging vielleicht gerade schon zur Schule, vielleicht aber auch noch nicht; dementsprechend werde ich vier oder fünf Jahre alt gewesen sein.

Mein Vater war mit uns in der Stadt unterwegs, als er plötzlich in einem Ton, der verriet, dass er alarmiert war, zu uns sagte: »Bleibt ihr hier stehen!« und von uns weg über die Straße lief. Im Augenblick vorher hatte ich selbst die Frau auf der anderen Straßenseite entdeckt und mich gefragt, was sie da wohl so Eigenartiges tue: Sie schlug nämlich ein Bein über das Geländer der Brücke, unter der die Eisenbahnlinie verlief.

Mein Vater handelte hier zweifach gegen Regeln, die allgemein anerkannt waren: Erstens vernachlässigte er die Aufsicht über seine beiden kleinen Söhne; zweitens mischte er sich in die persönlichen Angelegenheiten einer uns völlig fremden Frau.

Aber handelte er nicht trotzdem recht? Was immer die Frau dort vorhatte, ob sie in gezielt selbstmörderischer Absicht oder in psychisch verwirrtem Zustand handelte, sie gefährdete sich hochgradig selbst. Dort einzugreifen und ein Leben zu retten, mochte eine Einmischung sein, aber es geschah dennoch im Rahmen eines gesellschaftlichen Konsenses, was schon daran zu erkennen war, dass zugleich mit ihm auch andere Menschen hinzueilten, sodass die Frau nach kurzer Zeit wieder mit beiden Beinen auf dem Gehweg der Brücke stand. Sobald deutlich war, dass sie nun von Menschen umgeben war, die sich ihr Schicksal in diesem Moment etwas angehen lassen würden, kehrte mein Vater zu seiner eigentlich vorrangigen Zuständigkeit, zu uns, zurück. Wir waren inzwischen – sicherlich auch von der ungewöhnlichen Situation gebannt – wie festgenagelt stehen geblieben; damit, dass unser Vater sich darauf verlassen hatte, hatte er also offensichtlich auch recht gehabt.

Warum ich diese Geschichte erzähle:

Mir scheint, es gibt Situationen, in denen keine Zeit für Philosophie ist, in denen vielmehr gehandelt werden muss, um Schaden zu verhüten, vielleicht sogar gegen sonst handlungsleitende Prinzipien. Dass es solche Ausnahme-Situationen gibt, stellt allein aber nicht die Richtigkeit der Prinzipien selbst in Frage.

Die Geschichte von Karina und dem Rollenspiel, in dem sie eigentlich nichts sagen wollte

Karina studierte im gleichen Jahrgang wie ich Sozialpädagogik. Im Fach »Arbeitsformen der Sozialarbeit/Sozialpädagogik« begegneten wir uns in einem Blockseminar zur »Einzelberatung« bei einem Rollenspiel. Zuvor war uns allen eine Videosequenz aus der Praxis der Sozialarbeit gezeigt worden: Da war eine 15-jährige Heidrun zu sehen gewesen, die von zu Hause ausgerissen und von der Polizei zurückgebracht worden war. Nun stand der Besuch einer Mitarbeiterin des Jugendamtes an, die folgende Worte an Heidrun richtete:

»Heidrun, du musst mir nichts sagen. Aber in deinem eigenen Interesse wäre es besser, wenn wir miteinander ins Gespräch kämen.«

Daraufhin sprach Heidrun erst recht kein einziges Wort, egal wie die Sozialarbeiterin sich abmühte. Offensichtlich hatte die widersprüchliche Botschaft »Du musst nicht mit mir sprechen, aber du musst doch mit mir sprechen« die Motivation zum Gespräch bei dem jungen Mädchen vollkommen zum Erliegen gebracht. Sie sprach tatsächlich überhaupt nichts, wir Zuschauer lernten nicht einmal ihre Stimme kennen.

Die Frage an uns Studenten war nun: Wie kann man es anders machen? Wer will es im Rollenspiel probieren?

Heidrun war schnell gefunden, eine klare Rollenvorgabe machte diese Aufgabe leicht: Nichts sagen! – Karina übernahm. Aber sich als derjenige zu versuchen, der dieses stumme Mädchen zum Reden bringen sollte …?

Ich meldete mich schließlich, denn ich hatte eine extrem simple Idee im Kopf, die ich ausprobieren wollte: Ich werde nach meiner Begrüßung erst wieder sprechen, wenn Heidrun auch etwas gesagt hat.

So setzte ich mich zu Karina, sagte: »Guten Tag, Heidrun« und schwieg. Karina als Heidrun schwieg auch. Die Situation wurde unbehaglich. So unbehaglich, dass sie schließlich ein bemühtes »Guten Tag« hervorbrachte. Und das war tatsächlich der Anfang von einem Dialog, der dann doch in Gang kam. »Heidrun« erzählte mir schließlich so viel aus ihrem Leben, dass Karina selbst darüber staunte.

Freilich war das nur ein Spiel und die Begegnung mit der wirklichen Heidrun hätte natürlich sehr anders verlaufen können. Doch habe ich im späteren Berufsleben noch oft ganz ähnliche Erfahrungen gemacht, die sich salopp in dem knappen Leitsatz zusammenfassen ließen: »Wenn du jemand anders zu Wort kommen lassen willst, musst du vor allem selbst die Klappe halten.«

Damals, unmittelbar nach dem Rollenspiel, ereilte mich aber ein kleines Erschrecken mit dem Gedanken: Wenn du mit so einem einfachen »Trick« so viel von einem anderen Menschen erfahren kannst, dann gibt dir das ja eine große zwischenmenschliche Macht! Da hängt dann auch eine riesige Verantwortung dran. Du darfst deshalb keinesfalls den Gesprächspartner im Dunkel darüber lassen, wie all diese seine Einlassungen z. B. »aktenkundig« werden sollen und wofür du selbst sie beruflich nutzen musst. Gegebenenfalls musst du ihn darauf hinweisen und ihn fragen, ob er dies alles jetzt wirklich mitteilen will. Alles andere wäre Machtmissbrauch.

Warum ich diese Geschichte erzähle:

Mir scheint, so wie der sprichwörtliche »Appetit beim Essen« kommt, kommt das Vertrauen im Verlauf eines Gesprächs. Ein solches Gespräch mit listigen Hintergedanken in Gang zu bringen und zu halten, heißt, Vertrauen zu missbrauchen. Vertrauensmissbrauch aber ist eine Form von Gewalt.

Die Geschichte von Luise und ihrem Vorsatz, Kinder das Schleifebinden zu lehren

Luise erlebe ich immer wieder als eine den Kindern sehr liebevoll zugewandte und dabei selbstkritische, sich reflektierende und lernbereite Erzieherin. In einer Teamfortbildung, die ich zum Bildungsprogramm des Landes Sachsen-Anhalt in ihrer Kindertagesstätte durchführte, kam es zu einem Disput zwischen ihr und mehreren Kolleginnen.

Sie hatte sich zum Ziel gesetzt, allen Kindern ihrer Vorschulkinder-Gruppe in einem Zeitraum von einigen Wochen oder Monaten das Schleifebinden beizubringen. Dieses Vorhaben wurde von den Kolleginnen sehr kritisch hinterfragt, eigentlich ist zu sagen: dem Vorhaben wurde vehement widersprochen. Solchem geplanten Belehren stehe das Bildungsprogramm doch gerade entgegen. Da gehe es doch viel mehr um das selbsttätige Lernen aus eigenem Entschluss.

Luise wehrte sich tapfer: Sie schreibe den Kindern ja nicht vor, dass sie das Schleifebinden lernen müssten; vielmehr nehme sie bei den Kindern aktuell die Bereitschaft wahr, jetzt diesen Lernschritt zu tun, der ihr außerdem im Hinblick auf die zum Schulbesuch notwendige Selbständigkeit auch sehr sinnvoll erscheine. So habe sie sich also vorgenommen, dieses Interesse weiterzuverfolgen. Wenn ihr die Gelegenheit gegeben erscheine, biete sie jetzt dem einzelnen Kind an, ihm das Schleifebinden zu zeigen.

Wieder wurde ihr widersprochen: Aber es könne doch sein, dass ein Kind sich ärgere, wenn ihm das Schleifebinden nicht gleich gelinge, und wenn ein solcher Ärger über das eigene Unvermögen sich an einem nicht einmal spontan selbst gesuchten Lerngegenstand entzünde, dann sei doch das bestimmt nicht im Sinne des Bildungsprogramms.

Luise erwiderte, sie finde es nicht schlimm, wenn ein Kind sich einmal über sich selbst ärgere, weil es etwas noch nicht könne; dies könne doch vielleicht sogar zur Motivation, »am Ball zu bleiben«, beitragen. Schlimm wäre nur, wenn der Ärger des Kindes auf einer Beschämung seitens der Erzieherin beruhen würde. Einer solchen Beschämung eines Kindes wegen des Noch-nicht-Gelingens der Schleife enthalte sie sich aber auf das Strengste.

So ging es hin und her und schließlich rettete sich Luise in den Satz: »Ich finde auch nicht alles richtig, was im Bildungsprogramm steht.«

Das fand ich nun ein wenig schade, denn aus meiner Sicht lag in ihrem Handeln durchaus kein Widerspruch zum Bildungsprogramm, vorausgesetzt, alles verhielt sich wirklich so, wie sie es geschildert hatte, was ich ihr gern glaubte, da ich sie schon länger kannte.

Man führe sich einmal vor Augen, was für ein komplexer Vorgang es ist, eine Schleife zu binden! Wer's nicht glaubt, versuche nur, aus dem Kopf eine schriftliche Anleitung dafür zu verfassen. Eine Farbpatrone an einem Tintenstrahldrucker auszuwechseln, ist ein Klacks dagegen, und wie viele Menschen gibt es, die die Finger davon lassen mit dem Argument: »Das habe ich noch nie gemacht«? – Na und? Du lässt es dir einmal zeigen und danach kannst du es auch. – Es ist durchaus empfehlenswert, sich so etwas von einem Kundigen zeigen zu lassen, und allemal sinnvoller, als es nach dem Versuch-Irrtum-Prinzip allein herausbekommen zu wollen. Die Situation, es lernen zu müssen, entsteht auch weniger durch spontane Lust als durch äußere Notwendigkeit.

Die äußere Notwendigkeit, das Schleifebinden zu lernen, scheint nun für ein angehendes Schulkind durch die bevorstehende Einschulung ebenso gegeben zu sein. Und da das Schleifebinden eben ein ziemlich komplizierter Vorgang ist, erscheint auch, es im Wege der Anleitung zu lernen, durchaus angemessen. Jedenfalls stelle ich es mir für ein Kind viel frustrierender vor, wollte man es nach einem falschen Verständnis des Prinzips der Selbstbildung ohne Anleitung auf eigene Faust so lange probieren lassen, bis ihm die Schleife geglückt wäre.

Und schließlich: Wie wäre nach einer solchen absoluten Prinzipientreue damit umzugehen, wenn ein Kind zu einem käme und sagte: »Kannst du mir mal zeigen, wie das geht?« Müsste man es dann im Namen des Bildungsprogramms und der Selbstbildung wegschicken und sagen:

»Probier es selbst!«? – Mir käme viel naheliegender vor zu sagen: »Ja, gern« und freundlich mit der Anleitung zu beginnen.

Luise hatte nun die Bereitschaft der Kinder, wie sie es nannte, als diese Frage »Kannst du uns mal zeigen …?« wahrgenommen. Ich kann mir gut vorstellen, wie sie im Einzelfall, um bezüglich ihrer Wahrnehmung sicher zu gehen, ein Kind beim Schuhe-Anziehen fragte: »Soll ich dir nicht mal zeigen, wie du die Schleife selber binden kannst?« Und ich müsste sie schlecht kennen, wenn sie auf die Antwort »Nein, bitte binde du mir die Schleife« hin angefangen hätte, Druck auszuüben.

Ich stimme mit Luise darin überein, dass der Geist des Bildungsprogramms nicht darin besteht, dass eine Erzieherin oder ein Erzieher niemals einem Kind etwas zeigt, sondern damit steht und fällt, ob das Kind selbst Herr seiner Bildungsprozesse ist, gleich ob diese nun durch (freiwillig angenommene) Anleitung oder eigenes Ausprobieren geprägt sind.

Warum ich diese Geschichte erzähle:

Mir scheint, ein Kind kann mit deutlichen Worten oder mit einer signalisierten Bereitschaft um Unterstützung bitten, um etwas zu erlernen. Wenn wir uns nicht sicher sind, können wir freundlich rückfragen. Wenn wir einer sicher erfahrenen Bitte des Kindes nachkommen, enteignen wir es nicht seiner Lernprozesse, sondern bestätigen umgekehrt seine Selbstbestimmung. Nur die aufgedrängte Hilfe und Belehrung ist eine Bevormundung und Enteignung.

Die Geschichte von Marisa und der ihr unbekannten Theaterarbeit

Bei einer Projektwoche ist in der Schule vieles anders als sonst. Die gewohnten unterrichtlichen Strukturen sind vorübergehend außer Kraft gesetzt, die Lehrer erscheinen in veränderten Rollen, die Anforderungen an die Schüler sind andere als sonst und mitunter kommen auch noch Fremdreferenten in die Schule, die die Schüler vorher meistens gar nicht und die Lehrer kaum kennen. Der Theater-Workshop im Rahmen einer religionsphilosophischen Projektwoche hält dann oft noch besondere Überraschungen bereit. Denn dass Theater etwas anderes sein könnte, als die Wiedergabe einer schon vorhandenen Textvorlage mit einstudierten Bewegungen, ist für viele Menschen nicht unmittelbar einleuchtend.

Theaterpädagogik heißt nach der von mir bevorzugten Methodik aber nicht, eigene Regie-Einfälle von anderen Personen – z. B. Schülern – umsetzen zu lassen, sondern diese Personen in ihr eigenes Spiel kommen zu lassen, aus den dabei entstehenden Bildern und Szenen »Material« zu gewinnen und dieses Material mit ihnen gemeinsam zu einer theatralen Darbietung zu verarbeiten. Solch ein Prozess kann sich über weite Zeiträume hinziehen, er kann im Prinzip genauso aber auch in einem auf wenige Tage begrenzten Projekt vollzogen werden. Das – sachpädagogische – Ziel ist dabei ein doppeltes, nämlich einerseits, dass die Gruppe am Ende sagen kann: »Das ist unser Stück«. Andererseits soll das Publikum sagen können: »Das war gut anzusehen, es hat mich angesprochen«.

Um in dieses Kreativität freisetzende Spiel zu kommen, sieht die Methodik am Beginn einführende Übungen vor, die ihrerseits zum Teil Spielcharakter haben. Nicht jede dieser Übungen ist dabei dem Unerfahrenen sofort in ihrer Zielorientierung verständlich. Ist solch ein Unerfahrener allerdings nur in dieser Methodik unerfahren, hat ansonsten aber schon auf andere

Weise Theater gespielt, kann er von solchen Arbeitsformen irritiert sein. Sie erscheinen ihm wie Zeitverschwendung und machen ihm möglicherweise überhaupt keinen Spaß.

In dieser Situation fand sich die 16-jährige Marisa wieder. Zu Beginn des Workshops hatte sie sich als die wahrscheinlich älteste Teilnehmerin in der Gruppe bezeichnet, als wolle sie von vornherein einen höheren Status für sich beanspruchen. Schließlich hatte sie, wenn auch nicht als einzige, schon Erfahrung mit Theaterspiel in der Schul-Theatergruppe. In der Abschlussrunde des Montags gab sie die Rückmeldung, vieles in der Arbeit dieses Tages sei ihr langweilig gewesen.

Am Dienstag zeigte sie sich deutlich widerständig. Das Gehen im Raum – eine elementare Übung der theaterpädagogischen Arbeit – und auch weitere Übungen bezeichnete sie offen als »voll sinnlos«. Zwar steckte sie mit ihrer Unlust nicht andere Mitspieler an, die sich inzwischen alle weitgehend auf die Arbeitsweise eingelassen hatten und mitarbeiteten, aber ihre latente Verweigerungshaltung zog doch Energie ab. In der nächsten Arbeitspause nahm ich sie deshalb beiseite und stellte sie zur Rede. Sie versuchte zunächst, sich herauszureden: »Wieso? Ich mach doch alles mit? Was wollen Sie denn?« Daraufhin konfrontierte ich sie mit meiner Wahrnehmung, dass sie wohl alles gerade so weit mitmache, wie sie anscheinend glaube, damit dem Vorwurf der Verweigerung entgehen zu können, dass sie aber durch ihre ganze Haltung dabei eben doch als personifizierte Verweigerung erscheine. Daraufhin bezeichnete sie die Übungen erneut als »voll sinnlos« – genaugenommen versuchte sie, mir meine Professionalität abzusprechen. Hier ereignete sich ein richtiger kleiner Machtkampf: Wer bestimmt jetzt über wen? Ich sagte ihr, ich möchte nicht in meiner Arbeit von ihr zensiert werden, wie es auch gerade zu dieser Arbeit gehöre, dass ich meinerseits die Schüler nicht zensiere. Ferner wisse ich sehr genau, was ich tue und verfüge über Erfahrung aus der theaterpädagogischen Arbeit mit etlichen verschiedenen Gruppen. Doch fragte ich auch, was sie sich denn unter der Arbeit dieser Gruppe vorgestellt habe. Sie habe gedacht, sagte sie, dass sie hier ein Stück bekommen würden, das wir miteinander lesen würden, und dass wir anhand dieses Textes das theatrale Sprechen üben würden. Mit dieser Erwartung musste sie jetzt verständlicherweise enttäuscht sein.

Ich versuchte (auf der Sachebene, also argumentativ), Marisa verständlich zu machen, dass ich nicht vorhabe, mit einer Gruppe, die ich zuvor nicht kannte, für eine Darbietung nach drei Tagen in einem Raum mit wahrscheinlich hochgradig schwieriger Akustik (Turnhalle!) vor mehreren hundert Zuschauern eine Schmalspur-Schauspiel-Ausbildung zu betreiben. Meine Arbeitsweise sei hier ganz anders; ein von mir mitgebrachtes Stück gebe es nicht und Sprache werde bei der Darbietung am Donnerstag ganz sicher eine sehr untergeordnete, wenn überhaupt eine Rolle spielen.

Auf der sogenannten Beziehungsebene aber behauptete ich meinen Führungsanspruch für diese Gruppe und forderte Marisa insofern auf, *ihre eigene Entscheidung* zu treffen, ob sie hier weiter – und dann bitte engagiert und eingelassen – mitarbeiten wolle oder ob ich bei der Projektleitung anrufen solle, um für sie den Wechsel in eine andere Gruppe zu erbitten.

Ein Grundprinzip meiner ganzen theaterpädagogischen Arbeit ist, dass die Teilnahme aus eigenem Entschluss, also freiwillig, geschieht. Jemanden zum Theaterspiel zu zwingen, erscheint mir nicht nur aus spezifisch theaterpädagogischer Sicht absurd, es ließe sich auch mit meiner ganzen Grundhaltung zum Menschen nicht vereinbaren. Der eigene Entschluss allerdings verpflichtet dann auch zur engagierten Teilnahme. Ist die nicht oder nicht mehr möglich, muss deshalb dieser Entschluss geändert werden können. Diese Möglichkeit war hier Marisa zu geben. Nur wenn sie selbst gar keinen Entschluss fassen würde, wäre ich gegenötigt, im Interesse der Arbeit nach Sachlage einen Entschluss für sie zu treffen, sagte ich ihr.

Marisa äußerte zwar keinen Entschluss, arbeitete nach der Pause aber anders mit als zuvor; wenig später schien sogar richtiggehend »der Knoten zu platzen« und nun war sie wie die anderen dabei.

Als ich in der Auswertung der Darbietung vom Donnerstagvormittag den Spielern die Frage stellte, wie es ihnen auf der Bühne ergangen sei und wie sie sich selbst gefunden hätten, sagte Marisa, die Darbietung der Theatergruppe sei von den sieben oder acht verschiedenen Darbietungen die beste gewesen; nur zwei andere ließ sie daneben auch noch gelten, alles andere nannte sie »Scheiße«.

So war sie zuletzt mit dem Arbeitsergebnis also hochzufrieden. Ob der Weg dahin sie jetzt überzeugte, weiß ich freilich nicht und hielt es auch in jener Situation für völlig unangemessen, nun etwa in eine Rechthaberei der Sorte »Siehst du« zu verfallen. Vielmehr richtete ich in der Abschiedsrunde, in dem ich jeder und jedem Einzelnen noch einen Dank aussprach, das Wort in etwa so an sie:

»Dir, Marisa, danke ich für deinen Widerstand. Das meine ich ganz ehrlich, denn ich selbst habe im Leben über Widerspruch viel mehr gelernt als über Zustimmung ohne eigene Überlegung. Insofern ist dein Widerstand auch nicht nur eine Störung gewesen, sondern ebenso ein Beitrag.«

Warum ich diese Geschichte erzähle:

Mir scheint, wenn ein gemeinsames Projekt zu erarbeiten ist, kann es Streit geben. Manchmal ist dabei sogar eine Machtfrage zu klären. Trotzdem muss jeder Beteiligte der Mensch bleiben können, der er nun einmal ist. Bestimmtes Verhalten in der gegebenen Situation kann eingefordert werden. Den Streitpartner zu einer anderen Person umformen zu wollen, wäre aber ganz etwas anderes, nämlich eine übergriffige Anmaßung.

Die Geschichte von Nico und dem Spiel mit dem Rechenschieber

Nico war mit einem Sonderantrag an der langen Anmeldeliste vorbei in unsere Kindertagesstätte aufgenommen worden. Seine Mutter war von anderswoher in die Nähe umgezogen, nachdem sie sich zuvor unter wahrscheinlich dramatischen Bedingungen von ihrem Mann getrennt hatte. Ihre Kinder mussten nun schnell in unserer und in einer benachbarten Kindertagesstätte untergebracht werden.

In den ersten Tagen überraschte Nico mich damit, dass er überhaupt keine Eingewöhnungsschwierigkeiten zu haben schien. Er bewegte sich in unserer Einrichtung, als wäre er nie woanders gewesen. Nach vierzehn Tagen allerdings gab es eine Wende. Da wollte er an einem Morgen die Mutter nicht gehen lassen und machte ihr deswegen eine Szene, wie ich es so noch nie erlebt hatte. Im Verlauf dieser Situation versuchte er sogar, seiner Mutter mit der Faust ins Gesicht zu schlagen.

Auch in der Gruppe konnte er mit seinem recht wilden Verhalten die Erzieherinnen zum Seufzen bringen. Ich erwähne das hier, um verständlich zu machen, wie stark die Situation, die ich eigentlich berichten will, sich von seinem vordergründig in unsere Wahrnehmung drängenden Verhalten abhob.

Die Szene mit dem Faustschlag in der Garderobe, hatte so geendet, dass ich Nico in den Arm gefallen war und ihm mit deutlichen Worten verwehrt hatte, in unserem Haus seine Mutter zu schlagen (wenn sie es sich zu Hause gefallen lassen wollte, so ging mich das nichts an, aber hier sah ich mich als Garant für die Ordnung des Hauses, die körperliche Auseinandersetzungen vor allem zwischen Erwachsenen und Kindern nicht vorsah). Sie hatte dann die Einrichtung verlassen und er hatte sich, auf der Garderobenbank sitzend, hinter seiner Jacke verborgen. – Dies war eine Situation, in der ich mir einfach Zeit für ihn nehmen musste, auch wenn ich ursprünglich nur zufällig dazugekommen war und sicher irgendeine Arbeit in meinem Büro fortzusetzen hatte. Aber ihn hier nun sich selbst zu überlassen, fühlte sich für mich ganz falsch an. Trösten oder gar berühren ließ er sich zwar nicht, doch blieb ich einfach eine Weile bei ihm hocken; das schien die Nähe zu sein, die ihm nötig und zugleich erträglich war. Wie es dann weiterging, weiß ich heute nicht mehr; vielleicht kam irgendwann die Erzieherin aus dem Gruppenraum und rief ihn zum Frühstück, sodass die Situation durch eine andere abgewechselt wurde. Für ihn und mich aber war das die erste Begegnung gewesen, in der wir – zuerst heftig und dann weitgehend wortlos – intensiver miteinander zu tun gehabt hatten.

Was ich eigentlich erzählen möchte, ereignete sich aber erst einige Zeit danach.

Es kam manchmal vor, dass Kinder allein oder in kleinen Gruppen zu mir ins Büro kamen, um mich zu besuchen oder ein bestimmtes Buch anzusehen, das im Büro stand, oder die Dinge in Augenschein zu nehmen, die es nur im Büro gab, oder auch nur vom Gruppentrubel zu verschnaufen wie Gerion, von dem ich schon erzählt habe. So war auch Nico eines Nachmittags bei mir im Büro und schaute sich um. Dabei entdeckte er den Rechenschieber, der oben auf dem Regal stand. Es war solch ein Gerät mit 100 Kugeln in zwei Farben, die jeweils zu zehnt auf Metallstäben in einem Holzrahmen hin und her zu schieben waren. Manchmal kam dieser Rechenschieber bei der Hausaufgabenhilfe der Hortkinder zum Einsatz.

Nico fragte: »Was ist das?« Ich erklärte es ihm und holte das Gerät vom Regal. Er konnte es nun ausprobieren und schob die Kugeln hin und her. So entstand mehr zufällig etwas wie eine Figur: »Guck mal, sieht aus, wie ein Tannenbaum!« Daraus entwickelte sich im weiteren, dass wir nun abwechselnd mit dem Hin-und-Herschieben der Kugeln Figuren herstellten, die der jeweils andere erraten musste. Ich erinnere mich noch, dass die komplizierteste eine Lokomotive darstellen sollte. Es war ein im Moment für den Moment erfundenes Spiel, bei dem kaum gesprochen wurde und der kleine Raum voller Ruhe und Konzentration war.

Vielleicht hätte ich dieser im Ablauf der Kindertagesstätte eigentlich banalen Gegebenheit keine weitere Bedeutung beigemessen und sie inzwischen längst vergessen, wenn nicht einige Zeit später Nicos Mutter in einem Gespräch zu mir gesagt hätte: »Nico mag Sie sehr gern; er spricht zu Hause ganz viel von Ihnen.«

Was für mich nur eine spontane kleine Spielerei zwischendurch gewesen war, die sich ebenso gut mit jedem anderen Kind hätte ergeben können, war für Nico vielleicht etwas gewesen, was er in dieser Zeit gerade brauchte: Eine Begegnung mit jemandem, der sich in aller Ruhe Zeit für ihn nahm, oder anders: der sich in einer Weise Zeit für ihn nahm, dass Ruhe und Versenkung in ein Tun einkehren konnte. Wäre ein Fallgespräch über Nico vorangegangen, so hätten wir darin vielleicht genau das festgehalten: »Dieser Junge braucht, dass man sich besonders Zeit für ihn nimmt.« Ein solches Fallgespräch hatte es aber gar nicht gegeben. Die Situation stellte sich her, weil Nico selbst sie suchte und ein Gegenüber fand, das darauf einging.

Warum ich diese Geschichte erzähle:

Mir scheint, wie viel Zeit und Zuwendung ein Kind von uns braucht, ist ihm nicht planerisch oder gar nach einem objektivierbaren Bedürfniskatalog zuzumessen; *wann* das Kind uns braucht und *wofür*, das wird es uns aber, wenn wir nur aufmerksam darauf achten, selbst zu verstehen geben. Die kostbarste Zeit ist dabei immer der jeweilige Moment.

Die Geschichte von den Erziehungs-Experten und meiner Reflexion zu »laisser« und »faire«

Bei einer Veranstaltung für Eltern, Erzieher(innen) und andere an Kindererziehung interessierte Personen wurden in einem Workshop »die« drei verschiedenen Erziehungs-Stile beschrieben und sollten dabei auch sinnlich erfahrbar gemacht werden. Dazu wurde die Workshop-Gruppe eingeteilt in »Kinder« und »Eltern« (was jeweils nur zugewiesene Rollen waren).

Zunächst sollten die »Eltern« die »Kinder« in die Mitte eines zu bildenden Kreises nehmen und sich dann an den Händen fassen. Ein geschlossener Kreis, aus dem die Kinder nicht herauskommen können – das sollte den autoritären Erziehungsstil symbolisieren.

Im zweiten Schritt sollten die »Eltern« irgendwo im Raum Platz nehmen und die »Kinder« sich in Beziehung dazu gleichfalls irgendwo im Raum platzieren. Jeder macht, was er will, eine Struktur ist nicht erkennbar – das sollte den Erziehungsstil des »Laissez Faire« abbilden.

Im dritten Schritt wurde wieder ein Kreis der »Eltern« gebildet, der die »Kinder« in die Mitte nahm; nun aber hielten die Eltern sich nicht an den Händen, so dass der Kreis wieder geschlossen gewesen wäre, sondern breiteten nur die Arme aus. Die Freiheit ist gewährleistet (man könnte aus dem Kreis ausbrechen), mit den ausgebreiteten Armen aber der Elternwille angezeigt und damit Orientierung gegeben – das sollte das Symbol für einen modernen, partnerschaftlichen (manchmal auch »autoritativ« genannten) Erziehungsstil sein.

Unglücklicherweise erlebte ich in der Rolle eines Kindes, die mir zugefallen war, ganz anderes als das, was von den Veranstaltern vorgesehen war. Was durch diese Konstellationen deutlich werden sollte, stellte sich bei mir gerade nicht ein.

So hätte ich den geschlossenen Kreis statt als Beengung auch als Geborgenheit erleben können, aber daran erinnere ich mich nicht mehr deutlich. Sehr deutlich ist meine Erinnerung bezüglich der anderen Konstellationen: Die zweite erlebte ich überhaupt nicht als Orientierungslosigkeit, sondern als Freiheit. Die Eltern waren ja noch im Raum, jederzeit sichtbar, mir aber war jetzt die Möglichkeit gegeben, den Raum zu erforschen. So stieg ich sofort auf die in diesem für Kinder eingerichteten Raum vorhandene zweite Ebene, um von oben hinunterzuschauen, und erlebte dabei unmittelbar das Vergnügen eines Kindes nach.

Der Schlusskreis aber, der ja nun gerade die ideale Erziehungsmethode sinnlich erfahrbar machen sollte, wirkte auf mich eher wie ein Symbol der häufig beklagten Unentschlossenheit von Eltern in der Erziehung: Wie ernst waren die so hilflos ausgebreiteten Arme denn gemeint? Sollte man als Kind nun im Kreis bleiben oder nicht? – Bei mir stellte sich spontan die Lust zu einem provokanten Probierverhalten ein. Die symbolhafte Aufstellung gerade des Erziehungsstils, der als der beste erlebbar werden sollte, löste bei mir als Mitspieler eher das gegenteilige Gefühl, nämlich das einer fehlenden klaren Orientierung oder eindeutigen Autorität aus.

Warum geschah mir das? Fühlte ich »falsch«? Hatte ich die Übung nicht verstanden? Die Ähnlichkeit des ersten und des dritten Kreises ließ ja darauf schließen, dass ein sehr reglementierendes autoritäres Verhalten dem Kind gegenüber zwar nicht gut geheißen, die Konstellation, in der dieses sich verwirklichen kann, aber prinzipiell beibehalten, die Unerbittlichkeit und der autoritäre Druck nur herausgenommen werden sollte. Was »Laissez-Faire-Stil« genannt wurde, wich als Bild aber so stark von den beiden anderen ab, dass es anscheinend als ganz ausgeschlossen erscheinen sollte.

Allgemein scheint der Begriff des »Laissez-Faire« sehr negativ besetzt zu sein. Das sind die Eltern, die ihre Kinder alles machen lassen, die die Kinder nicht im Griff haben, die sich für ihre Kinder nicht interessieren, sie vielleicht noch nicht einmal lieben und darum vernachlässigen oder was sich noch für hässliche Unterstellungen finden lassen. Wie konnte es sein, dass ich gerade diese Aufstellung als die erfreulichste, ungezwungenste und vor allem: am wenigsten irritierende erlebt hatte? Ich musste eingehender über die Verben »laisser« und »faire« nachdenken.

Mein Französisch ist nicht besonders gut; aber ich wusste doch, dass »laisser« zu deutsch *lassen* heißt und »faire« *machen* oder *tun*. »Laisser faire« mit *machen lassen* zu übersetzen erscheint insofern erst einmal ganz folgerichtig. »Laissez faire« stellt zudem einen Imperativ dar, ist also zu Deutsch die Aufforderung: »Lasst (sie) machen!« Einer, der den anderen alles machen lässt, zeigt vielleicht wirklich kein besonders großes Interesse an ihm?

Aber mir fiel dann eine bebilderte Erläuterung zu den Begriffen »laisser« und »faire« aus meinem alten Französisch-Schulbuch ein. Da war ein Polizist zu sehen, der mit ausgebreiteten Armen auf der Straße stand. Vor ihm hielten Autos, hinter ihm überquerten Kinder die Straße. Dazu wurde erläutert, dass er das Anhalten der Autos *mache* (»faire«) und damit die Kinder die Straße überqueren *lasse* (»laisser«). In modernes Deutsch ist das schwer zu übersetzen; da sagen wir sowohl: »Er lässt die Autos anhalten«, als auch: »Er lässt die Kinder über die Straße gehen«. Gemeint ist aber unterschiedliches, nämlich: »Er bringt die Autos zum Anhalten« (in älterem Deutsch ließe sich noch sagen: »Er macht die Autos halten«, er verfügt also, was unweigerlich zu geschehen hat) und: »Er ermöglicht den Kindern, über die Straße zu gehen« – ob sie es tun werden, können die Kinder nun selbst entscheiden.

Vor dem Hintergrund solcher Überlegungen sagte ich mir – und dann auch den anderen in der Runde –, dass ein Umgang mit Kindern, bei dem in diesem Sinne bewusst zwischen »laisser« und »faire«, also zwischen *tun* und *lassen*, zwischen *zu etwas bringen* und *etwas ermöglichen* unterschieden und entschieden würde, vielleicht nicht der schlechteste sein müsste.

Warum ich diese Geschichte erzähle und dieses ganze Buch geschrieben habe:

Mir scheint, wer sich zum Tun wie zum Lassen überwiegend gedrängt und genötigt fühlt, wird dabei in sich und um sich herum kaum Freiheit entfalten, eher Orientierungslosigkeit. Wer aber in Freiheit über sein Tun und Lassen nach eigenem Gewissen, Verstand und Entschluss entscheidet, tut nicht nur eine Menge für sein eigenes persönliches Gleichgewicht, sondern verbreitet Freiheit um sich herum und gibt damit kein schlechtes Beispiel.

Dass Ihnen das gelingt, liebe Leserin und lieber Leser,
wünscht Ihnen von Herzen Ihr

Literatur

Baumrind, Diana: »A Developmental Perspective on Adolescent Risk Taking in Contemporary America.« In: Hänsel, Renate: Gewalt in der Schule: »Was können Eltern und Erzieher tun?« In: Katholische Elternschaft Deutschlands: Elternforum 1/2003

Bergmann, Wolfgang: »Warum unsere Kinder ein Glück sind – So gelingt Erziehung heute« Beltz-Verlag, Weinheim und Basel, 2009

Bisky, Jens: »Kleist – Eine Biographie« Rowohlt Verlag, Berlin, 2007

von Braunmühl, Ekkehard: »Antipädagogik – Studien zur Abschaffung der Erziehung« Beltz-Verlag, Weinheim und Basel, 1975
Neuauflage: tologo verlag, Leipzig, 2006

von Braunmühl, Ekkehard: »Der heimliche Generationenvertrag – Jenseits von Pädagogik und Antipädagogik« Rowohlt Taschenbuch Verlag, Reinbek, 1986

von Braunmühl, Ekkehard: »Was ist antipädagogische Aufklärung? – Mißverständnisse, Mißbräuche, Mißerfolge der radikalen Erziehungskritik« Kid-Verlag, Bonn, 1997

von Braunmühl, Ekkehard: »Zeit für Kinder – Theorie und Praxis von Kinderfeindlichkeit, Kinderfreundlichkeit, Kinderschutz – Zur Beseitigung der Unsicherheit im Umgang mit Kindern« Fischer Taschenbuch Verlag, Frankfurt am Main, 1978/1993
Neuauflage: tologo verlag, Leipzig, 2006

von Braunmühl, Ekkehard: »Zur Vernunft kommen – Eine ›Anti-Psychopädagogik‹« Beltz-Verlag, Weinheim und Basel, 1990

von Braunmühl, Ekkehard; Ostermeyer, Helmut; Kupffer, Heinrich: »Die Gleichberechtigung des Kindes« Fischer Taschenbuch Verlag, Frankfurt, 1976

Brecht, Bertolt: »Geschichten vom Herrn Keuner« Bertolt-Brecht-Erben und Suhrkamp Verlag, Berlin, 1953/1967/1971/2013

Bueb, Bernhard: »Lob der Disziplin – Eine Streitschrift« Ullstein-Verlag, Berlin, 2007

Diakonieverbund Schweicheln e. V.: »Erziehung braucht eine Kultur der Partizipation – Umsetzung und Ergebnisse eines Modellprojektes in der Erziehungshilfe« Selbstverlag, Hiddenhausen, 2006

Gastiger, Sigmund: »Gesetzestexte für Sozialarbeit und Sozialpädagogik« Lambertus-Verlag, Freiburg im Breisgau, 6. Auflage 1982

Hacke, Axel: »Der kleine Erziehungsberater« Verlag Antje Kunstmann, München, 1992/1994

von Hentig, Hartmut: »Wissenschaft – Eine Kritik« Carl Hanser Verlag, München/Wien, 2003

Juul, Jesper: »Familienberatung – Perspektiven und Prozess« In: Theorie und Praxis der Sozialpädagogik, Heft 10, Friedrich-Verlag, Seelze, 2012

Kästner, Erich: »Als ich ein kleiner Junge war« Dressler Verlag, Hamburg, 1957

Kästner, Erich: »… was nicht in euren Lesebüchern steht«, hrsg. von Wilhelm Rausch, Fischer Taschenbuch Verlag, Frankfurt am Main, 1968/1983

Kierkegaard, Søren: »Die Tagebücher, 1834–1855«, hrsg. von Theodor Haecker im Kösel-Verlag zu München

Klein, Lothar: »Dann spricht eben keiner mehr mit ihr! – Wenn Kinder rigide Entscheidungen treffen« und »Hat Partizipation Grenzen« In: »Theorie und Praxis der Sozialpädagogik«, Heft 8, Friedrich-Verlag, Seelze, 2010

Korczak, Janusz: »Das Recht des Kindes auf Achtung« (1928) Verlag Vandenhoeck & Ruprecht, Göttingen, 5. Auflage 1994

Laewen, Hans-Joachim und Andres, Beate (Hrsg.): »Forscher, Künstler, Konstrukteure – Werkstattbuch zum Bildungsauftrag von Kindertageseinrichtungen« Beltz-Verlag, Weinheim/Berlin/Basel, 2002

Liedloff, Jean: »Auf der Suche nach dem verlorenen Glück – Gegen die Zerstörung unserer Glücksfähigkeit in der frühen Kindheit« Verlag C.H.Beck, München, 1980/1994

Mariano, Hans Joachim: »Musterkind – Tagebuch eines minderjährigen Menschen« Rowohlt Taschenbuch Verlag, Reinbek, 1984
Neuauflage: (von Braunmühl, Ekkehard) tologo verlag, Leipzig, 2007

Moser, Petra: »Jenseits von harter Hand und Kuschelpädagogik« In: »Zeitschrift für Theaterpädagogik – Korrespondenzen« – Heft 61, Schibri-Verlag, Milow, 2012

Paley, Vivian Gussin: »Mitspielen verbieten ist verboten – Gegenseitige Achtung und Akzeptanz unter Kindern«, Beltz/Quadriga Verlag, Weinheim/Berlin, 1994

Papoušek, Mechthild: »Ein guter Start ins Leben – Neue Antworten auf neue Herausforderungen« Vortrag auf einem interdisziplinären Kongress der Deutschen Liga für das Kind, Bertelsmann Stiftung und BZgA, dbb forum berlin, 30. Mai 2006

Rotthaus, Wilhelm: »Wozu erziehen? – Entwurf einer systemischen Erziehung« Carl-Auer-Systeme Verlag, Heidelberg, 1999

Sapper, Agnes: »Die Familie Pfäffling – Eine deutsche Wintergeschichte« Verlag von D. Gundert, Christliches Verlagshaus, Stuttgart, 1907/1910/1917

Sapper, Agnes: »Erziehen oder Werdenlassen?« Verlag von D. Gundert, Christliches Verlagshaus, Stuttgart, 1912

Sapper, Agnes: »Werden und Wachsen – Erlebnisse der großen Pfäfflingskinder« Verlag von D. Gundert, Christliches Verlagshaus, Stuttgart, 1910/1917

Schulz, Eberhard: »›Monster‹ statt Persönlichkeiten? – Zum Buch ›Warum unsere Kinder Tyrannen werden‹ von Michael Winterhoff« In: »Theorie und Praxis der Sozialpädagogik«, Heft 1, Friedrich-Verlag, Seelze, 2010

Siebe, Josephine; Stökel, Helene: »Ich will euch was erzählen« Herold-Verlag, Stuttgart, 9. Auflage, Christliches Verlagshaus, Stuttgart, 1936

Steinberg, Laurence: »Parenting« in www.encyclopedia.com, abgerufen am 28.09.2014

Tippelt, Rudolf: »Pädagogische Institutionen: Wandel der Familie und der Erziehung« Vorlesung an der Ludwig Maximilian Universität, München, am 1.12.2004

Valentin, Lienhard: »Mit Kindern neue Wege gehen – Erziehung für die Welt von Morgen« Rowohlt Taschenbuch Verlag, Reinbek, 2000

Watzlawick, Paul: »Anleitung zum Unglücklichsein« R. Piper & Co. Verlag, München 1983

Weber, Doris: »Respekt – Eine Begegnung mit dem dänischen Familientherapeuten Jesper Juul« In: Publik Forum Nr. 3, 2011

Wiese, Hans-Joachim; Günther, Michaela; Ruping, Bernd: »Theatrales Lernen als philosophische Praxis in Schule und Freizeit« Schibri-Verlag, Milow, 2006

Winterhoff, Michael: »Warum unsere Kinder Tyrannen werden« Gütersloher Verlagshaus, Gütersloh, 2008

Zimmer, Dieter E.: »Die Erziehungsillusion«, DIE ZEIT/Dossier, Nr. 29, 15. Juli 1999

ISBN: 978-3-9810444-3-0
273 Seiten, 19,90 EUR [D]

Antipädagogik

Studien zur Abschaffung der Erziehung

von: Ekkehard von Braunmühl

Als das Buch »Antipädagogik« erschien, löste es gleichermaßen Entrüstung und Begeisterung aus. Ekkehard von Braunmühl hatte pädagogisches Denken, die Erziehung der Kinder nach vorgegebenen Zielen und erzieherischen Ehrgeiz als Ursache für den allgegenwärtigen Erziehungskrieg zwischen Erwachsenen und Kindern entlarvt.

www.tologo.de/antipaedagogik/

ISBN: 978-3-9810444-0-9
217 Seiten, 14,90 EUR [D]

Die Sudbury Valley School

Eine neue Sicht auf das Lernen

von: Daniel Greenberg u. a.

»Ausgangspunkt all unserer Überlegungen war die anscheinend revolutionäre Idee, daß ein Kind eine Person ist, und daß es als Mensch vollen Respekt verdient.« Das vorliegende Buch ist eine Sammlung verschiedener Texte, die die Hintergründe und verschiedenen Aspekte der Schule beleuchten. Sie sollen ein Verständnis dafür vermitteln, worum es bei der Sudbury Valley School geht.

www.tologo.de/die-sudbury-valley-school/

ISBN: 978-3-9810444-4-7
35 min, 11,90 EUR [D]

Demokratische Schulen DVD

Ein Film über die Lust zu lernen

von: Jan Gabbert

An demokratischen Schulen können Schüler selbst entscheiden, was und wie sie lernen. Dort gibt es keine Lehrpläne, keine Zensuren und Prüfungen sind freiwillig. Schüler und Lehrer haben die gleichen Rechte und organisieren gemeinsam ihre Schule. Bei Entscheidungen hat jeder eine Stimme … Kann das gut gehen?

www.tologo.de/demokratische-schulen-dvd/

ISBN: 978-3-937797-22-9
226 Seiten, **17,90 EUR** [D]

Geborgene Babys

von: Julia Dibbern

»Babys kommen mit einem unbegegrenztem Maß an Vertrauen auf die Welt, dass alles richtig ist, was wir mit ihnen tun. Unser erstes Ziel als Eltern sollte es deswegen sein, das Vertrauen, die Liebe und die Persönlichkeit, mit der ein Kind geboren wird, zu achten und zu erhalten.« Die Würde des Babys ist unantastbar.

www.tologo.de/geborgene-babys/

ISBN: 978-3-940596-09-3
448 Seiten, **19,90 EUR** [D]

Auf den Spuren des Glücks

Das Kontinuum-Konzept im westlichen Alltag

von: Carola Eder

Stillen, Tragen, Familienbett. Gefahren, Lernen und Respekt. Diese Aspekte und mehr im Zusammenleben mit Kindern werden sowohl theoretisch als auch praktisch beleuchtet. Dieses Buch ermutigt Sie, Ihrer Intuition im Umgang mit Ihren Kindern zu folgen. Undogmatisch, liebevoll und einfühlsam.

www.tologo.de/auf-den-spuren-des-gluecks/

ISBN: 978-3-9810444-2-3
212 Seiten, **9,90 EUR** [D]

Zeit für Kinder

Theorie und Praxis von Kinderfeindlichkeit, Kinderfreundlichkeit und Kinderschutz

von: Ekkehard von Braunmühl

Zeit für Kinder ist ein eindringliches Plädoyer für Kinderfreundlichkeit, für das Recht des Kindes auf Freiheit, Achtung und Würde.

www.tologo.de/zeit-fuer-kinder/

ISBN: 978-3-940596-95-6
174 Seiten, 19,90 EUR [D]

Schätze bergen

Alltag in Freien Alternativschulen

von: Nicola Kriesel, Jan Kasiske

»Schätze bergen – Alltag in Freien Alternativschulen« ist aus dem Alltag für den Alltag geschrieben und weit mehr als ein Handbuch Freier Alternativschulen, da es sehr anschaulich belegt wie spannend, wertvoll und unerschöpflich die Welt dieser Schulen nicht nur für Beteiligte ist.

www.tologo.de/schaetze-bergen/

ISBN: 978-3-9810444-5-4
224 Seiten, 16,90 EUR [D]

Schluß mit Schule!

Das Menschenrecht, sich frei zu bilden

von: Bertrand Stern

In diesem Buch faßt der Philosoph Bertrand Stern nicht nur drei Jahrzehnte Erfahrungen mit einer radikalen Schulkritik zusammen; er animiert geradezu, aus dem schulischen Tabu und System auszubrechen, damit Menschen endlich sich frei bilden können, ist doch diese Gabe eine Widerspiegelung des Menschen und seiner Lebendigkeit.

www.tologo.de/schluss-mit-schule/

ISBN: 978-3-940596-28-4
316 Seiten,19,90 EUR [D]

Das Attachment Parenting Buch

Babys pflegen und verstehen

von: William und Martha Sears

William und Martha Sears prägten den Begriff des »Attachment Parenting«.

In diesm Buch geben sie praxisorientierte und inspirierende Informationen, Ratschläge und Tipps füe eine enge Eltern-Kind-Beziehung – die Grundlage glücklicher Familien.

www.tologo.de/attachment-parenting/